**오직
복음**

ABOVE ALL
by J. D. Greear

Originally published in the USA
by B&H Publishing Group, a division of Lifeway Christian Resources
One Lifeway Plaza, Nashville, TN 37234-0188 USA
under the title *Above All*
Copyright © 2019 by J. D. Greear
All rights reserved.

Korean Edition published by Word of Life Press, Seoul 2019
Translated and used by permission.
Printed in Korea.

오직 복음

© 생명의말씀사 2020

2020년 1월 2일 1판 1쇄 발행

펴낸이 l 김재권
펴낸곳 l 생명의말씀사

등록 l 1962. 1. 10. No.300-1962-1
주소 l 서울시 종로구 경희궁1길 5-9(03176)
전화 l 02)738-6555(본사) · 02)3159-7979(영업)
팩스 l 02)739-3824(본사) · 080-022-8585(영업)

기획편집 l 임선희
디자인 l 윤보람
인쇄 l 영진문원
제본 l 정문바인텍

ISBN 978-89-04-16697-8 (03230)

저작권자의 허락없이 이 책의 일부 또는 전체를
무단 복제, 전재, 발췌하면 저작권법에 의해 처벌을 받습니다.

교회와 세상을 변화시키는
하나님 나라의 능력

Above All

오직 복음

J. D. 그리어 지음 | 조계광 옮김

생명의말씀사

복음 기도

저는 그리스도 안에 있습니다. 그러므로

1. 제가 어떤 행위를 했다고 해서 주님이 저를 덜 사랑하거나 더 사랑하시는 일은 없을 것입니다.
2. 주님은 제가 영원한 기쁨을 얻는 데 필요한 모든 것이 되십니다.
3. 주님이 제게 찾아오신 것처럼 저도 다른 사람들을 찾아가겠습니다.
4. 바라오니, 주님이 십자가에서 보이신 긍휼과 부활의 권능을 따라 저도 그렇게 할 수 있도록 도와주소서.

차례

복음 기도 • 5

1 복음이 가장 중요하다 • 10

복음이란 무엇인가? | 복음은 "하나님이 당신을 사랑하십니다."라는 의미 이상이다 | 가장 중요한 복음 | 이 책의 방향 | 복음으로 돌아가자

2 복음 안에 변화시키는 능력이 있다 • 42

우리를 변화시키는 능력 | 작은 한마디 말 | 헛되이 낭비된 에너지 | 거듭남 | 죽어야 다시 태어날 수 있다 | 새로운 그리스도인 | 보고, 생명을 얻어라

3 복음 전도는 모든 교회의 최우선 사역이다 • 76

이익을 추구할 것인가, 짐을 짊어질 것인가? | 생각보다 어렵지 않다 | 가서 성경을 읽어라 | 숫자는 거짓말을 하지 않는다 | 전략의 부재 | 부족한 믿음 | 극도로 산만한 시대에 복음의 충격을 가하라 | 당신의 '한 사람'은 누구인가?

4 복음의 증식은 평범한 성도들을 통해 이루어진다 • 122

예수님이 하신 일보다 더 위대하다? | 소명의 여부보다 '어디에서, 어떻게'가 중요하다 | 세상을 변화시킬 세 가지 신념 | 좌석을 채우는 능력 vs. 보내는 능력 | 초기 교회의 폭발적인 성장

| 5 | 복음의 희망은 하나님의 약속이다 | • 158 |

별들을 보라 | 인내하는 제자도 | 하나님은 단번에 이루실 수 있다 | 과거의 영광에 집착하지 말라 | 하나님의 약속이 세상의 희망이다 | 더 큰 희망 | "미래는 하나님의 약속만큼이나 밝다."

| 6 | 복음의 은혜만이 세상을 치유한다 | • 192 |

은혜와 진리 | 비판해야 할까, 비판하지 말아야 할까? | 거리로 쏟아져 나오는 은혜 | 신자들이 먼저 은혜로 충만해야 한다 | 버밍햄 감옥으로부터의 행군 명령

| 7 | 복음이 문화보다 더 중요하다 | • 230 |

대선을 통해 드러난 사실 | 과거에 자행된 불의 | 역사에 나타난 교회의 역할 | 차별적인 사회에서의 교회의 역할 | 하늘나라의 다양성을 선언하라 | 참된 복음 공동체를 지향하라 | 베드로여, 다시 시작하라! | '카이로스'의 순간

8 복음이 개인의 취향보다 더 중요하다 • 264

유대인에게는 유대인이 돼라 | 음악이 중요한 이유 | 용인할 것과 고수할 것 | 예수님께서 분노하신 이유 | 다음 세대보다 전통을 더 중시하는 것 | 이방인들이 하나님께 돌아오는 것을 어렵게 만들지 말라 | 구령의 열정

9 복음이 정치보다 더 중요하다 • 292

네 가지 통념 | 분열된 세상에서 하나로 연합한 교회

10 복음은 반드시 승리한다 • 324

주 • 332

1

복음이 가장 중요하다

성경에 근거한 기독교는 죽었다.

최소한 사회는 그렇게 믿기를 바란다.

교회들이 문을 닫고, 복음주의자들은 믿음을 저버리고 있다.

"무종교"를 외치는 사람들이 급속히 늘고 있다.

이 모든 현상은 불길한 징조일까?

기독교는 종말을 고한 것일까?

그리스도인들이 스스로의 신념을 재고해야 할까?

오직 변화만이 유일한 길인 것처럼 보인다.

성경에 근거한 죄의 교리, 그리스도의 배타성, 성과 결혼에 관한 전통적인 개념을 다음 세대에 물려줄 희망이 보이지 않는다.

변화를 시도하든 부적절성을 받아들이든, 둘 중 하나다.

주위를 돌아보니 무슨 말인지 알아차린 그리스도인이 많은 듯하다. 역사적인 기독교적 신념을 유지하려는 노력을 포기한 사람이 한둘이 아니다.

하나님께서 원하시는 결혼이 그런 것일까?
성경은 정말 믿을 만한가?
교회가 그렇게 중요한가?

아직 믿음을 포기하지 않은 사람들은 자신의 삶을 그림자 뒤에 감추고 웅크려 숨는다. 그리고 스스로를 격리시키고 보호하려 애쓴다. 곳곳에 퍼져 있는 악한 문화의 영향으로부터 자기 자신과 자녀들을 지키는 일에만 골몰한다. 더 이상 기독교가 승승장구하던 시기의 베드로처럼 그리스도께서 자신을 도구 삼아 세상을 뒤엎으시기를 바라는 기도를 드리지 않는다. 그렇게 될 가능성이 조금도 없다고 믿기 때문이다. 베드로는 세속 매체나 할리우드나 성적 소수자들의 주장을 상대할 필요가 없었지만, 지금은 그때와 다르다고 생각한다.

그들은 단지 그리스도께서 조만간 다시 오셔서 자기들을 주위의 악으로부터 구원해 모든 어려움에서 온전히 벗어날 수 있게 해 주시기만을 바란다. 밖으로 나가서 구원이 필요한 이웃을 상대하지는 않지만 투표소에 가는 일은 게을리하지 않는다. 그것이 그들의 마지막 보루다.

그런 사람들이 다니는 교회에 찾아가서 사람이 어떻게 구원받느냐고 물으면 성경적으로 신뢰할 만한 대답을 듣게 될 가능성이 크다. 그들은 주일학교에서 배운 대로 예수님을 답으로 제시할 것이 틀림없다. 그들에게 복음을 설명해 달라고 하면 정확한 설명을 듣게 될 것이다. 이러한 사실이 흥미로운 이유는 오늘날 교회에 가장 필요한 것이 **복음의 회복**이기 때문이다.

그렇다면 우리가 이미 알고 있는 것을 회복하는 것만으로 어떻게 우리가 이루지 못한 일을 이룰 수 있다는 것일까? 어떻게 똑같은 일을 반복하면서 다른 결과가 나타나기를 기대할 수 있다는 것일까?

이것이 우리가 뭔가 새로운 것이 필요하다고 생각하고 싶은 유혹을 느끼게 되는 이유다. 우리에게는 변화를 가져올 무언가가 필요하다. 우리는 다른 방법을 원한다.

고도로 발전된 기술 사회의 새로운 대중매체 기술을 온전히 습득하지 못한 것이 문제일까? 아니면 우리의 정책을 21세기에 맞도록 변화시키는 것이 필요할까?

어쩌면 리더십의 위기일 수도 있다. 결국 모든 것의 성패는 리더십에 달려 있으니까 말이다. 신학교에서 목회자들이 더 나은 지도자로 훈련받고, 교회 직원들을 고용해 그들의 약점을 보완하고, 주변 문화와 더 많이 접촉하고, 각자 자신의 에니어그램 유형(사람들이 생각하고 느끼는 것을 토대로 9가지 유형으로 분류한 것-역주)을 이해하여 잘 활용한다면 교회가 다시 성장할 것이다. 맞는 말 아닌가?

물론 그럴 수 있다. 그러나 '어떤 형태의 성장인가?'라는 문제가 남는다. 이 모든 것은 논의할 가치가 있는 중요한 문제들이다. 하지만 나는 우리에게 진정으로 필요한 것은 새로운 것이 아니라고 주장하고 싶다.

예수님은 지옥의 권세조차 저항할 수 없는 능력의 복음(하나님의 아들이 세상에 와서 우리가 살아야 할 의로운 삶을 살다가 정죄를 받아 죽었고, 그 후에 죽은 자 가운데서 살아나 죄와 사망을 정복하고, 인류에게 자신의 희생을 통해 하나님께 나아갈 수 있는 길을 제공하신 사건)을 전하셨다.

신약성경에서 예수님을 제외하고 하나님의 능력으로 직접 언급된 것은 복음밖에 없다.

복음은 하나님의 능력을 포함하거나 전달하는 수단이 아니다.

복음은 죽음을 정복하는 막강한 하나님의 능력 자체다.

바울 사도는 로마서에서 복음이 모든 믿는 자에게 구원을 주는 하나님의 능력이라고 설명했다(롬 1:16).

18세기에 개발된 다이너마이트(dynamite)의 이름은 바울이 로마서에서 사용한 헬라어 "두나미스"(dunamis, 능력)에서 유래했다.

물론 바울은 다이너마이트를 생각하지 않았지만 나는 그것이 복음을 생각할 때 적용할 수 있는 좋은 비유라고 생각한다. 복음은 창조하고, 구원하고, 치유하고, 죽은 자들을 살리는 하나님의 능력이다. 복음은 새롭거나 좀 더 나은 기술을 제공하지 않는다. 그것은 순수하고 폭발적인 능력이다.

나의 아버지는 어렸을 때 할아버지의 회사 창고에서 다이너마이트를 몇 개 꺼내온 것이 본인이 일으킨 가장 큰 말썽 가운데 하나였다고 말씀하셨다. 아버지는 그것으로 물고기를 잡을 생각이셨다 (많은 의문이 들겠지만 한 가지 분명한 사실은 다행히 아버지가 아직 살아 계시다는 것이다).

당시의 아버지는 위험에 대해서는 잘 몰랐지만 힘에 대해서는 알고 계셨던 것 같다. 아버지는 다이너마이트로 손쉽게 물고기를 잡을 수 있다고 말씀하셨다. 다이너마이트를 물속에 던지고 터지기를 기다리면 죽은 물고기들이 물 위에 둥둥 떠오르는 것을 볼 수 있다. 그것이 캘리포니아 서북부에서 고기를 잡는 방식이다(아버지는 이번 장을 꼼꼼히 읽으시면서 자신이 더 이상 그런 방법을 용인하지 않는다는 사실을 독자들이 알게 해 달라고 당부하셨다).

다이너마이트는 고기를 잡는 새로운 방법을 가르치거나 낚싯줄을 던질 가장 좋은 장소를 알려 주지 않는다. 그것은 단지 엄청난 폭발력만을 지니고 있을 뿐이다. 그와 마찬가지로 복음도 변화하는 방법을 가르쳐 주지 않는다. 복음 자체가 변화를 일으키는 능력이다.

이것이 교회에 필요한 능력이다.

가장 중요한 질문은 '교회 안에서 복음을 제자리로 되돌려 놓으려면 어떻게 해야 할까?'이다.

복음은 우리가 계획한 프로그램보다 더 중요하다.

복음은 우리의 취향보다 더 중요하다.

복음은 우리가 우선시하는 일보다 더 중요하다.

1. 복음이 가장 중요하다

복음은 우리의 정치보다 더 중요하다.

복음은 _____보다 더 중요하다.

빈칸에 무엇을 집어넣든 상관없다. 복음은 항상 그 무엇보다 더 중요하다.

어쩌면 이 책을 집어 든 것이 복음을 믿는다는 증거일 것이다. 우리는 하나님께서 거룩하고, 영광스럽고, 지극히 뛰어나신 분이라 믿고, 우리 자신은 죄인이라고 믿는다. 우리는 그리스도께서 우리를 위해 이루신 일을 믿는다. 그러나 많은 신자들이 그러한 것처럼 풍요로운 삶을 추구하려면 다른 것을 믿을 수밖에 없다. 그런 이유로 복음은 우리가 믿어야 할 많은 선택 가운데 하나일 때가 많다.

분명히 알아야 할 사실은 복음이 그 무엇보다 중요하지 않으면 우리 자신과 우리의 가정과 도시와 일터와 세상을 변화시킬 수 있는 능력을 잃게 된다는 것이다. **복음이 그 무엇보다 중요하지 않으면 그것은 더 이상 복음이 아니다.** 우리의 삶은 물론 교회와 지역 사회를 변화시키려면 복음의 능력, 곧 하나님의 능력이 필요하다.

복음이 그 무엇보다 중요하지 않으면 그것은 더 이상 복음이 아니다.

이 책을 읽는 목회자들과 교회 직원들에게 간단한 격려의 말을 전하고 싶다. 복음이 교회 안에서 다른 무엇보다 중요시되면 교회가 성장한다. 복음 안에 있는 하나님의 능력은 예산 부족, 리더십 부족, 전략적 실수와 같은 우리의 결점을 상쇄하고도 남을 만큼 강력하다. 그러나 복음이 다른 모든 것보다 중요시되지 않으면, 곧 우리의 초점이 분산되어 다른 것에 우선권을 두게 되면 그런 것들을 아무리 잘해도 큰 차이가 없을 것이다.

오늘날 교회에 필요한 것은 교회가 항상 필요로 해 온 것, 즉 복음으로 돌아가는 것이다. 이것은 지나간 시절에 대한 향수가 아니다. 나는 어느 권위자의 말처럼 "미래를 희생하고 과거를 찾으러" 나설 의도가 조금도 없다. 지난날의 것을 다시 위대하게 만들기 위해 노력할 생각이 없다. 내가 말하려는 요지는 처음으로 되돌아가는 것만이 미래를 구원할 수 있는 길이라는 것이다.

이 책의 목적은 부차적인 것들(때로는 좋고, 때로는 필수적이기도 한 것들)이 교회생활에서 핵심을 차지하는 복음을 대체해 온 잘못된 현실을 일깨우는 것이다.

마르틴 루터(Martin Luther)는 기독교적인 삶이 발전하려면 항상 처음부터 다시 시작해야 한다는 유명한 말을 남겼다. 우리의 선교가 진정으로 발전하기 원한다면 복음과 함께 다시 시작해야 한다. 하나님의 영광스러운 은혜와 긍휼과 사랑을 처음 경험했던 곳으로, 그리스도께서 우리를 구원하시고, 겸손하게 하시고, 새 생명을 주셨던 곳으로 되돌아가야 한다.

전에 무슨 이야기를 들었든 상관없이 올바른 역사적 전통을 계승했다고 해서 저절로 성공이 이루어지는 것은 아니다. 오직 올바른 복음의 전통을 고수해야만 결코 실패하거나 퇴색되지 않을 참된 성공을 거둘 수 있다. 능력은 새롭고 기발한 전략이 아닌, 비어 있는 옛 무덤에서 발견된다.

복음이란 무엇인가?

복음은 너무나도 오랫동안 흔하게 사용되어 온 용어이기 때문에 그 의미를 거의 상실하고 말았다. 복음이라는 용어는 복음 중심적인 설교, 복음 중심적인 주일학교, 복음 중심적인 예배, 복음 중심적인 원예 작업 등 다양하게 사용된다(마지막 표현은 내가 지어낸 것이다). 이처럼 '복음'은 오늘날 기독교 안에서 우리가 중요하게 생각하는 것을 가리키는 대명사가 되었다. 우리는 새로 나온 사람들에게 우리의 교회가 신학적으로 믿을 만할 뿐 아니라 최첨단을 걷는 현대적인 교회라는 확신을 심어 줄 요량으로 복음이라는 용어를 모든 것에 라벨처럼 붙이기 좋아한다.

하지만 그것이 과연 복음일까?

복음이 한갓 라벨에 불과할까?

복음이 교회 안에서 하나님의 능력으로 역사한다는 것은 무슨 의미일까? 복음이 진정으로 하나님의 능력이라면 그것을 올바른 위치에 올려놓아야 마땅하지 않겠는가?

바울은 로마의 신자들에게 복음이 하나님의 능력이라고 선언한 뒤 그것이 기능하는 방법을 길게 설명했다.

그의 설명을 요약하면 다음과 같다.

우리는 허물과 죄로 죽었다.
종교는 우리를 도울 수 없다.
삶을 변화시키겠다는 새로운 결심도 우리를 도울 수 없다.
베들레헴에서 동정녀에게 태어나신 예수님이 하나님의 아들이다.
그분은 우리가 할 수 없는 일을 하셨다.
그분은 의로운 삶으로 하나님을 기쁘시게 했다.
그분은 죄의 저주 아래에서 십자가에 못 박히셨다.
우리를 위해 그렇게 하셨다.
그분은 우리를 대신해 죽으셨다.
그리고 자신의 영으로 새 생명을 주시기 위해 무덤에서 다시 살아나셨다.
예수님은 자기를 믿는 모든 자에게 새 생명을 주신다.

복음의 아름다움은 예수님을 믿는 사람들이 하나님으로부터 소외될 것을 두 번 다시 두려워하지 않아도 된다는 것이다. 우리는 그리스도 안에서 안전하다. 우리는 그리스도 안에서 사랑받는다. 우리는 그리스도 안에서 온전하다. 우리는 그리스도 안에서 선택되었다. 우리는 그리스도 안에서 순결하다. "그러므로 이제 그리스도 예수 안에 있는 자에게는 결코 정죄함이 없나니"(롬 8:1).

그리스도께서 우리를 구속하신 목적은 사랑과 섬김의 삶을 살게 하기 위해서다. 우리는 그분이 우리 안에서 하신 일을 다른 사람들에게 나타내 보일 수 있다.

바울은 단지 이 사실을 믿기만 하면 하나님의 능력이 우리 안에서 역사하여 그렇게 할 수 있게 된다고 말했다. 그리고 로마의 신자들에게 복음으로 마음이 새로워지면 평범한 죄인들이 하나님의 뜻을 이루는 사람으로 변화될 것이라고 했다(롬 12:1-2).

고린도 신자들에게 보낸 편지에서는 복음의 고유한 능력이야말로 교회에 전해야 할 가장 중요한 소식이라고 말했다. 즉 복음이 "첫 번째"다. 복음이 가장 중요하다(고전 15:3-4).

심지어 그는 다른 것은 몰라도 그리스도와 그분이 십자가에 못 박히신 것만 알면 그것으로 족하다고까지 말했다(고전 2:2). 그는 젊은 제자인 디도에게 하나님의 은혜의 능력은 죄를 사할 뿐 아니라 이 세상에서 경건한 삶을 사는 데 필요한 모든 능력을 제공한다고 말했다(딛 2:11-12). **복음을 믿으면 단지 죄의 형벌뿐 아니라 죄의 권세로부터 해방된다.**

복음은 필적할 수 없는 능력을 지니고 있기 때문에 성경의 저자들은 '로만스 로드'(Romans Road, 구원의 길을 설명한 로마서의 구절들, 곧 롬 3:23, 6:23, 5:8, 3:10, 10:13을 가리킨다-역주)를 한 번 배우고 무시해도 좋은 것으로 생각하지 않았다. 성공적인 신앙생활에 필요한 모든 것이 그 안에 담겨 있다.

복음은 기독교의 기초 과정이 아니다.

복음은 기독교라는 넓은 풀장으로 뛰어드는 데 필요한 다이빙 보드가 아니다.

복음은 고기를 먹을 수 있을 때까지 우리에게 영양분을 공급하는 젖이 아니다.

복음이 곧 고기이고 디저트다.

복음은 기독교의 개론이 아니라 기독교의 모든 것이다.

복음은 다이빙 보드가 아닌 풀장 전체다.

그리스도 안에서 성장하는 과정은 그리스도를 믿는 믿음, 곧 그분이 이루신 사역과 빈 무덤을 믿는 믿음에서 시작된다. 성장은 항상 처음부터 다시 시작함으로써 이루어진다.

베드로는 복음이 하나님의 보좌 주위에 서 있는 천사들조차 알고 싶어 할 만큼 심오하다고 말했다(벧전 1:11-12). 복음이 천사들에게 얼마나 큰 인상을 심어 주었기에 그런 반응을 보이는 것일까? 그들은 우리가 평생 배워 익힌 신학 지식보다 더 많은 지식을 가지고 있다. 그들은 셀 수 없이 많은 별을 우주 공간에 만드신 하나님의 창조 능력을 직접 목격했다. 그들은 하나님께서 홍해를 가르시고, 발람의 나귀가 말하게 하시는 것을 보았다. 가장 강한 인간조차 단지 그들을 보는 것만으로 두려워 벌벌 떨 정도로

> 복음의 아름다움이 무한한 이유는 하나님의 아름다우심이 무한하기 때문이다.

그들의 능력은 강력하기 이를 데 없다. 그런 천사들도 단순한 복음의 메시지를 이루 다 헤아릴 수 없다. 그들이 원하는 것은 오직 복음을 좀 더 깊이 살펴보는 것이다.

복음의 아름다움이 무한한 이유는 하나님의 아름다우심이 무한하기 때문이다. 결국 이런 사실은 그리스도를 믿는 신앙의 깊이와 상관없이, 곧 예수님께서 자신의 신분에 대해 말씀하신 것을 믿지 못하고 의심하는 단계이든, 일평생 복음의 능력을 굳게 확신해 온 단계이든 상관없이 처음부터 새롭게 시작해야 한다는 것을 의미한다. 베드로가 말한 것처럼, 우리 모두를 위한 좋은 소식은 하나님께서 원하시는 사람이 되는 데 필요한 모든 것을 복음에서 얻을 수 있다는 것이다(벧후 1:3).

불행히도 많은 그리스도인이 복음에서 멀어지고 있다.

언젠가 콘퍼런스에 참석했을 때, 내 앞의 강사가 그동안 교회는 예수님의 죽음에 대해 충분히 들었다고 주장했다. 그러면서 "예수님의 죽음에 대해 너무 많이 말할 필요가 없습니다. 그것에 대해서는 모든 사람이 이미 넌더리 날 만큼 알고 있어요. 이제는 그분의 삶에 대해 말해야 합니다."라고 했다. 내 귀를 의심하게 만드는 말이었다.

바울 사도는 절대로 그렇게 말하지 않을 것이 틀림없다. 이렇게 말하는 이유는 단지 그가 "넌더리" 같은 표현을 사용하지 않았을 것이라는 확신 때문이 아니다. 바울은 예수님의 삶을 이해하고 그분의 능력을 경험하려면 그분의 죽음을 좀 더 온전하고 깊이 있게 이해해야 한다고 확신했다.

손님으로 초대받았는데 어떤 강사가 그런 말을 한다면 어떻게 해야 할까? 나의 경우는 대개 '손님'의 역할에 충실하는 것으로 만족하고, 콘퍼런스 주최자가 그 말에 대해 하나님께 책임을 지게 하는 방법을 선호하는 편이다. 말 그대로 대개는 그렇게 한다.

그러나 가장 중요한 문제, 아니 가장 중요하고 유일한 문제를 다루어야 하는 상황인지라 나는 과감하게 내 의사를 밝히지 않을 수 없었다. 그래서 나는 "정중히 권고합니다. 그 강사가 시키는 대로 해서는 안 됩니다."라고 말했다. 익히 짐작하는 대로 조금 거북하고 어색했다. 하지만 그럴 만한 충분한 가치가 있었다.

복음은 "하나님이 당신을 사랑하십니다."라는 의미 이상이다

학교를 졸업한 지 꽤 오랜 세월이 지났지만 나는 여전히 아무 준비도 없이 시험을 치르러 가는 것에 두려움을 느끼고 있다. 오늘이 내 성적의 80퍼센트가 결정되는 날인데 시험 준비를 까맣게 잊었다고 가정해 보자.

교수가 서로 종류가 다른 세 가지 원자 동위원소를 밝히고, 그것을 구분하는 전자기적 특성을 논술하라는 것을 시험 문제로 제시했다. 그것이 무슨 말인지 도통 아무 생각도 떠오르지 않는다. 그저 사슴과 동위원소들이 뛰노는 목장에 집을 짓고 사는 것을 읊은 노랫가락만 아련하게 떠오를 뿐이다. 물론 교수의 말은 그런 것과는 아무 상관이 없다.

고통스러운 90분이 흘러가고, 강당 앞에 있는 교수를 향해 걸어가서 낙제가 분명한 답안지를 내밀었다.

그 순간 놀라운 일이 일어났다.

아무렇게나 의미 없는 말을 늘어놓은 답안지가 교수의 서류함에 들어가려는 순간, 한 번도 만난 적 없는 학우가 나타나 답안지를 잡아채더니 내 이름을 지우고 자기의 이름을 대신 적어 넣었다. 그리고 자기 답안지에는 내 이름을 적어 넣었다.

얼마 후 성적이 나왔다.

나는 합격했고, 그는 낙제했다.

나는 그의 점수를 받았고, 그는 나의 점수를 받았다.

물론 대학에서 실제로 그런 일이 일어날 가능성은 전혀 없다. 그러나 이것은 예수님이 세상에서 30년 동안 살면서 우리를 위해 하신 일을 보여 주는 좋은 비유다. 그분은 우리가 살아야 할 삶을 사셨고, 그분의 이름을 지우고 우리의 이름을 대신 적어 넣으셨다. 그분은 우리가 당해야 할 죽음을 당하셨다. 우리가 할 수도 없고, 하지도 않은 일이 그분의 죽음으로 이루어졌다. 그분의 공로가 우리의 것이 되었고, 우리의 징벌이 그분의 것이 되었다. 신학자들은 이것을 "위대한 교환"이라고 일컫는다.

복음은 단지 하나님께서 우리를 사랑하신다는 메시지가 아니다. 물론 하나님은 우리를 극진히 사랑하신다. 그렇지 않다면 복음은 존재하지 않을 것이다. 그러나 그분은 '대리 속죄'의 아름다움을 통해 사랑의 길이와 넓이와 높이를 보여 주셨다.

'대리 속죄'라는 용어를 간과하면 안 된다. 이 용어는 복음에 있어서 매우 중요하다. 대리 속죄가 없다면 복음도 없을 것이다.

내가 약 20년간 목회자로 사역하고 있는 노스캐롤라이나(North Carolina)의 서미트교회(Summit Church)에서는 복음을 다음 세 마디로 간단하게 요약한다.

"나 대신 예수님이"

예수님은 단지 우리를 **위해** 죽지 않으셨다. 그분은 우리 **대신** 죽으셨다. 그분이 우리의 저주를 감당하신 덕분에 우리는 그분의 의를 물려받는다(갈 3:13). 그분이 수치를 당하신 덕분에 우리는 영예의 자리에 앉는다(히 12:2). 그분이 맞아 쓰러지신 덕분에 우리는 일으키심을 받는다(사 53:3-4). 그분이 성부께 외면을 당하신 덕분에 성부께서 우리에게로 그분의 얼굴을 향하신다(마 27:46). 그분이 우리가 살아야 할 삶을 살고, 우리가 죽어야 할 죽음을 겪으신 덕분에 우리가 그분이 받아야 할 상급(하나님 앞에서 영생을 누리는 것)을 받는다(골 3:4).

이사야 선지자는 대리 속죄가 이루어지기 약 7백 년 전에 이렇게 예언했다.

그는 실로 우리의 질고를 지고 우리의 슬픔을 당하였거늘 우리는 생각하기를 그는 징벌을 받아 하나님께 맞으며 고난을 당한다 하였노라. 그가 찔림은 우리의 허물 때문이요 그가 상함은 우리의 죄악 때문이라. 그가 징계를 받으므로 우리는 평화를 누리고 그가 채찍에 맞으므로 우리는 나음을 받았도다. 우리는 다 양 같아서 그릇 행하여 각기 제 길로 갔거늘 여호와께서는 우리 모두의 죄악을 그에게 담당시키셨도다(사 53:4-6).

예수님의 대리 속죄는 예수님의 복음을 세상의 다른 종교와 구분한다. 세상의 모든 종교는 "하라!"라는 한마디로 요약할 수 있다. 그들은 "이것을 하라, 저것을 하라, 여기에 가라, 이 말을 하라, 이것을 문질러 보라, 이것을 만져 보라, 이렇게 기도해 보라, 이렇게 노래해 보라"고 말한다. 그런 일을 충분히 잘하면 신의 인정을 받을 수 있다고 가르친다. 그러나 복음은 "이루어졌다"고 말한다. 예수님께서 구원에 필요한 모든 것을 이루셨다. 십자가에서 숨을 거두시며 "다 이루었다"고 말씀하셨다. 그분은 "내가 시작했으니 이제 너희가 맡을 차례다."라고 말씀하지 않으셨다. 구원에 필요한 것이 모두 이루어졌다.

다른 종교들은 신이 예언자들을 보내 신의 은총을 받는 법을 가르치게 했다고 믿는다.

그러나 기독교의 위대한 선지자이신 주님은 교사일 뿐 아니라 우리 대신 하나님께 은혜를 구하여 그것을 선물로 주시는 구원자이시다.

그리스도 안에서는 하나님을 기쁘시게 하거나, 그분의 분노나 실망을 달래려고 애쓸 필요가 없다. 우리가 해야 할 일은 우리 대신 이루어진 일에 감사를 드리는 것뿐이다.

선행은 구원을 위한 공로가 아닌 구원의 결과다.

팀 켈러(Tim Keller)는 "다른 종교들은 '복종했으니 저를 받아 주십시오.'라고 가르치지만, 복음은 '저를 받아 주셨으니 복종합니다.'라고 가르친다"고 말했다.[1]

이것은 참으로 좋은 소식이다. 복음 안에 나타난 하나님의 능력이 우리를 구원한다. 좋은 소식은 다른 어떤 것보다 중요하다. 그 이유는 복음이 단지 우리에게 영생을 주기 때문이 아니다. 복음은 그보다 훨씬 더 큰 의미를 지닌다. 복음은 생명의 원천이다. 복음은 하나님의 능력이다.

이것이 복음이 다른 무엇보다 중요한 이유다.

교회에 다니는 사람 대부분은 대리 속죄에 관해 알고 있다. 그들은 대리 속죄를 설명할 뿐 아니라 심지어 "하라"와 "이루어졌다"의 차이까지 말한다. 어쩌면 그들이 나보다 더 잘 설명할지도 모른다.

하지만 그것이 곧 복음이 그들의 마음이나 삶이나 세계관 속에 올바로 자리 잡고 있다는 의미는 아니다.

그리스도인들은 복음을 단지 갓난아이를 위한 음식이나 출발점이나 기독교의 입문 의식이나 예수님과 처음 관계를 맺기 위한 기도쯤으로 생각하는 경향이 있다.

그러나 복음은 기독교적인 삶을 의미한다. 복음은 기독교의 기초 과정이 아니다. 모든 기독교적인 삶은 예수님이 십자가에서 이루신 것을 전하는 복음에서 비롯한다. 우리는 복음에 싫증을 느껴서는 안 된다. 항상 복음 안에 머물러 있어야 한다. 복음을 배우고, 늘 그 안에서 성장하며 살아가는 것을 중단하지 말아야 한다.

그리스도 안에서의 성장이 복음을 넘어서는 것이 아니라 복음 안으로 더욱 깊숙이 들어가는 것을 의미하는 이유가 바로 여기에 있다. 복음은 우물과 같다. '더 넓게'가 아닌 '더 깊게' 들어가야만 가장 순수한 물을 얻을 수 있다.

지금까지 '배트맨'(Batman)을 주제로 만들어진 영화와 드라마와 애니메이션이 538편에 달한다. 그 가운데서 나는 2005년에 대성공을 거둔 크리스토퍼 놀란(Christopher Nolan) 감독의 〈배트맨 비긴즈〉(Batman Begins)가 가장 훌륭하다고 생각한다. 그 영화에는 어린 브루스 웨인(Bruce Wayne)이 오랫동안 사용하지 않은 것으로 보이는 어느 우물 아래로 굴러떨어지는 장면이 나온다. 그 후 주변의 풀이 무성하게 자라 우물 입구를 완전히 가려 보이지 않게 되었고,

브루스는 몇 년이 지난 후에 그 우물을 다시 찾았다. 그는 그 우물이 거대한 지하 동굴로 들어가는 입구라는 사실을 알게 되었다. 그 안에는 놀라운 보물과 '배트맨'이 될 수 있는 비밀이 간직되어 있었다.

웨인 저택에는 땅 위에서 발견할 수 있는 것보다 훨씬 더 많은 것이 감추어져 있었다. 웨인 가문의 사유지에 감추어진 진귀한 보물들을 온전히 경험하려면 더 깊이 들어가야 했다.

복음을 대할 때도 그래야 한다.

복음의 표면적인 메시지만 보고 이해하는 것으로 복음을 다 안다고 생각할지 모르지만, 그 깊은 곳을 들여다보면 훨씬 더 많은 것을 발견할 수 있다.

더 많이 볼수록 더 많이 변화되고, 더 많이 발견할수록 더 많이 보게 된다. 바울 사도는 주님의 영광을 볼 때 영적 성장이 이루어진다고 말했다(고후 3:18). 복음 안에 나타난 그리스도의 영광을 보면 그분을 더 많이 닮을 수 있고, 영광에서 영광에 이를 수 있다.

그동안 그리스도와 어떻게 동행해 왔는지 생각해 보라. 처음에 어떻게 그리스도인이 되었는가? 그때 분명히 예수님께서 우리를 위해 이루신 일을 증언하는 복음 안에서 하나님의 영광을 보았을 것이다.

그렇다면 지금은 어떤가? 그리스도인으로서 예수님을 더욱 닮아가고 있는가? 우리를 위해 그 모든 일을 이루신 하나님의 영광을 계속해서 바라보는가? 모든 것이 다 이루어졌다고 굳게 믿는가?

우리는 복음을 믿고, 경이로운 눈으로 예수님을 바라봄으로써 구원을 받았다. 우리의 성화도 그와 똑같은 방식으로 이루어진다. 복음이 우리를 받아 주었고, 본향에 이를 때까지 계속해서 우리를 인도한다.

이것이 여전히 복음이 필요한 이유다.

우리에게는 다른 무엇보다 복음이 필요하다.

가장 중요한 복음

복음주의 그리스도인들은 언제나 복음을 믿어 왔다. 복음이라는 용어가 우리를 일컫는 명칭에 포함되어 있다. '복음적'(evangelical)이라는 용어는 '복음'을 뜻하는 헬라어에서 유래했다. 그런 점에서 복음은 우리의 '표식'이었다. 복음은 처음부터 기독교의 핵심이었다. 복음은 우리의 믿음에 생명을 준다.

그러나 우리는 복음 외에 다른 곳에서 영적 부흥과 생명을 찾으려는 유혹을 느낄 때가 많다.

> 어리석도다 갈라디아 사람들아(복음주의자들아) … 누가 너희를 꾀더냐? … 너희가 이같이 어리석으냐? 성령으로 시작하였다가 이제는 육체로 마치겠느냐?(갈 3:1-3)

영적 부흥이 이루어지지 않는 이유는 복음에 지나치게 집착하느라 현대적인 기술을 습득하지 못해서가 아니다. 오히려 현대적인 기술에 지나치게 집착하느라 복음에 무디어진 탓이다. 우리는 복음을 가장 중요한 자리에서 제거했다. 복음은 더 이상 최고도 아니고 우리의 첫 번째 우선순위도 아니다.

우리의 사역이 진전을 보려면 예수 그리스도 안에 나타난 하나님의 은혜의 복음으로 되돌아가야 한다.

복음이 없으면 개인적인 성장을 위해 계획한 목표들을 단 하나도 제대로 이룰 수 없다. 영적 부흥을 위한 우리의 노력이 복음에 근거하지 않으면 결실을 맺을 수 없다. 이미 '이루어진' 것을 연료로 삼아야만 기독교적인 삶을 힘차게 이끌 수 있는 불길을 당길 수 있다.

목회자들에게 당부하고 싶다. 모든 것은 강단에서부터 시작해야 한다. 모든 설교가 예수님이 이미 이루신 것을 증언하는 복음에 근거해야 한다. 찰스 스펄전(Charles Spurgeon)은 무슨 설교를 하든지 "그리스도께로 되돌아가는 길을 만드는 것"이 목표라고 했다. 나는 그 말을 항상 복음 초청으로 설교를 마쳐야 한다는 의미로 이해했다. 그러나 스펄전의 말은 그 이상의 의미를 지녔다. 그의 말은 성경이 명령하는 일을 하는 데 필요한 생명의 물은 오직 그리스도께서 이루신 사역에서 흘러나온다는 의미였다. 이것을 믿지 않으면 우리는 능력 없는 종교를 전할 수밖에 없고, 아무리 창의적이고, 혁신적이고, 기발한 방식으로 영적 부흥을 외치더라도 모세의 손에 들린 생명 없는 돌판과 같을 뿐이다. 성경 안에서 발견한 모든 이야기, 모든 명령, 모든 원리가 그리스도께서 이루신 사역을 가리켜야 한다. 그렇게 하지 않으면 생명의 책에서 생명을 제거하는 결과가 발생한다.

예수님은 모든 성경이 자신을 가리킨다고 하셨다(눅 24:27). 따라서 우리도 마땅히 그렇게 해야 한다. 성경의 핵심이 그리스도의 이름을 높이는 것이라면 설교의 핵심도 그래야 한다.

마틴 로이드존스(D. Martyn Lloyd-Jones)의 말을 다르게 표현하면, 강연의 목적은 사람들에게 정보를 제공하는 것이고, 동기를 부여하는 연설은 사람들에게 행동 단계를 제시하는 것이며, 설교의 목적은 하나님을 예배하게 하는 것이다. 복음 설교는 항상 그리스도를 높이는 예배를 목표로 삼아야 한다.

우리 주위에 있는 사람들이 우리에 관해 말하고 우리를 생각할 때마다 복음에 관해 말하고 복음을 생각할 수 있어야 한다. 그것이 교회의 모든 사역과 노력의 궁극적인 토대요 목적이 되어야 한다.

자신이 다니는 교회를 잠시 생각해 보라. 교회가 무슨 일을 하고 있는가? 교회가 복음을 말하는가? 아니면 목회자의 통찰력, 멋진 예배 음악 연주단, 새신자 환영 시스템, 웅장한 파이프 오르간, 빈민 구제, 죄를 거부하는 용기 있는 외침 등을 말하는가? 사람들이 교회를 삶에 유익한 실천적 조언을 얻을 수 있는 장소나 신학적으로 건전하고 성경 원문에 근거한 박학한 설교를 들을 수 있는 강의실로 생각하지는 않는가?

그런 것이 모두 잘못되었다는 말은 아니다. 하지만 그런 것은 새 생명의 능력이 아니다. 그런 것은 하나님의 능력에 반응하거나 그것을 발현하는 수단이 될 수는 있어도 그것 자체가 하나님의 능력은 아니다. 성경에 따르면 오직 복음만이 능력이다.

삶을 변화시킬 만큼 뛰어난 전략도 복음이 없으면 구원의 능력을 발휘할 수 없다. 복음이 없는 빈민 구제는 사람들을 잠시 편안하게 해 줄 뿐 그들이 영원히 멸망하는 것을 막을 수 없다. 정치를 통해 세상을 아무리 새롭게 바꾼다 해도 복음이 없으면 개혁하려고 힘써 노력했던 문제 못지않게 심각한 문제가 또다시 발생할 뿐이다. 복음이 없는 자기 계발 전략은 성공하면 교만을 부추기고, 실패하면 절망감을 심어 줄 뿐이다. '건강한 결혼생활을 위한 열 가지 단계'만으로는 그리스도께서 우리에게 다가오기 위해 거치신 수많은 단계를 이해하고, 배우고, 묵상하는 것만큼 우리의 결혼생활을 효과적으로 변화시킬 수 없다.

이 모든 것이 교회와 우리에게 주는 의미는 무엇일까? 이것은 단지 그릇된 것을 가르치는 것뿐 아니라 참된 것, 좋은 것, 심지어 탁월한 것을 제공하는 것으로도 얼마든지 사람들을 그릇된 길로 인도할 수 있다는 뜻이다.

그렇다면 우리는 어떨까?

우리는 무엇에 관심을 기울이는가? 우리에게 가장 중요한 것은 무엇인가? 혹 강조하지 말아야 할 것을 강조함으로써 다른 사람들을 그릇된 길로 이끌고 있지는 않은가?

마귀는 부차적인 문제로 우리의 관심을 흩뜨려 놓거나 분산시키기 좋아한다. 복음은 너무 위대하고, 우리의 사명은 너무 긴급하기 때문에 그 어떤 부차적인 문제에도 방해를 받으면 안 된다. 우리의 삶과 교회 안에서 하는 일은 모두 '복음의 사명을 얼마나 더 원활하게 하고, 힘 있게 만드는가?'라는 기준을 적용하여 판단해야 한다.

> **복음은 너무 위대하고, 우리의 사명은 너무 긴급하기 때문에 그 어떤 부차적인 문제에도 방해를 받으면 안 된다.**

이 책의 방향

만일 우리의 삶과 교회 안에서 복음을 올바른 위치에 되돌려 놓는다면 어떻게 될까?

그렇게 되면 우리를 통해 하나님의 임재와 능력이 새롭게 나타날 것이라고 확신한다. 이스라엘 민족도 그랬다. 그들이 "하나님의 인자"를 기억했을 때에는 온 나라가 새롭게 깨어나 하나님의 축복을 받았고, 그것을 잊었을 때는 혼란에 빠져들었다(신 4:9; 삿 8:34; 사 65:11 참조).

그러므로 이것, 곧 **기억하게 돕는 것**이 이 책의 목적이다.

우리는 복음을 가장 중요한 것, 곧 **그 어떤 것보다 중요한 것**으로 알고 복음의 위대함을 기억해야 한다. 그것이 실질적인 차원에서 어떤 식으로 나타나는지 밝히는 것이 바로 이 책의 목적이며, 이것이 이 책의 나머지 내용을 이끄는 지침이다.

복음 안에 변화시키는 능력이 있다

복음은 신앙의 여정을 시작하기 위한 입문 의식이 아니라 신앙생활 전체를 이끄는 믿음의 중심점이다. 사람들이 하나님을 위해 스스로 해야 할 일에 압도되어 부담을 느끼기보다 오히려 하나님께서 자신을 위해 하신 일과 자신을 통해 이루실 약속을 알고 놀라워하며 교회 문을 나설 수 있게 만드는 예배와 성경공부가 이루어져야 한다.

복음 전도는 모든 교회의 최우선 사역이다

제자를 만드는 것은 교회의 핵심적이고 본질적인 사명이다. 그리스도인들과 교회가 할 수 있는 좋은 일은 무궁무진하지만 그 일들이 그리스도께서 교회에 당부하신 핵심 사명(제자를 만드는 것)을 등한시하게 만들 소지가 있다(마 28:18-20). 물론 다른 일을 중단할 필요는 없다. 단지 다른 일들을 핵심적인 사명을 이루는 데 도움이 되는 방향으로 이끌어 가는 것이 필요하다.

복음의 증식은 평범한 성도들을 통해 이루어진다

사역의 초점은 보통 사람들을 능력 있게 만들어 지역 사회 안에서 복음의 창날이 되게 하는 것이다. 이것이 초대교회의 특징이었다. 복음이 신속하게 확대될 때는 언제든, 또 그런 역사가 일어나는 곳 어디든 교회에서 항상 그와 같은 현상이 나타났다.

복음의 희망은 하나님의 약속이다

복음은 영원한 낙관주의를 요구한다. 그런 소망을 가능하게 하는 것은 안이하고 변덕스러운 기질상 특성에서 기인한 생각이 아니라 세상을 향한 하나님의 계획이 빈 무덤만큼이나 희망적이라는 깊은 확신이다. 윌리엄 캐리(William Carey)는 미래는 하나님의 약속만큼 밝다고 말했다. 복음을 무엇보다 중요시하면 상황이 아무리 어두워 보여도 교회는 설레는 마음으로 미래에 대한 소망을 추구할 수 있다.

복음의 은혜만이 세상을 치유한다

복음을 진정으로 믿는 사람들은 복음을 닮게 된다. 복음을 가장 중요시하면 복음의 은혜로움에 부합하는 관대한 정신이 생겨날 것이다.

우리의 가르침은 사람들이 이미 우리의 삶에서 목격한 은혜를 말로 설명하는 것뿐이다. 관대한 정신은 우리가 교회 밖에 있는 사람들과 관계를 맺는 방식은 물론 서로를 대하는 방식에까지 영향을 미친다.

복음이 문화보다 더 중요하다

갖가지 전통에서 비롯하는 수많은 요인이 우리를 분열시킬 가능성이 있지만, 복음을 가장 중요시하면 그 안에서 그런 것들을 극복할 수 있는 일치성을 발견할 수 있다.

우리는 인종이나 문화가 같고, 배경이나 삶의 방식이 비슷한 사람들과 우호적인 관계를 맺으려는 성향이 있다. 그러나 복음이 우리 안에서 그런 것보다 더 중요시되면 문화는 같아도 복음에 대한 열정이 없는 사람들보다는 문화가 달라도 믿음을 가진 사람들과 더 깊고 친밀한 관계를 맺을 수 있다.

세상은 인종 간의 일치를 갈망하지만 그것을 이룰 능력이 없다. 그러나 교회는 복음을 통해 인종적 차이를 극복하고 일치를 이룰 수 있는 힘을 부여받는다.

복음이 개인의 취향보다 더 중요하다

복음을 가장 중요시하면 지상 명령을 위해 개인적인 취향을 기꺼이 포기할 수 있다. 바울처럼 우리도 필요하다면 지상 명령을 위해 우리의 취향을 언제라도 기꺼이 벗어 버릴 준비가 되어 있는 옷처럼 간주해야 마땅하다.

우리는 '내가 좋아하는 교회는 어떤 교회인가?'가 아니라 '어떤 사역이 지역 사회의 거주자들에게 복음을 전하는 데 가장 적합한가?'라고 물어야 한다.

복음이 정치보다 더 중요하다

이미 이 책이 충분히 불쾌하게 느껴질지 모르지만, 한 가지 더 물어볼 것이 있다. 그것은 '복음을 가장 중요시하면 정치에 대한 우리의 입장이 어떻게 달라질까?'이다.

복음을 가장 중요시하면 다른 것, 특히 정치적인 것은 부차적인 문제가 되고 말 것이 틀림없다. 물론 정치가 중요하지 않다거나 그리스도인들은 절대 정치에 개입해서는 안 된다거나 논란의 여지가 있는 문제를 삼간 채 "단지 예수님만 전해야 한다"는 말은 결코 아니다.

오히려 복음은 담대하게 말하라고 요구한다.

그러나 복음을 가장 중요시하면 모든 것을 복음 중심적인 방식으로 말하게 될 것이다.

복음을 가장 중요시하면 예수님께서 다양한 정치적 신념을 지닌 제자들을 하나로 모으신 것처럼 우리도 그렇게 할 수 있다.

만일 그런 결과가 나타나지 않는다면 복음이 우리가 생각하는 것만큼 교회 안에서 확고한 위치를 차지하고 있는지 의심해 보아야 한다.

복음으로 돌아가자

오늘날 많은 사람이 기독교가 죽어 간다고 믿는다. 그러나 조금도 위축될 필요가 없다.

신앙의 죽음이 임박했다는 것은 결코 새로운 외침이 아니다. 의심이나 방심이나 절망 때문에 복음의 소망과 하나님께서 여전히 역사하고 계신다는 신념을 포기하면 안 된다. 왜냐하면 하나님은 지금도 역사하고 계시기 때문이다.

복음에서 우리의 삶과 믿음을 분리하는 것은 우리를 하나님과 분리시키는 결과를 낳는다. 그것은 곧 확실한 죽음을 의미한다.

용기를 내자. 기독교 신앙이 처음 태동하는 순간부터 세상은 예수님의 제자들이 오래 가지 못할 것이라고 생각했다.

볼테르(Voltaire)라는 필명으로 더 잘 알려진 프랑스 철학자 프랑수아 마리 아루에(Francois-Marie Arouet, 1694-1778)는 자기가 죽은 뒤 100년 안에 기독교가 모두 사라질 것이라고 예고한 사람으로 유명하다. 그는 1880년대에 "고고학적인 호기심을 가진 탐구자의 구경거리가 될 성경을 제외하고는 단 한 권의 성경도 세상에 남지 않게 될 것이다."라고 말했다.

비교적 최근이라 할 수 있는 1966년 4월 8일 〈타임〉(TIME)지 표지에는 "신은 죽었는가?"라는 물음이 제기되었다. 그것은 "그렇다"는 것을 전제로 한 질문이었다. 그 질문에는 설혹 신이 아직 죽지 않았더라도 최소한 말기 환자의 병동에 갈 지경에 이르렀다는 신념이 반영되어 있었다.

그러나 볼테르가 죽은 지 250년이 지났고, 〈타임〉지의 표지 기사가 발표된 지도 50년이 흘렀지만 하나님은 죽지 않으셨고, 교회는 여전히 성장하고 있으며, 성령께서도 변함없이 역사하고 계신다. 오히려 죽은 것은 볼테르다. 〈타임〉은 여전히 씩씩대는 것처럼 보이지만 그동안 투자자들이 여러 번 폐간을 고려했다.

바울은 2천 년 전에 골로새교회에 편지를 보내 그들이 들은 복음이 온 세상으로 확장되어, 가는 곳마다 삶을 변화시키고 있다는 고무적인 소식을 전했다(골 1:6).

이것은 지금도 여전한 사실이다.

내 친구는 "자네가 죽지 않았다면 하나님도 죽지 않으셨네."라고 말했다.

우리는 죽지 않았다. 하나님도 우리와 함께 죽지 않으셨다.

지난해에는 그 어느 해보다 그리스도인이 된 사람이 많았다. 이슬람교가 생겨난 이후의 13세기보다 지난 15년 동안 기독교로 개종한 무슬림이 더 많았다. 남반구에서는 21세기에 들어 복음주의 기독교가 괄목할 만한 성장세를 보였다. 남아메리카, 아프리카, 아시아에서 수천 명의 사람들이 구원을 받고 있다. 심지어 복음주의 신자들의 숫자가 줄어들고 있는 서구 사회에서도 문화적 기독교는 죽었는지 몰라도 참된 기독교가 여전히 살아 있는 현실이 목격된다. 서구 사회에서 가장 힘든 곳이나 가장 어두운 구석까지도 교회가 왕성하게 성장하고 있다.

우리는 또 다른 구원자가 필요하지 않다.

우리는 또 다른 중심점이 필요하지 않다.

우리는 또 다른 능력이 필요하지 않다.

사람들을 구원할 수 있는 이름은 하늘 아래 오직 하나뿐이다 (행 4:12).

하나님의 능력의 원천도 오직 하나뿐이다.

그 이름은 예수다.

예수님께서 완성하신 사역을 믿는 믿음이 세상을 이긴다. 우리도 바울처럼 오직 그리스도와 그분이 십자가에 못 박히신 것 외에는 아무것도 알지 않기로 결심하고, 복음이 삶의 모든 영역에서 가장 중요한 위치를 차지하게 해야 한다.

복음은 항상 가장 중요한 것으로 남아야 한다.

그러면 이제부터 어떻게 그렇게 할 수 있는지를 좀 더 자세히 살펴보자.

2

복음 안에 변화시키는 능력이 있다

젊은이여, 영국의 모든 도시, 모든 마을, 모든 촌락 어느 곳에서든 런던으로 향하는 길이 있다는 사실을 알지 못하는가? … 그와 마찬가지로 성경의 모든 본문에도 성경의 대도시, 곧 그리스도께로 향하는 길이 있다. 사랑하는 형제여, 성경 본문을 읽을 때는 '그리스도께로 가는 길이 어디인가?'라고 묻고, 대도시, 곧 그리스도께로 가는 길을 따라 말씀을 전하라. 나는 성경 안에서 그리스도께로 향하는 길과 무관한 본문을 발견한 적이 없다. 만일 성경에서 그리스도께로 향하는 길과 무관한 본문을 한 곳이라도 발견한다면 나는 길을 만들 것이다. 울타리와 도랑을 뛰어넘어 나의 주님께로 향할 것이다.

—찰스 스펄전

대부분의 사람들은 교회에 가는 것을 두려워하지 않는다.

단지 약간 긴장이 될 수 있고, 자녀들이 행동을 잘못해 당황스러운 상황이 벌어질까 봐 염려스럽거나 울며 보채는 갓난아이를 예배당 밖으로 데리고 나가지 않는 여성의 옆자리에 앉게 될까 봐 걱정될 수는 있다. 또 예배가 끝나면 곧바로 집에 가서 점심을 먹고 축구 결승전을 봐야 하는데 목회자가 설교를 다 끝마친 상황에서 또다시 새로운 화제를 꺼내 시간을 오래 끌까 봐 우려될 수도 있다. 또한 교회에 사람들이 많이 오는 바람에 예배당 뒤편에 멀찍이 차를 주차하고 예배실까지 120미터나 되는 긴 거리를 걸어가야 할까 봐 신경이 쓰일 수도 있다. 비까지 오는 날에는 더욱더 그럴 것이다. 작은 골프 카트로 사람들을 주차장에서 예배실까지 이동시키는 일을 담당하고 있는 프레드 형제는 나이 든 신자들을 먼저 돌보느라 다른 사람들에게 관심을 기울일 수 없는 상황이다. 전에도 그랬는데 지금도 그렇다.

어쩌면 이런 것들이 우리가 두려워하는 것일 수 있다. 물론 세상에 있는 그리스도인들 가운데 그런 두려움을 가질 사람은 그다지 많지 않을 것이다. 내가 지금 담임하고 있는 교회를 50년 전에 설립한 샘 제임스(Sam James) 목사는 나에게 베트남에서 경험했던 예배 이야기를 들려주었다. 그는 지난 50년 동안 그곳에서 선교사로 사역했다. 예배 도중에 공산당 관리들이 들이닥쳐서(혹은 예배당에 앉아 있다가 갑자기 벌떡 일어나서) 교회 지도자들을 끌고 가 감옥에 가둘지도 모른다는 생각으로 매주 예배를 드리곤 했다.

그런 일을 생각하면 예배실까지의 120미터 거리가 그렇게 멀어 보이지 않는다. 중앙아시아의 무슬림 지역에서 가정 교회를 이끌고 있는 또 다른 친구는 교회가 성장이 멈추자 교인들에게 예수님의 복음을 들어야 한다고 생각하는 사람의 이름을 다섯 명씩 적어 보라고 했다. 그런 다음 종이에 이름을 적은 사람들 가운데 예수님을 전해도 해를 끼칠 가능성이 적은 사람이 누구인지 말해 보라고 묻고, 바로 그 사람이 이번 주에 복음을 전하기 위해 기도해야 할 사람이라고 말했다.

축구 결승전을 못 본다고 해서 세상이 끝나지 않는다. 이 장을 쓰는 동안 복음주의 교회에 대한 중국 정부의 탄압이 심해졌다는 소식이 들려왔다. 〈크리스채너티 투데이〉(Christianity Today)에 실린 기사였다. "베이징 당국은 15,000명의 교인이 예배당에 감시 카메라를 설치하는 것을 반대하자 지난달에 '시온교회'를 폐쇄하겠다고 위협했다."라는 내용이었다.[1]

최근에 개정된 종교 단체에 관한 정부의 규칙에는 십자가를 불태우고 중국 국기로 대체하는 등 교회 건물에서 기독교의 상징물을 모두 제거하라는 강제 조항이 포함되었다. 정부 관리들과 경찰이 교회에 다니는 신자들을 추적해서 그들이 모이는 것을 방해한 일도 있었다.

거기에 비하면 예배당 로비에서 시끄럽게 우는 아이는 성가시기는 하지만 충분히 감내할 수 있는 일이다.

초대교회는 무시무시한 국가적, 종교적 박해 상황 속에서 시작되었다. 사도행전 곳곳에서 세속 권력과 종교 권력이 예수님의 복음 운동이 확장되는 것을 막으려고 애썼던 사실을 확인할 수 있다. 예수님과 그분의 제자들은 생명을 주는 혁명을 일으켰지만, 사람들은 그것을 선뜻 환영하지 않았다. 유대의 종교 지도자들과 로마 정부의 관리들은 많은 점에서 서로 생각이 달랐지만, 그리스도인들과 복음과 나사렛 예수에 관한 이야기를 없애는 데에는 일심동체가 되어 움직였다. 사도행전의 처음 여덟 장은 교회를 파괴하려는 음모를 적나라하게 밝히고 있다. 특히 사도행전 8장을 보면 예수님에 대한 신앙을 말살하는 것을 필생의 과업으로 생각했던 사울이라는 이름의 한 남자가 등장한다.

사울은 인정사정을 두지 않았다. 집집마다 찾아가서 그리스도인들을 발견하는 즉시 끌고 나와 감옥에 가두었다(행 8:3). 심지어 그리스도인을 박해하는 것을 하나님께 충성하는 행위로 간주했다.

> 내가 이전에 유대교에 있을 때에 행한 일을 너희가 들었거니와 하나님의 교회를 심히 박해하여 멸하고 내가 내 동족 중 여러 연갑자보다 유대교를 지나치게 믿어 내 조상의 전통에 대하여 더욱 열심이 있었으나(갈 1:13-14).

이 구절을 다시 읽어 보라. 사울은 그리스도인들의 집에 쳐들어가기 전에 성경을 묵상하고, 시편을 노래했다. 심지어 그런 일을 열심히 하는 것을 하나님 앞에서 자랑거리로 삼았다.

그러나 나도 육체를 신뢰할 만하여 만일 누구든지 다른 이가 육체를 신뢰할 것이 있는 줄로 생각하면 나는 더욱 그러하리니 나는 팔일 만에 할례를 받고 이스라엘 족속이요 베냐민 지파요 히브리인 중의 히브리인이요 율법으로는 바리새인이요 열심으로는 교회를 박해하고 율법의 의로는 흠이 없는 자라(빌 3:4-6).

사울은 스스로를 좋게 생각했다.
그러던 어느 날 그가 기대하지도 않았고, 가능하다고도 생각하지 않았던 사건이 일어났다.
그는 느닷없이 무엇인가를 보게 되었다.
사도행전 9장을 읽어 보자.

사울이 주의 제자들에 대하여 여전히 위협과 살기가 등등하여 대제사장에게 가서 다메섹 여러 회당에 가져갈 공문을 청하니 이는 만일 그 도를 따르는 사람을 만나면 남녀를 막론하고 결박하여 예루살렘으로 잡아오려 함이라. 사울이 길을 가다가 다메섹에 가까이 이르더니 홀연히 하늘로부터 빛이 그를 둘러 비추는지라. 땅에 엎드려 들으매 소리가 있어 이르시되 사울아 사울아 네가 어찌하여 나를 박해하느냐 하시거늘 대답하되 주여 누구시니이까? 이르시되 나는 네가 박해하는 예수라. 너는 일어나 시내로 들어가라. 네가 행할 것을 네게 이를 자가 있느니라 하시니(행 9:1-6).

사울은 그리스도인들을 증오했다.

그리스도인들을 위협했다.

그리스도인들을 괴롭혔다.

그리스도인들을 살해했다.

그러다 갑자기 태도를 바꾸었다.

사울은 그리스도인이 아닌 사람들을 그리스도인으로 만들기 위해 노력했다(행 9:20).

사울이 다메섹으로 가는 길에 겪은 사건은 짧은 시간에 불과했지만, 그로 인해 그의 삶은 영원히 달라졌다. 사울은 단번에 살인을 일삼는 박해자에서 충실한 종으로 변했다. 그것은 강의를 듣고 이루어진 결과가 아니었다. 그에게는 설득력 있고, 실천적이고, 삶을 개선하는 방법을 적은 목록이 제공되지 않았다. 문학작품이나 유행가처럼 규칙적인 운율이 있는 소리를 들은 것도 아니었다.

그에게는 참으로 놀라운 능력과 상상조차 할 수 없는 은혜의 비전이 주어졌다. **복음을 믿기 전**에는 하나님의 이름으로 사람들의 생명을 빼앗았다. 그러나 **복음을 믿고 난 후**에는 자신의 생명을 희생제물로 내놓았다. 그의 삶은 "하나님을 섬기기 위해 사람들을 죽이자."에서 "하나님을 섬기기 위해 나를 희생하자."로 바뀌었다.

복음을 믿기 전에 그는 자신의 종교적인 복종을 자랑하며 한껏 교만에 부풀었다. 그러나 **복음을 믿고 난 후**에는 하나님께서 자신을 위해 하신 일을 깨닫고, 겸손한 인격을 갖추게 되었다(빌립보서 3장 7-8절에서 이 사실을 분명하게 확인할 수 있다. 사울이 자신의 종교적 업적을 묘사한 헬라어는 '스쿠발라'[skubala]다. 영어 성경은 이 용어를 "쓰레기"나 "오물"로 완곡하게 번역했다. 그러나 1세기의 어머니들이 자신의 십대 자녀가 이 말을 하는 것을 듣는다면 그 입을 비누로 박박 문질러 씻어 낼 정도로 강한 의미를 지닌 용어였다).

복음을 믿기 전에 바울은 사울로 불렸다. 자기만족적이고, 완고하고, 외모도 건장하게 잘생긴 이스라엘의 왕 사울과 이름이 같았다. 그러나 **복음을 믿고 난 후**에는 바울로 알려졌다. 이 이름은 '작은', 혹은 '변변찮은'이라는 뜻이다.

복음을 믿기 전에 바울은 시기심과 증오심이 가득했다(롬 7:1-7). 그러나 **복음을 믿고 난 후**에는 스스로를 죄인의 괴수로 일컬었을 뿐 아니라 자신의 동족인 유대인들이 구원받지 못하는 것을 몹시 안타깝게 생각했다. 그들이 구원을 받을 수만 있다면 자신은 지옥에 가도 상관없다고까지 말했다(롬 9:1-3).

그는 겸손에 관해 말했고,

열정에 관해 말했고,

사랑에 관해 말했다.

바울은 한순간에 완전히 변화되었다.

따라서 그가 "내가 복음을 부끄러워하지 아니하노니 이 복음은 모든 믿는 자에게 구원을 주시는 **하나님의 능력**이 됨이라. 먼저는 유대인에게요 그리고 헬라인에게로다"(롬 1:16, 강조는 저자가 한 것)라고 말한 것은 조금도 놀랍지 않다.

그리스도를 죽은 자 가운데서 일으킨 능력이 사울을 죽음을 가져오는 교만에서 생명을 가져오는 겸손으로 바꾸어 놓은 바로 그 능력이었다.

복음은 참으로 강력하다.

우리를 변화시키는 능력

우리는 대개 자기 자신을 자랑하기 좋아하는 사람으로 생각하지 않는다. 그러나 사실 우리는 자랑하기를 좋아한다.

물론 내가 모든 사람을 유심히 관찰했기 때문에 이렇게 말하는 것은 아니다. 이렇게 말하는 이유는 모든 사람이 무엇인가를 자랑하려는 성향을 지니고 있기 때문이다.

우리는 항상 우리 자신을 다른 사람과 차별화할 수 있는 것을 찾는다. 또한 우리는 우리의 안전을 보장해 줄 것을 자랑한다. 상황이 불리할 때 우리는 의지할 것을 찾으며 '모든 것이 잘 될 거야.'라고 생각한다. 우리는 항상 앞으로 좋은 일이 있을 것이라 믿고, 우리가 선하고, 인정받을 만한 사람이라고 생각한다. 우리가 중요하게 생각하는 견해를 지닌 사람들이 우리의 삶을 기꺼이 인정해 줄 것이라고 믿는다.

어떤 사람들은 자신의 재능이나 외모를 자랑하고, 어떤 사람들은 자신의 지식을 자랑하며, 어떤 사람들은 재물이나 업적을 자랑한다. 또 어떤 사람들은 자신의 도덕성을 자랑하고, 어떤 사람들은 가문의 힘을 자랑한다.

바울도 그런 자랑거리가 있었지만 갈라디아 신자들에게 복음, 곧 자신과 같은 비참한 인간을 지옥에서 구원하기 위해 하나님의 아들이 피 흘려 죽으셨다는 메시지 외에는 아무것도 자랑하지 않겠다고 말했다(갈 6:14).

바울은 자신의 수치를 자랑했다.

복음 안에서 바울이 자랑한 것은 백만장자의 방에 앉아서 음식 쿠폰 모은 것을 자랑하는 것과 비슷했다.

우리 가족은 코미디언 브라이언 리건(Brian Regan)을 좋아한다. 가족이 한자리에 모이는 밤이면 거의 매번 그의 토막극을 시청한다. 우리가 좋아하는 토막극 가운데 하나는 '미 몬스터'(Me Monster)다. 파티에 참석한 한 남자가 모든 대화의 초점을 자기에게로 돌리게 만든다. 다른 사람이 무엇을 하든 그는 뭔가 더 나은 것을 추구한다.

브라이언은 달 위를 걸을 수 있는 기회를 원한다. 그 이유는 항상 '미 몬스터'를 옹호할 자랑거리가 있어야 하기 때문이다('미 몬스터'는 자신에게 지나치게 몰입한 나머지 아무도 중요하게 생각하지 않는 사람을 일컫는다-역주). 브라이언은 "우와! 나는 달 위를 걸었어."라고 말한다. 왜냐하면 달 위를 걷는 것보다 더 큰 자랑거리는 없기 때문이다.

그러나 바울은 그보다 훨씬 더 좋은 무엇인가가 있다고 믿었다.

그것은 '미 몬스터'의 자랑거리와 정반대되는 것이었다. 즉 그는 "그리스도의 부요하심, 하늘나라에 갈 수 있는 자녀의 권리, 성령의 선물, 선하심과 인자하심이 평생 나를 따를 것이라는 약속이 내게 주어졌다. 나는 그런 은혜를 받을 자격이 없다. 그러나 하나님께서 나를 사랑하시기 때문에 그 모든 은혜를 베풀어 주셨다"고 말했다.

복음은 바울의 궁극적인 자랑거리였다.

그것은 참되고 겸손한 유일한 자랑거리이고, 누구든 참여할 수 있는 자랑거리다.

바울은 복음 안에서 발견된 능력이 자신의 유일한 희망이라는 것을 알았다. 그는 자신의 힘으로는 이방인들에게 복음을 전하라는 하나님의 명령을 이행하기는커녕 신앙생활조차 올바로 할 수 없다는 것을 알았다. 바울은 하나님께서 요구하시는 일을 하는 데 필요한 모든 지혜와 능력을 예수님 안에서 발견할 수 있다고 말했다. 그것이 그가 연약함 속에서 무시와 멸시를 당하면서도 조금도 흔들리지 않았던 이유다. 심지어 그는 자신의 고난과 연약함이 더 많은 사람을 그리스도께 인도하는 결과를 낳는다면 기꺼이 그것을 자랑하겠다고 말했다(고전 1:20-31; 골 1:24 참조).

불안정함과 부족함 때문에 복음의 소망을 더욱 굳게 붙잡는가?

아니면 고난과 연약함 때문에 복음에서 더 멀어지는가?

만일 그렇다면 복음을 알고는 있지만 그 안에서 자랑은 하지 않는 상태일 수 있다. 미래가 잘될 것이라는 확신을 갖고 싶다면 그 것은 복음과 아무런 상관이 없다. 복음은 미래를 보장해 주는 재물이 아니다.

그러나 세상을 뒤엎을 사람들에게서 발견되는 자신감과 기쁨을 원한다면 복음이 그 해답이다.

바울은 복음 안에 궁극적인 부(하나님의 온전하심), 궁극적인 사랑(십자가의 사랑), 궁극적인 승리(죄와 죽음으로부터의 구원), 궁극적인 확신(예수님께서 지금 하나님의 오른편에 앉아 우리의 유익을 위해 만물을 다스리고 계신다는 사실)이 존재한다는 것에 크게 기뻐했다. 이보다 더 자랑할 수 있는 것이 무엇인가? 복음 외에 다른 무엇을 의지할 수 있겠는가?

작은 한마디 말

독일의 종교개혁자 마르틴 루터는 바울처럼 예수님을 직접 보지는 못했지만, 삶을 변화시키는 복음의 능력을 똑같이 경험했다. 루터는 복음 안에서 하나님과 자신의 관계를 확신할 수 있는 근거를 발견했다. 또한 그는 그 안에서 힘이 다해 버둥거리며 죽어 가는 중세 교회를 일으켜 세울 근거를 발견했다. 그는 자신이 발견한 복음을 종탑에서 떨어지면서 늘어져 있는 밧줄을 잡으려고 애쓰는 사람에 빗대어 묘사했다. 그것을 잡는 순간 떨어지는 것이 멈추었을 뿐 아니라 종이 울려 독일의 절반을 깨웠다고 말했다.

복음을 발견한 모든 사람에게 그와 비슷한 일이 일어난다.

우리는 2017년 10월 31일에 종교개혁 500주년을 기념했다. 500년 전 그날, 마르틴 루터는 비텐베르크(Wittenberg) 교회당 문에 〈95개조 격문〉을 게시했다.

〈95개조 격문〉은 로마 가톨릭교회의 행위를 단죄하고, 참된 구원은 예수 그리스도의 희생을 통해 주어진 하나님의 용서와 은혜 안에서 발견될 수 있다는 것을 설명하려는 시도였다(나는 작년 할로윈 때 〈95개조 격문〉을 만들어 입었고, 그것 때문에 동네에서 괴짜 종교인이라는 평판을 얻게 되었다. 잠시 주제에서 벗어났다).

절망에서 빠져나오기 위해 로마서를 샅샅이 뒤졌던 독일의 젊은 수도사(마르틴 루터)와 함께 종교개혁이 시작되었다. 그 결과 그는 복음을 재발견했다.

루터의 발견은 당시의 종교 지도자들에게 매우 위험하고 잘못된 것처럼 보였다. 그들은 자신들의 권력이 위협받는다고 느껴 루터를 소환했다. 그리고 루터에게 그가 쓴 것을 철회하라고 요구했다.

당시의 종교 지도자 가운데 하나였던 카예탄(Cajetan) 추기경은 루터를 로마로 강제 이송해 투옥했다가 하나님께서 아무 공로도 없는 우리를 그리스도께서 행하신 일에 근거해 받아 주신다는 이단 사상을 전한 죄를 물어 화형에 처하겠다고 으름장을 놓았다.

카예탄은 루터에게 "철회한다"고만 하면 자유롭게 놓아 주겠다며 "작은 한마디 말이 당신을 구원할 수 있다"고 했다.

루터는 만일 자기가 "철회한다"고 말하면 제국 내에서 가장 사랑받는 사람이 될 것이라고 대답했다. 그러나 그는 자신을 그리스도인으로 만든 복음에 대해 확신한 것을 도저히 부인할 수 없었다.

그 일이 있은 후 그는 '내 주는 강한 성이요'라는 유명한 찬송가를 지었다.

내 힘만 의지할 때는 패할 수밖에 없도다.
힘 있는 장수 나와서 날 대신하여 싸우네.
이 장수 누군가? 주 예수 그리스도 만군의 주로다.
당할 자 누구랴. 반드시 이기리로다.

작은 한마디 말.
루터가 생각했던 작은 한마디 말은 제국 내에서 인정을 받게 해줄 말보다 훨씬 더 강력했다.

그 말은 바로 "나는 믿는다"는 뜻의 **"크레도"**(credo)였다.

이 작은 한마디가 빈 무덤의 배후에 있는 능력과 우리를 하나로 결합시킨다.

루터는 우리가 자주 잊어버리는 사실(믿음의 작은 한마디 말이 하나님의 능력을 불러온다는 것)을 기억했다.

바울은 진심으로 믿으면 죄인이 의롭다 하심을 얻는다고 말했다(롬 10:9-10). 복음을 믿으면 포로 된 자가 자유를 얻고, 절름발이가 걷고, 눈먼 자가 보고, 죽은 자가 살아난다. 바울은 복음을 구원에 이르는 하나님의 능력으로 일컬었다.

복음은 불행을 승리로 바꾼다.

복음은 패배한 죄인을 무적의 승리자로 만든다.

복음을 믿으면 하나님의 자녀들을 공격하는 그 어떤 무기도 효력을 발휘할 수 없다. 우리를 대항하는 사람들은 모두 멸망할 것이다. 믿음을 고백하면 우리 안에서 지옥의 권세도 이기지 못할 성령의 능력이 역사한다.

복음은 우리가 언제든 돌아갈 수 있는 요새다. '종교개혁의 함성'으로 간주되는 루터의 위대한 찬송가는 다음과 같은 내용으로 끝을 맺는다.

이 땅에 마귀 들끓어 우리를 삼키려하나
겁내지 말고 섰거라. 진리로 이기리로다.
친척과 재물과 명예와 생명을 다 빼앗긴대도
진리는 살아서 그 나라 영원하리라.

우리가 지혜롭다면 복음을 믿어야 한다.

우리가 자랑하고, 희망을 걸고, 굳게 붙잡아야 할 것은 오직 복음뿐이다. 그 작은 한마디 말 속에 하나님의 능력이라는 막강한 요새가 존재하기 때문이다.

헛되이 낭비된 에너지

지구가 자전을 멈추었다고 가정한 나이키 광고를 알고 있는가? 뉴스 진행자가 "지구가 자전을 멈추었습니다."라고 말한다. 한 젊은 여성이 근처에 있는 햄스터 쳇바퀴를 보고 영감을 얻어 나이키 운동화를 신고, 자신이 알고 있는 사람들에게 같은 방향으로 달려 지구를 다시 돌게 하자고 말한다.

그들은 달리기 시작한다.

잠시 후 코비 브라이언트(Kobe Bryant), 케빈 하트(kevin Hart), 오델 베컴 주니어(odell Beckham Jr.), 시몬 바일스(Simone Biles), 빌 나이(Bill Nye) 같은 유명인들이 그녀의 대열에 합류한다.

그들은 지구가 다시 돌게 만들었다. 문제는 그들이 잘못된 방향으로 달리고 있다는 것이었다. 그래서 그들은 방향을 바꿔 다른 쪽으로 달리기 시작했다. 물론 개그도 뛰어나고, 지구물리학도 잘 아는 케빈 하트는 자기들이 잘못된 방향으로 달려가고 있다는 것을 처음부터 알고 있었다.

나는 이 광고가 마음에 든다. 동시에 나는 이 광고를 싫어한다.

내가 나이키에 경의를 표하는 이유는 이 광고를 본 뒤 곧장 쇼핑몰에 가서 새 운동화 한 켤레를 샀기 때문이다.

그러나 사실 지구에 사는 74억 명이 모두 같은 방향으로 달리거나 물구나무를 선다고 해도 지구의 자전에는 조금도 영향을 미칠 수 없다. 아마도 과학자로 알려진 빌 나이는 이 사실을 더 잘 알고 있을 것이다.

나는 페이스북과 트위터를 통해 세상을 변화시킬 수 있다고 생각하는 사람들에게 똑같은 좌절감을 느낀다. 소셜미디어만큼 많은 에너지를 사용하면서 보잘것없는 결과를 내는 책략은 어디에도 없다.

내가 무슨 말을 하고 있는지 잘 알 것이다.

페이스북을 하는 사람들은 "이 문제에 대해 내 의견에 동의하지 않으면 자유를 거부하는 나쁜 사람이 될 것이요. 그런 당신은 아마도 강아지를 발로 차거나 인터코스탈 워터웨이(Intercoastal Waterways, 뉴욕에서부터 플로리다 끝단을 지나 텍사스를 거슬러 올라가는 운하-역주)에 플라스틱 빨대를 버리는 사람일지도 모릅니다."라는 식으로 모든 사람을 설득시키려 한다.

그러나 디지털 시대의 폭언이 실제로 사람들을 변화시킬 수 있을까? 혹시 그런 것들을 통해 우리의 의로움을 더 크게 나타내 보이려고 애쓰는 것은 아닐까?

각자의 경험을 돌아보라. 누군가가 페이스북에서 하는 말을 듣고 어떤 일에 대한 생각을 바꾼 적이 있는가? 내 경우 그런 말을 게재하는 사람에 관한 생각을 바꾼 적은 있지만, 그들이 말하는 문제에 대한 생각을 바꾼 적은 없다.

오늘날의 소셜미디어는 마치 수염을 덥수룩하게 기르고 앞뒤로 광고판을 둘러멘 채 맨발로 도심을 거닐며 세상의 종말이 임박했다고 외치는 사람을 점점 더 많이 닮아 가는 것 같다.

우리가 교회에서 듣는 설교가 그보다 더 낫지 않을까 봐 심히 우려된다. 우리의 마음보다 우리의 행위나 견해를 변화시키는 데 더 많은 비중을 두는 설교는 음울한 광고판에 적힌 종말의 메시지와 조금도 다르지 않다.

마음이 변화되지 않은 상태에서 겉으로 드러나는 행위만을 바꿔 보려고 애쓰는 것은 바람직한 결과를 낳기가 매우 어렵다. 그럴 바에는 차라리 케빈 하트와 함께 지구를 돌리기 위해 달음질을 하는 편이 더 나을 것이다.

생토마토와 마요네즈만 있으면 이 점을 분명하게 입증해 보일 수 있다.

나는 토마토 샌드위치를 싫어한다. 나는 토마토로는 샌드위치가 아닌 소스를 만들어야 한다고 믿는다. 내가 토마토 샌드위치보다 더 싫어하는 것은 딱 한 가지, 마요네즈뿐이다.

만일 토마토와 마요네즈 샌드위치를 좋아한다면 이 책을 덮고 의사에게 가 보기 바란다. 아니, 차라리 퇴마사를 찾아가는 것이 더 나을 수도 있다.

당신이 나보다 체격이 크다면 억지로 토마토와 마요네즈 샌드위치를 먹게 만들 수도 있다. 그러나 그렇게 하려면 방금 말한 대로 억지로 강요해야 할 것이다.

억지로 하나를 먹게 만든다고 해서 내가 그것을 좋아하게 될 가능성은 전혀 없다. 날 감시하다가 다른 곳을 쳐다보는 순간, 나는 남은 것을 재빨리 내버릴 것이 틀림없다.

그와 마찬가지로 마음의 변화가 없는 외적 변화는 오래 유지될 수 없다. 결국에는 항상 부족한 상태로 남을 수밖에 없다.

안타깝게도 토마토 샌드위치 같은 방법에 의존하는 교회의 사역이 너무나 많다. 그런 전략은 사람들을 프로그램에 참여하게 만들 수 있다. 그러나 프로그램은 지속적인 마음의 변화를 일으키지 못한다. 사람들이 프로그램을 좋아하는 것처럼 보이는 이유는 단지 이미 알고 있는 편안한 사람들과 어울리는 것이 좋기 때문이다.

토마토 샌드위치 같은 방법은 위선자들을 양산한다. 사람들을 지치게 만든다. 지도자들을 절망시킨다. 최악인 경우 능력 없는 교회를 만든다.

사람들의 관심을 사로잡아 손뼉을 치며 "아멘"을 외치게 만들 만큼 설교를 잘하는 목회자들도 사도행전에서 발견되는 삶의 변화를 끌어내지 못할 때가 많다. 사도행전의 이야기에는 단순한 사람들, 곧 복음의 능력을 통해 변화된 보통 사람들이 등장한다. 그들은 심지어 대중 연설에 능통하지도 못했다. 바울도 언변이 시원찮다는 평판을 들었다(고후 10:10).

오늘날 우리의 문제는 언변은 탁월한데 복음을 전하는 데는 능숙하지 못한 설교자들이 많다는 것이다. 탁월한 웅변술은 감정을 자극할 수 있지만 지속적인 변화를 일으키지는 못한다. 웅변술의 마력이 사라지면 그 효과도 함께 끝난다. 예배가 끝나는 즉시 우리는 토마토 샌드위치를 내버린다.

교회에서 듣게 되는 말이 인생을 위한 조언이나 삶의 지혜에 초점을 맞출 때 그런 일이 발생한다. 그런 설교는 살아가는 방법을 설명할 뿐, 궁극적인 목적이나 실제로 그 목적을 이룰 수 있는 능력을 보여 주지 못한다. 게다가 그런 설교와 책들은 청중이나 독자들에게 약간 향상된 도덕적 삶을 하나님의 참된 자녀의 특징인 새 창조의 거듭난 생명과 혼동하게 만든다. 그런 노력은 경건의 모양은 있지만 경건의 능력은 부인할 때가 많다(딤후 3:5). 그런 설교나 책들은 사람들을 구원으로 인도하기는커녕 혼란과 피곤함만을 가중시킬 뿐이다.

그보다는 예수 그리스도의 얼굴에 나타난 하나님의 영광의 빛과 그리스도께서 완성하신 사역을 믿는 믿음의 작은 한마디가 교회 안에서 만들어 낸 프로그램과 설교를 모두 합친 것보다 신자의 영혼에 더 큰 능력을 불러일으킬 수 있다.

하나님은 단순한 복종을 원하지 않으신다. 그분은 새롭고 온전한 복종을 원하신다. 하나님이 원하시는 것은 마음에서 우러나오는 복종이다. 그분은 자기 백성이 의를 추구하고, 그분을 다른 무엇보다 더 원하는 마음으로 복종하기 바라신다. 그런 복종은 오직 복음을 통해서만 가능하다.

거듭남

미국에서 일어난 각성 운동들은 한 가지 공통점이 있다. 그것은 하나님이 사람들에게 요구하시는 것을 그들의 마음속에서 발견할 수 없다는 것이다. 이것이 조나단 에드워즈(Jonathan Edwards), 조지 휫필드(George Whitefield), 존 웨슬리(John Wesley), 드와이트 무디(D. L. Moody), 빌리 선데이(Billy Sunday), 빌리 그레이엄(Billy Graham) 같은 사람들이 전한 설교의 일관된 주제였다.

'거듭남'은 우리 스스로 할 수 없는 일, 처음에는 우리를 절망하게 만드는 일이 아닐 수 없다. 예수님은 모든 것을 완벽하게 갖추었다고 생각했던 사람과 대화를 나누시며 이 표현을 사용하셨다.

종교 지도자였던 니고데모는 예수님께 "우리가 당신은 하나님께로부터 오신 선생인 줄 아나이다. 하나님이 함께하시지 아니하시면 당신이 행하시는 이 표적을 아무도 할 수 없음이니이다"(요 3:2)라고 말했다. 예수님은 사소한 말이나 칭찬은 무시하시고 곧장 본론으로 들어가서 "진실로 진실로 네게 이르노니 사람이 거듭나지 아니하면 하나님의 나라를 볼 수 없느니라"(3절)고 말씀하셨다.

니고데모는 혼란스러웠다. 그는 "거듭난다고? 어떻게 모태에 다시 들어갈 수 있단 말인가? 그런 일이 물리적으로 가능하단 말인가?"라는 취지의 질문을 던졌다.

그의 질문에 예수님은 "진실로 진실로 네게 이르노니 사람이 물과 성령으로 나지 아니하면 하나님의 나라에 들어갈 수 없느니라"(5절)고 대답하셨다. 그러자 니고데모는 "어떻게 성령으로 날 수 있는가?"라는 의미의 질문을 드렸다(그가 예수님의 말씀을 전혀 이해하지 못하면서도 끝까지 공손한 태도로 질문했다는 것은 칭찬할 만하다).

예수님은 이렇게 대답하셨다.

> 모세가 광야에서 뱀을 든 것같이 인자도 들려야 하리니 이는 그를 믿는 자마다 영생을 얻게 하려 하심이니라. 하나님이 세상을 이처럼 사랑하사 독생자를 주셨으니 이는 그를 믿는 자마다 멸망하지 않고 영생을 얻게 하려 하심이라(요 5:14-16).

예수님은 구원을 묘사하는 성경의 가장 뛰어난 가르침 가운데 하나를 언급하셨다. 그것은 구약성경 민수기에서 발견되는 사건과 관련이 있다. 하나님은 범죄한 이스라엘 백성들에게 뱀을 보내 그들을 물어 죽이게 하셨다. 이스라엘 백성은 긍휼을 부르짖었고, 하나님은 모세에게 놋뱀의 형상을 만들어 그것을 장대에 달아 높이 세우라고 지시하셨다. 구원과 치유가 하나님으로부터 비롯한다는 것을 믿고 그것을 쳐다본 이스라엘 백성은 모두 나음을 받았다(민 21:4-9).

예수님은 그 사건이 용서와 영적 치유를 얻는 방법을 보여 준다고 가르치셨다. 십자가에 매달린 예수님을 바라보며 "저기에 나의 구원이 있다"고 말하면 그분의 의가 우리에게 전가된다. 하나님이 구원 사역을 이루셨다는 것을 믿으면 우리에게 의의 치유 능력이 주어진다. 그것은 우리의 신앙이 성장하는 길이기도 하다.

이와 같이 우리 안에 있는 새 생명은 보는 것으로 시작되었다. 계속 바라보면 믿음의 성장이 이루어진다.

죽어야 다시 태어날 수 있다

그러나 거듭남은 본질적으로 약간의 나쁜 소식을 내포하고 있다. 거듭나려면 우리가 죽었다는 것을 인정해야 한다. 새 탄생의 능력을 경험하려면 예수님 없는 삶의 무기력함을 고백해야 한다.

니고데모는 오랫동안 종교 생활을 해 왔지만, 하나님 나라에 한 걸음도 가까이 다가가지 못했다(요 3:4). 그것은 일평생 엄격한 종교 생활에 헌신해 온 사람으로서 참으로 부끄럽고 괴로운 일이 아닐 수 없었다.

그러나 오직 그것만이 유일한 길이었다. 새벽의 여명이 있으려면 먼저 밤의 어둠이 있어야 한다. 밤의 어둠이 지나야만 찬란한 여명이 밝아 온다.

대각성 운동을 이끈 유명한 복음 전도자 조지 휫필드는 그런 각성의 힘을 옳게 인지했다. 그의 설교는 하나의 메시지를 두 가지 요점으로 전하는 기본 구조를 갖추고 있다. 첫째, 그는 우리의 죄를 회개해야 한다고 말했다. 당연한 말이다. 하나님을 알려면 그분을 거역하는 죄를 중단해야 한다.

둘째, 그는 우리의 의를 회개해야 한다고 말했다. 이것은 모두의 경각심을 일깨우는 말이다. 그는 우리의 의가 그릇된 자신감을 부추기기 때문에 우리의 강점이 죄보다 훨씬 더 위험하다고 강조했다. 우리는 우리 자신의 힘으로 하나님을 충분히 기쁘시게 할 수 있다고 착각한다. 휫필드의 설교를 듣고 회개한 나단 콜(Nathan Cole)이라는 노동자는 "그의 설교를 들으며 마음에 큰 충격을 받았습니다. 하나님의 축복으로 저를 지탱해 오던 토대가 무너졌습니다. 나의 의가 나를 구원하지 못한다는 것을 깨달았습니다."라고 말했다.[2]

우리도 그렇게 되려면 우리의 삶 속에서 그런 절망을 맛보아야 한다. 이전의 것들이 전적으로 무력하다는 절망을 느껴야만 비로소 새 탄생의 능력을 경험할 수 있다. 복음을 믿는 단순한 믿음 외의 것은 모두 회개해야 한다.

이런 일은 개인에게만 국한되지 않는다. 우리가 절망을 맛보는 것이 필요한 것처럼 교회도 그래야 마땅하다.

교회 지도자들도 절망을 맛보아야 한다.

우리의 사역도 절망을 맛보아야 한다.

성공을 향해 높이 치솟으려면, 먼저 하나님의 능력이 없으면 실패할 수밖에 없다는 깊은 절망을 맛보아야 한다.

새로운 그리스도인

복음의 능력이 없으면 아무것도 변할 수 없다.

이 말이 믿어지지 않는다면 곧 실질적인 경험을 통해 이것이 사실임을 알게 될 것이다.

복음은 그 어떤 것보다 교회 안에서 놀라운 변화를 일으킨다. 교만한 종교 위선자들은 (바울과 같은) 외부인들을 두려워하지만, 복음은 외부인들을 기꺼이 환영하는 관대하고 구원적인 치유자들을 만들어 낸다.

나는 그런 식의 복음적 변화가 우리 교회 안에서 일어나는 것을 목격했다. 우리 교회는 오랫동안 규모도 크고, 성공적이고, 활기찬 믿음을 가진 그리스도인 공동체로 존재해 왔다. 대단한 일이다. 우리는 꾸준히 성장했고, 크게 번성하는 것처럼 보였다. 우리가 사는 도시가 우리 교회를 바라보는 방식을 획기적으로 바꾸어 놓았다.

아마도 그것이 무엇인지 금방 눈치챘을 것이다.

그것은 바로 복음이었다.

복음이 뿌리를 내리자 우리 교인들은 상심한 사람들이 있는 곳이면 어디든 간다는 평판을 얻게 되었다.

최근에 한 부부가 들려준 이야기다. 어느 날 그들은 위탁 부모의 자격을 취득하기 위한 마지막 면접시험을 치르기 위해 사회복지센터에 갔다. 그들은 왜 위탁 부모가 되려고 하느냐는 질문을 받았다. 흔한 질문이었지만 그들은 자신들의 종교적인 동기를 어떻게 설명해야 할지 잘 몰랐다.

어색한 표정으로 서로를 바라본 뒤 그들은 "우리는 이것이 그리스도께서 우리의 죄를 위해 죽으셨을 때 우리를 위해 해 주신 일이라고 생각합니다. 그분은 우리를 하나님의 아들과 딸로 만드셨지요."라고 대답했다.

심사관은 망설임 없이 "서미트교회 교인이시군요."라고 말했다.

그들은 "어떻게 아셨어요?"라고 물었다.

심사관은 "서미트교회에서 온 사람들 모두가 똑같이 그렇게 말해요. 서미트교회가 참여한 후부터 더럼 카운티(Durham County)의 위탁 보호 사업이 획기적으로 바뀌었답니다."라고 말했다.

복음이 일으킨 변화였다.

그와 비슷한 시기에 나는 복음이 단지 기독교의 기본 과정이 아닌 전 과정에 해당한다는 사실을 깨달았다. 복음은 단지 몇 가지를 제공하는 데 그치지 않는다. 복음은 모든 것, 곧 기독교적인 삶의 동기와 능력을 모두 제공한다. 더럼의 사회복지센터는 복음이 우리 교회 안에 뿌리를 내린 때를 정확하게 인지했다.

복음이 우리가 하는 모든 일에 깊이 뿌리를 내리면, 곧 복음이 가장 중요시되면 우리의 도시와 지역 사회 안에서 그와 똑같은 일이 일어날 것이다.

내 말을 오해하지 말기 바란다. 복음이 우리가 예수님의 이름으로 하는 유일한 일이라는 말은 결코 아니다. 내 말은 복음이 우리가 예수님의 이름으로 하는 모든 일에 동기를 부여하고, 그분의 이름으로 하는 모든 일에 능력을 부여한다는 것이다. 복음이 우리의 마음을 사로잡으면 우리는 그것을 속으로만 간직하지 않고 다른 사람들에게 반드시 전하게 된다.

우리 교회에 다니는 한 부부는 새로운 사업을 해서 큰돈을 벌었다. 그들은 그 돈을 가지고 아파트 두 채를 사서 곤경에 처한 한 여성과 난민 가족에게 제공했다. 그 일을 하고 나서 너무나 기쁜 나머지 우리 도시에 사는 어려운 사람들을 위해 그와 똑같은 일을 더 많이 할 생각으로 서른 채를 더 매입했다.

그들은 심지어 우리 교회에 다니는 다른 가정들을 고용해 그 아파트 두 채에 살면서 복음의 손발이 되어 소외된 사람들을 섬기는 일을 하게 했다.

얼마 전에 시청 직원이 나에게 찾아와서 말했다. "이 도시 곳곳에서 많은 문제가 발생하고 있고, 서미트교회의 교인들이 그 문제들을 해결하고 있습니다. 참으로 중요한 일을 하고 있다고 생각합니다."

그런 사실은 나에게도 매우 중요했다. 그것은 복음이 뿌리를 내렸다는 확실한 증거였다.

우리 교회를 자랑하기 위해 이런 말을 하는 것은 아니다. 우리도 온갖 종류의 문제점을 안고 있다. 사실이다. 우리 교회를 깊이 알

수록 감동의 정도가 줄어들 것이다. 대다수 집단처럼 우리도 직접 경험하는 것보다 책을 통해 들으면 훨씬 더 낫게 보인다.

> **복음이 우리의 마음을 사로잡으면 우리는 그것을 속으로만 간직하지 않고 다른 사람들에게 반드시 전하게 된다.**

우리가 자랑해야 할 것은 복음이다.

우리 교회만 한 규모와 자산을 가지고 있지 않은 교회도 있을 수 있고, 더 많이 가지고 있는 교회도 있을 수 있다. 우리 교회의 예배 팀보다 열악한 예배 팀을 가진 교회도 있고, 더 탁월한 팀을 가진 교회도 있을 것이다. 그러나 우리는 그런 것을 자랑해서는 안 된다. 우리는 우리의 부끄러운 것과 연약한 것을 자랑해야 한다. 복음을 자랑해야 한다. 우리는 자랑해야 할 것이 모두 똑같다.

우리는 우리 사회가 변화하는 것을 보고 싶어 한다. 우리는 주위에서 발견되는 가난과 질병과 불의와 편협함으로 인해 실망한다. 우리는 변화를 원한다. 그러나 지속적인 변화를 일으킬 수 있는 힘은 오직 복음 안에만 존재한다.

우리는 적극적으로 불의에 맞서고, 결혼생활에 문제가 있는 사람들을 돕고, 중독에서 벗어나려고 애쓰는 사람들의 힘이 되어 주어야 한다. 우리는 지역 사회의 빛과 소금이 되어 그 정책에 지속적인 영향을 미칠 수 있어야 한다.

그러나 칼이나 돈이나 재능 있는 음악가 같은 세상의 무기로 하나님의 나라를 건설할 수 있다고 생각해서는 곤란하다. 예수님은

"내 나라는 이 세상에 속한 것이 아니니라. 만일 내 나라가 이 세상에 속한 것이었더라면 내 종들이 싸워"(요 18:36)라고 말씀하셨다. 하나님의 나라는 위에서 오며, 거기에서 오는 능력을 통해 발전한다. 그 능력은 그리스도께서 이루신 사역을 믿음의 눈으로 오랫동안 바라보는 데서 비롯한다.

우리의 눈을 그분께 고정하자.

그분의 능력을 새롭게 경험하자.

보고, 생명을 얻어라

너무나도 엄청나고 믿기 어려운 일을 경험한 뒤 그것에 대한 말을 멈출 수 없었던 적이 있는가? 완벽하게 요리된 피츠버그식 꽃등심을 한 입 베어 물었을 때나 처음으로 스카이다이빙을 했을 때나 '애덤스 피넛 버터 퍼지 리플 치즈케이크'가 접시 위에 놓여 있을 때나 브로드웨이에서 〈레미제라블〉(Les Misérables)을 보았을 때나 하와이를 방문했을 때나 TBS(미국 터너 방송사)에서 니콜라스 케이지(Nicolas Cage)의 영화가 시리즈로 상영되는 것을 발견했을 때가 그런 경우에 해당할까?

찰스 스펄전의 설교는 대형 교회가 존재하지 않았던 시절에 수천 명의 런던 시민들의 관심을 사로잡았다. 그의 설교를 듣는 사람들은 이구동성으로 그의 설교가 마치 손으로 만질 수 있을 것처럼 느껴지는 생생한 열정에 사로잡혀 있다고 말했다. 그 열정은 하나님의 능력을 직접 경험한 데서 비롯한 것이었기 때문에 스펄전은 가만히 입을 다물고 있을 수가 없었다. 그에 앞서 루터가, 또 루터에 앞서 바울이 그랬던 것처럼 그도 예수님을 단지 쳐다보기만 했을 뿐인데 그 즉시 완전히 변화되었다. 스펄전의 회심에 관한 이야기에서 우리 모두에게 공통되는 내용이 발견된다. 그는 이렇게 증언했다. 다음에 소개되는 그의 이야기는 길게 인용할 만한 가치가 있다.

어느 주일 아침, 내가 예배를 드리러 갈 때 하나님께서 거센 눈보라를 허락하지 않으셨다면 지금까지도 어둠과 절망 속에 빠져 있을지 모른다는 생각이 이따금 떠오른다. 당시에 나는 앞으로 더 걸어갈 수가 없어서 작은 골목길로 발길을 돌렸고, 우연히 한 작은 '원시 감리교파' 교회 앞에 다다랐다. 예배당에는 열너덧 명의 사람들이 앉아 있었다. 나는 원시 감리교파 신자들이 사람들의 머리를 아프게 할 정도로 찬송가를 크게 부른다는 소문을 들었다. 그러나 그런 것은 내게 그다지 중요하지 않았다. 나는 오직 어떻게 해야 구원을 받을 수 있는지 알고 싶었다. 만일 그들이 내게 그 방법을 알려 준다면 그들이 내 머리를 아무리 심하게 아프게 한다 해도 전혀 상관이 없었다.

그날 아침, 설교자가 오지 않았다. 눈 때문이라는 생각이 들었다. 마침내 체구가 매우 빈약한 한 사람이 설교하기 위해 강단에 올라섰다. 제화공이나 재단사 같은 일을 하는 것처럼 보이는 사람이었다. 설교자들은 교양과 지식을 갖추어야 하지만 그는 사실 조금 우둔해 보였다. 그는 할 말이 거의 없었기 때문에 자신이 선택한 성경 본문에만 충실해야 했다.

성경 본문은 "땅의 모든 끝이여 내게로 돌이켜 구원을 받으라"(사 45:22)였다. 그는 심지어 그 말씀을 제대로 발음하지도 못했지만, 그런 것은 전혀 중요하지 않았다. 그 성경 본문 안에 나를 위한 희망이 어렴풋이 드러나 있다는 생각이 들었다. 설교자가 말하기 시작했다.

"사랑하는 친구들이여, 이것은 매우 단순한 본문입니다. 본문은 '돌이키라'고 말씀합니다. 돌이키는 것은 많은 노력이 필요하지 않습니다. 발이나 손가락을 처들 필요가 없습니다. 그저 돌이켜 보면 됩니다. 보는 것을 배우기 위해 대학에 갈 필요가 없습니다. 그렇게 한다면 정말로 어리석은 사람일 것입니다. 그렇게 하지 않아도 얼마든지 잘 볼 수 있습니다. 볼 능력을 키우는 데 천 년이 걸리지도 않습니다. 누구나 볼 수 있습니다. 심지어 어린아이도 볼 수 있습니다. 본문은 '돌이켜 나를 보라'고 말씀합니다."

그는 에식스(Essex, 잉글랜드 남동부의 주) 사투리로 "여러분 중에 많은 사람이 자기 자신을 보고 있습니다. 그러나 자기 자신을 보는 것은 아무 소용이 없습니다. 자기 자신 안에서는 어떤 위로도 발견할 수 없습니다. … 본문은 '돌이켜 나를 보라'고 말씀합니다."라고 말했다.

그런 다음 그는 성경 본문을 이용해 다음과 같이 말을 이어 갔다.

"돌이켜 나를 보라. 나는 커다란 핏방울을 흘리고 있다. 돌이켜 나를 보라. 나는 십자가에 매달려 있다. 돌이켜 나를 보라. 나는 죽었고, 장사되었다. 돌이켜 나를 보라. 나는 다시 살아났다. 돌이켜 나를 보라. 나는 하늘로 올라갔다. 돌이켜 나를 보라. 나는 성부의 오른편에 앉아 있다. 오, 불쌍한 죄인이여, 나를 보라, 나를 보라."

그는 그런 식으로 최대한 말을 늘여 가며 10여 분 동안 길게 말한 뒤 마침내 말을 중단했다. 그리고 자리에 앉아 있는 나를 쳐다보았다. 확신하건대 예배 참석자가 매우 적었기 때문에 그는 내가 방문객이라는 사실을 알았을 것이 틀림없다. 그는 내 마음을 다 알고 있는 것처럼 내게 시선을 고정하고 "젊은이, 무척 불행해 보이는구려."라고 말했다.

사실 그랬다. 강단에서 나의 개인적인 상태를 언급하는 소리를 듣는 것이 별로 달갑지 않았지만 나는 큰 충격을 받았다. 그의 말은 나의 정곡을 찔렀다. 그는 계속해서 말했다.

"만일 본문 말씀에 복종하지 않으면 젊은이는 항상 불행할 것이오. 살아서도 불행하고, 죽어서도 불행할 것이오. 그러나 지금 복종하면 구원을 받을 것이오." 그는 그렇게 말하고 나서 손을 높이 쳐들고 원시 감리교 신자들만 할 수 있는 큰 목소리로 "젊은이, 예수 그리스도를 바라보시오. 바라보시오, 바라보시오, 바라보시오. 그저 바라보기만 하면 살 것이오."라고 외쳤다.

그 순간 나는 구원의 길을 깨달았다. 그가 그 후에 무슨 말을 했는지는 잘 모르겠다. 나는 그의 말에 그다지 큰 주의를 기울이지 않았다. 오직 한 가지 생각에만 골몰했다. 놋뱀을 높이 들어 올렸을 때 사람들이 그것을 보기만 하면 치유된 것과 같았다. 그동안 나는 많은 일을 하려고 노력해 왔다. 그러나 "보라!"라는 말이 너무나도 매혹적으로 들렸다. 나는 나의 눈길이 최대한 미칠 수 있는 곳까지 바라보았다. 그 즉시 구름이 걷히고, 어둠이 물러갔다. 그 순간 나는 태양을 보았다. 그 즉시 일어나 가장 큰 열정으로 그리스도의 보배로운 피와 오직 그분만을 바라보는 단순한 믿음을 찬미할 수 있었다. 오, 그 전에 누군가가 내게 "그리스도를 믿으면 구원을 받을 것이다."라고 말해 주었다면 얼마나 좋았을까!

결국 그 지혜로운 명령이 내게 주어졌다. 나는 이제 "믿음으로 주님의 상처에서 흐르는 샘물을 본 후, 구원의 사랑이 나의 주제가 되었고, 앞으로 내가 죽을 때까지 계속 그럴 것이다."라고 자신 있게 말할 수 있다.[3]

보고, 생명을 얻어라. 보기만 하면 된다. 잠시 한 번만 보아도 모든 것이 변할 수 있다. 작은 말 한마디에 어둠의 권세가 무너진다. 그런 능력을 지닌 것은 오직 복음뿐이다.

스펄전이 설교를 할 때마다 '복음으로 되돌아가는 길을 만드는 것'을 목표로 삼은 것은 조금도 놀랍지 않다.

오직 복음만이, 그리스도께서 구원을 이루셨다는 선언만이 진정한 변화를 일으킬 수 있다.

오직 복음만이 박해당하는 교회가 죽음이나 추방의 위협 아래에서도 한자리에 모여 예배를 드리게 만들 수 있다.

> 오직 복음만이, 그리스도께서 구원을 이루셨다는 선언만이 진정한 변화를 일으킬 수 있다.

오직 복음만이 그리스도인들을 죽인 사람을 "예수 그리스도의 종"이요 "이방인의 사도"임을 자처하는 사람으로 변화시킬 수 있었다.

오직 복음만이 병적인 강박관념에 시달리던 수도사, 곧 내성적이고 율법주의적인 마르틴 루터를 개신교 종교개혁의 선봉장으로 만들어 생명의 위협을 느끼는 가운데서도 용기 있게 복음을 외치게 할 수 있었다.

오직 복음만이 우리를 변화시킬 수 있다. 오직 복음만이 우리의 교회를 변화시킬 수 있다. 오직 복음만이 우리의 지역 사회를 변화시킬 수 있다. 오직 복음만이 그렇게 할 수 있다.

정치적인 정책이나 프로그램이나 감동적인 연설이나 사회적인 정의는 그런 변화를 일으킬 수 없다. 그런 것은 복음을 경험한 데서 비롯하는 자연스러운 결과일 뿐, 그것이 복음을 대체할 수는 없다.

우리의 교회 안에서 복음이 가장 중요시되면 새로운 부흥이 일어난다. 부흥이 일어나면 하나님께서 이후에 어떤 역사를 이루실지 아무도 예측할 수 없다.

3

복음 전도는 모든 교회의 최우선 사역이다

교회의 성공 여부를 판단할 수 있는 기준은 등록 명부에 새로운 이름이 얼마나 많이 늘어났는지나 예산의 규모가 얼마나 커졌는지가 아니라 얼마나 많은 그리스도인이 영혼들을 구원으로 인도하고 있고, 또 그들을 훈련해 대중에게 복음을 전하게 하는 일을 얼마나 잘하고 있느냐 하는 것이다.

—로버트 콜먼(Robert Coleman), 『주님의 전도 계획』 중에서

"지금 우리에게 가장 필요한 것은 더 많은 기금이 아닙니다."

어느 선교 단체의 지도자가 한 말 같은데 확실히는 모르겠다. 아무튼 미국의 가장 큰 교회 개척 단체인 '북미선교위원회' 대표 케빈 이젤(Kevin Ezell) 박사도 저녁 식사를 하면서 나와 우리 교회의 선교 담당 목사에게 그렇게 말했다.

나는 디저트 메뉴를 집으려고 손을 뻗으며 "아, 그렇군요. 그래서 지금 이렇게 한가로이 저녁을 먹고 계시는군요."라고 말했다.

그러자 그는 "물론 우리는 항상 목사님의 교회로부터 재정을 지원받게 될 것입니다. 그러나 우리에게 가장 필요한 것은 자격을 갖춘 교회 개척자들입니다. 자격 있는 교회 개척자들이 충분하지 않아요."라고 덧붙였다.

'북미선교위원회'는 미국 전역에 걸쳐 42,000개의 교회와 16,000,000명의 신자를 거느린 '남침례회'에 속한 단체다. 우리는 매년 500명의 자격 있는 교회 개척자를 찾아야 하는 어려움을 안고 있다. 그것은 840개 교회, 32만 명의 신자 가운데서 한 명을 찾아야 하는 숫자다.

내 생각에는 다른 복음주의 교단들도 사정이 크게 나아 보이지 않는다. 언젠가 성공적인 교회 개척 사역 단체를 이끄는 지도자가 자기들은 외부에서 자격 있는 교회 개척자들을 찾아 자신의 단체를 통해 교회를 개척하게 하는 방법을 찾고 있다고 말하는 것을 들은 적이 있다(그 단체는 교회 개척 실패율이 가장 낮은 것으로 유명하다).

가장 효과적인 교회 개척 사역 단체가 내부에서 지도자들을 충분히 길러 내지 못하고, 외부에서 사람을 찾아야 하는 이유가 과연 무엇일까?

제각기 다른 곳에서 지도자를 모집한다면 누가 새로운 지도자를 길러 낸단 말인가?

우리의 교회 개척자들이 지도자를 양성할 능력이 없다면 과연 누가 그 일을 해낼 수 있단 말인가?

이젤 박사는 "그런 현상이 나타나는 이유는 지도자 양성에 의도적인 노력을 기울이는 교회가 많지 않기 때문입니다. 우리가 다시 한 번 제자 양육에 힘쓴다면 교회 개척 문제가 저절로 해결될 것입니다."라고 말했다.

그의 말이 옳다는 생각이 들기 시작했다. 우리가 교회 개척 지도자들을 양성하지 못한다는 것은 곧 교회 안에서 제자들을 양육하지 못한다는 증거였다. 제자 양육에 능숙한 것은 고사하고, 그 사역에 참여하는 사람도 그리 많지 않은 실정이다.

나는 2015년에 남침례신학교 학장인 앨버트 몰러(Albert Mohler) 박사와 함께 어느 행사에 강사로 참석한 적이 있었다. 그때 몰러 박사는 이렇게 말했다.

우리(남침례회)가 세례를 준 사람들 대다수는 우리의 자녀와 후손들입니다. 우리가 낳지 않은 사람들 입장에서 보면 우리는 그렇게 복음 전도를 잘하는 것 같지 않습니다.

결국 우리는 우리 자녀들에게만 효과적인 복음 전도를 한 셈이다.

이것이 남침례회, 곧 미국에서 복음 전도를 중시하는 것으로 가장 잘 알려진 교단의 실상이다(미국에서 누군가 대문 앞에 나타나 오늘 밤에 하나님을 만날 준비가 되었느냐고 묻는다면 십중팔구 여호와의 증인이거나 남침례회

신자일 가능성이 높다). 이 말은 비평적인 냉소주의자가 아닌, 많은 사랑을 받는 앨버트 몰러 박사가 한 말이다.

> **우리의 사역은 모두 제자 양육에 근거해야 하고, 제자 양육을 지향해야 한다.**

훌륭한 리더십, 위대한 비전, 진취적인 정신, 엄정한 실행과 같은 요소들은 효과적인 사역에 도움을 준다.

그러나 만일 제자를 양성하지 못한다면 그런 것들이 아무 소용없을 것이다. 제자 양육이 없으면 우리가 모금하는 기금, 우리가 짓는 건물, 우리가 조직하는 사역 단체, 우리가 전하는 설교, 우리가 작곡하는 노래 따위가 선교에 아무런 보탬이 되지 않을 것이다. 그런 식의 선교가 이루어지지 않는다면 헛되이 시간만 낭비하게 될 것이다.

우리의 사역은 모두 제자 양육에 근거해야 하고, 제자 양육을 지향해야 한다. 제자 양육이 예수님께서 요구하신 지상 명령의 핵심이다(마 28:19-20). 그것이 교회의 모든 사역을 판단하는 기준이 되어야 한다.

로버트 콜먼은 『주님의 전도 계획』(The Master Plan of Evangelism)에서 이렇게 말했다.

지상 명령은 단지 땅끝까지 가서 복음을 전하거나(막 16:15), 많은 회심자에게 성삼위 하나님의 이름으로 세례를 주거나 그들에게 그리스도의 계명을 가르치는 데 그치지 않는다. 그것은 '제자를 만드는 것', 곧 그리스도의 명령에 온전히 사로잡혀 스스로 그분의 길을 따를 뿐 아니라 다른 사람들도 그렇게 하도록 인도할 수 있는 사람들을 육성하는 것을 의미한다.[1]

콜먼은 그리스도의 지상 명령이 기록된 성경 본문에서 실질적인 명령어는 "제자를 삼으라"는 말뿐이라고 지적했다.

마태복음 28장 19-20절의 다른 동사들은 마치 명령어처럼 번역되었지만 실제로는 모두 분사에 해당한다. 분사가 무엇인지 기억해 보려고 당장 위키피디아를 검색할 사람도 있겠지만 내가 말하려는 초점은 "가라, 세례를 주라, 가르치라"는 예수님의 모든 명령이 가장 중요한 한 가지 목적, 곧 제자 양육에 초점을 맞추고 있다는 것이다.

제자 양육이 교회의 일차적인 사명이다.

제자 양육이 우리의 선교이자 목적이다.

교회의 성공을 판단하는 기준은 '교적부에 새로운 이름이 얼마나 많이 늘었는지, 예산의 규모가 얼마나 커졌는지'가 아니다.

교회의 성패는 '얼마나 많은 그리스도인이 영혼들을 구원으로 인도하고 있고, 또 그들을 훈련해 사람들에게 복음을 전하게 하는 일을 잘하고 있는지'에 달려 있다.

주일에 얼마나 많은 교인이 가족 외의 사람(그들이 그리스도께로 인도하여 예배에 참석하게 만든 사람)을 언급하고 있는가?

얼마나 많은 교인이 다른 사람(그들이 그리스도께 인도한 사람을 통해 또다시 그리스도께 인도된 사람)을 언급하고 있는가?

물론 얼마나 많은 사람이 그리스도께 나올 것인지는 우리 마음대로 결정할 수 사안이 아니기 때문에 이런 말이 공평하지 않게 들릴 수도 있다.

그렇다면 좋다. 이번에는 "교인들 가운데 얼마나 많은 사람이 지난 한 달 동안 믿지 않는 이웃의 집을 방문한 적이 있는가?"라고 물어보자.

교인들에게 휴대전화기를 꺼내 친한 불신자 친구에게 오후에 커피를 대접하고 싶다는 문자를 보낼 용의가 있느냐고 묻는다면 그렇게 하겠다고 대답할 사람이 과연 얼마나 될까? 매일 성경을 읽는 교인들 가운데 지난 한 해 동안 불신자와 함께 성경을 읽으려고 시도한 사람이 과연 얼마나 될까?

하나만 더 물어보겠다.

만일 하나님께서 지난주에 교회에서 교인들이 드린 기도를 단번에 응답하신다면 얼마나 많은 사람이 하늘나라의 시민이 되어 있을까?

한 가지 불편한 진실을 말하면, 미국에서 빠르게 성장하는 교회 대다수가 새로운 신자들을 전도하고 양육해서가 아니라 다른 교회에서 온 신자들을 영입한 덕분에 성장 가도를 달리고 있다는 것이다.

대도시에서 흔히 볼 수 있는 예를 하나 들면 다음과 같다. 좋은 음악을 갖춘 열정적인 교회가 도시에 새로 등장하면 모든 사람이 그곳을 찾아간다. 그러면 그 교회는 '신약성경과 같은 수준'의 성장이 이루어졌다고 자랑한다.

그러나 그 도시 안에 있는 교인들의 전체 숫자는 실제로 조금도 증가하지 않았다.

> 빠르게 성장하는 교회 대다수가 새로운 신자들을 전도하고 양육해서가 아니라 다른 교회에서 온 신자들을 영입한 덕분에 성장 가도를 달리고 있다.

그런 것은 제자 양육과 거리가 멀다.

그것은 오히려 양을 훔치는 행위에 해당한다.

교인을 바꿔치기하는 것으로는 지옥의 권세를 무너뜨릴 수 없다. 그것은 기존의 군인들을 새롭게 편제해 막사 안에서 시간을 보내게 하는 것에 지나지 않는다.

우리 교회는 오랫동안 제자 양육이 교회의 일차적인 사역이 되기를 바랐다. 그러던 중 마침내 우리 교회의 캠퍼스 사역을 통해 물꼬가 트였다.

캠퍼스 사역 관련자들은 매년 약 50명의 학생을 상대로 사역을 시작한다. 그 학생들 대다수는 비기독교적인 배경을 지니고 있다. 그들은 2년 전에 여덟 명의 대학 졸업생으로 구성된 전임 교회개척 팀을 동남아시아에 보냈다(그들 가운데 일곱 명은 대학교에 다니는 동안 우리 교회를 통해 그리스도인이 된 사람들이다).

그 이듬해에는 열네 명의 수습생이 지역의 대학생들에게 복음 전하는 일을 더 많이 돕기 위해 우리 교회 간사들과 합류했다(그 열네 명 모두 대학에 다니는 동안 우리 교회를 통해 그리스도인이 된 사람들이다).

그들은 지금 무엇을 하고 있을까?

그들은 지금 잃어버린 자들과 플래그풋볼(flag football, 미식축구의 주니어 버전) 게임을 하고 있다.

그들은 잃어버린 자들과 함께 음식을 먹고 있다.

그들은 잃어버린 자들과 함께 성경을 읽고 있다.

그들은 우리에게 '제자 양육'이 무슨 의미인지 가르쳐 주었다. 그것은 우리가 생각했던 것보다 훨씬 단순했다. 그것은 선교적인 의도를 품고 사람들과 참된 우정을 맺고, 힘든 대화를 주고받으며, 삶을 나누는 것을 의미했다.

우리 교회 대학 선교 담당 목사 중 한 명은 "우리가 시도하는 제자 양육의 75퍼센트가 비공식 활동으로 이루어집니다. 우리는 학생들에게 신앙생활의 거의 모든 과정을 누군가와 공유할 수 있다고 가르칩니다. 그들에게 목표를 향해 나아가게 하고, 그들이 그 목표에 도달할 무렵에는 자기가 데려온 사람들이 서넛 정도는 돼야 하지요."라고 말한다.

더 많은 사람에게 복음을 전하기 위해 사람들을 불러 모을 수 있는 더 나은 방법을 생각해 낼 필요는 없다. 제자 양육에 좀 더 의도적으로 초점을 맞추는 것으로 충분하다.

그러려면 관계를 완전히 새로운 방식으로 바라보아야 한다.

이익을 추구할 것인가, 짐을 짊어질 것인가?

우리는 대부분 '이 관계가 나의 삶에 어떻게 도움이 될까?'라는 기본적인 질문을 염두에 두고 모든 관계에 접근하려는 성향을 지니고 있다.

이 사람이 관계적인 필요를 채워 줄 수 있을까?

그에게서 배울 것이 있을까?

그녀와 함께 있는 것이 나를 행복하게 해 줄까?

그러나 바울은 복음을 이해한 사람들은 다른 사람들의 짐을 나누어 져야 한다고 말했다(갈 6:2).

다른 사람들로부터 자신이 얻을 수 있는 유익만을 찾는 사람은 영적으로 무지하다. 그런 사람은 은혜를 잊었다. 그런 사람은 예수님께서 자기를 위해 얼마나 많은 은혜를 베푸셨는지 망각했다.

지금 자신이 감당하고 있는 짐을 생각해 보라.

그 안에 다른 사람들의 짐이 얼마나 포함되어 있는가?

인생을 살아가는 방식은 '어떻게 다른 사람들의 짐을 거들어 줄 수 있을까?'이거나 '어떻게 다른 사람들로부터 유익을 얻을 수 있을까?'이거나 둘 중 하나다. 복음은 예수님께서 우리를 위하신 대로 우리의 생명을 기꺼이 내주라고 가르친다.

21세기에는 이런 가르침이 더욱 중요하다. 이런 태도가 없다면 아무도 우리의 복음에 귀를 기울이지 않을 것이기 때문이다.

해마다 비종교인을 자처하는 사람들의 숫자가 놀라운 속도로 늘어나고 있다. 여론 조사자들은 그들을 "무종교인"으로 일컫는다. 그 이유는 그들이 어떤 종교와도 관련을 맺고 있지 않기 때문이다. 일부 문화 전문가들은 그런 통계를 증거로 교회가 종말을 고했다고 주장한다.

이와 같은 세속주의에 대한 두려움은 약간 부풀려진 경향이 있지만, 통계 수치는 한 가지 중요한 사실을 깨우쳐 준다. 무종교인들에게 복음을 전하기 원하는 교회들은 자기 변혁을 꾀해야 한다는 것이다.

무종교인들은 프로그램이 흥미롭다거나 음악이 멋지다거나 방문객을 위한 서비스가 디즈니 만화처럼 환상적이라고 해서 교회에 나오지 않을 것이다.

그들은 교회를 전혀 참여하고 싶지 않은 딴 세상처럼 느낀다. 그렇다고 해서 그들이 교회를 혐오하는 것은 아니다. 그들은 단지 교회에 나갈 이유를 찾지 못할 뿐이다.

예전에 인구의 99.97퍼센트가 무슬림인 도시에 살았던 적이 있다. 나는 나머지 0.03퍼센트에 속했다. 나는 "모스크에 나가지 않는 사람"으로 간주되었다. 당시 나의 아파트는 모스크에서 200미터도 채 떨어져 있지 않았다. 모스크는 새로 페인트칠을 했고, 마당도 관리가 잘 되어 있었으며, 사람들도 매우 친절했다. 그러나 나는 단 한 번도 그곳에 나가고 싶다는 생각이 들지 않았다.

으로 전할 신자들을 양육하지 않으면 우리 주위에 사는 불신자들에게 복음을 전할 기회를 모두 잃고 말 것이 불을 보듯 뻔하다. 새로운 전략이 없으면 앞으로는 몇몇 대형 교회들이 급속히 줄어드는 파이의 더 큰 조각을 차지하려고 서로 다투는 형국이 되고 말 것이다.

누군가가 나서서 파이를 더 크게 만들어야 한다.

지금의 선교 상황을 크게 바꾸어 놓으려면 불신자들을 교회 지도자로, 무신론자들을 선교사로 양성할 수 있는 의도적인 노력이 필요하다.

한마디로 **제자를 양육하는 일에 더욱 힘써 매진할 필요가 있다.**

생각보다 어렵지 않다

그리스도인이 된다는 것은 삶의 모든 것이 변화하는 것을 의미한다. 그러나 그리스도인으로 산다는 것은 삶의 모든 것을 변화시키는 것을 의미하지 않는다.

말이 조금 혼란스러운가?

그리스도인들은 신자가 된 후에도 대부분 일상에서 그 전에 했던 일들을 하며 살아간다.

내 말을 끝까지 들어 주기 바란다.

그리스도인이 되었다고 해서 먹는 것이나 일하는 것이나 여행을 가는 것이나 식료품을 사는 것이나 세탁을 하는 것이나 좋은 책을 읽는 것이나 잘 만든 영화를 보는 것이나 가족과 시간을 보내는 일을 중단하지 않는다.

그리스도인들은 여전히 세탁을 한다.

그리스도인들은 여전히 음식을 먹는다.

그리스도인들은 여전히 농구를 한다.

물론 그리스도인들은 그런 일들 가운데 일부를 이전과는 다른 방식으로 하기도 한다. 그러나 일반적으로 제자 양육자로 살아가는 것은 삶을 활짝 열어 놓고 잃어버린 자들과 함께 그런 일을 하는 것을 의미한다. 우리는 지상 명령의 깃발 아래 보통 사람들이 하는 일을 하며 살아간다.

제자도란 매일 음식을 먹고 대화를 나누며 한 걸음씩 예수님을 향해 나아가면서 다른 사람들과 일상적인 활동을 하는 것을 의미한다.

제자도를 그런 식으로 생각하면 제자 양육은 매우 간단한 일이 된다. 즉 그것은 다른 사람들이 영적인 여정에 동참하도록 이끄는 것을 의미한다.

제자도는 다른 사람을 프로그램에 참여하게 하는 것을 넘어 우리 자신의 삶을 솔직하게 터놓는 것을 뜻한다. 만일 우리가 다른 사람들이 본받을 가치가 있는 기독교적인 습관을 지니고 있다면 그 자체로 제자 양육자가 될 수 있다. 굳이 수년의 훈련이 필요하지 않다. 우리가 그리스도를 따르는 대로 다른 사람들도 그분을 따르도록 이끌면 된다(고전 11:1).

로사리아 버터필드(Rosaria Butterfield)는 하나님을 믿지 않는 사람들에게 복음을 전하려면 가정이 신자의 도구 상자에 있는 가장 중요한 복음 전도의 도구가 될 수 있다고 말한다(그녀에 대해서는 6장에서 좀 더 자세히 말할 기회가 있을 것이다).

가정은 불신자들이 하나님의 자애로운 사랑을 느낄 수 있는 곳이다. 가정은 그들이 우리의 삶을 가장 가까이에서 관찰하면서 우리에게 활력을 주는 희망의 이유를 물을 수 있는 곳이다. 가정은 '낯선 사람들을 이웃으로, 이웃을 가족으로 만들 수 있는 곳'이다.

로사리아는 예수님께서 잃어버린 자들과 개인적으로 접촉하신 일이 대부분 가정에서 음식을 먹으면서 이루어졌다고 지적했다. 복음서를 보면 예수님은 종종 식사에 초대받으시고, 또 친히 식사를 하러 가기도 하셨던 것을 알 수 있다. 특히 누가복음에는 예수님께서 식사를 하신 일이 많이 기록되어 있다.

이것이 내가 참으로 본받고 싶은 구원자의 모습이다. 이것이 우리가 오늘날 다른 사람들에게 가장 효과적으로 복음을 전할 수 있는 방법이다.

엄밀히 말해 지상 명령은 "가서 제자를 삼으라"는 명령이다. 예수님은 삶 자체가 제자 양육을 위한 상황을 제공할 것이라고 생각하셨다.

가서 성경을 읽어라

언젠가 내가 알고 있는 가장 유능한 제자 양육자 한 사람에게 제자 양육 방법을 물어보았다.

나는 기발한 아이디어가 담긴 거창한 커리큘럼을 기대했다.

그러나 그는 80년대에 워드프로세서로 작성한 서른한 구절의 성경말씀이 기록된 성구 목록을 보내 주었다. 그는 내게 그 목록을 누군가에게 주고, 하루에 한 구절씩 읽으면서 하나님께서 그 구절을 통해 말씀하신다고 생각하는 것을 각 구절 옆에 기록하게 하라고 말했다.

그는 일주일에 한 번씩 사람들과 만나서 그들의 대답을 중심으로 의견을 나누는 방법을 적용했다. 그런 다음 함께 성경을 읽으며 그러한 활동을 계속할 것인지 묻는다고 했다.

그것이 그의 방법이었다. 비책은 없었다. 특별히 감탄할 만한 기발한 생각이나 마술적인 공식이나 마법으로 생각을 조종하는 기술 따위는 전혀 없었다.

그러나 우리 교회에서 세례식이 거행될 때마다 그 제자 양육자는 자신이 직접 데려온 사람이나 자신이 그리스도께로 인도한 누군가를 통해 데려온 사람의 이름을 세례자 명단에 반드시 올렸다.

나는 지난 주말에 그 사람이 그리스도께로 인도했고, 인도된 사람이 또 그리스도께로 인도했고, 인도된 사람이 또 그리스도께로

인도했고, 인도된 사람이 또 그리스도께로 인도했고, 인도된 사람이 또 그리스도께로 인도했고, 인도된 사람이 또 그리스도께로 인도한 사람을 만났다. 무려 6대에 걸쳐 있는 사람이었다. 이것은 그가 영적인 고고고조 할아버지가 된다는 뜻이다. 하지만 그의 나이는 아직 50세도 되지 않았다. 더욱이 그는 신학교 교육도 받지 않은 사람이다.

그렇다면 우리는 어떤가?

삶의 리듬을 정상적으로 유지하면서 다른 사람을 초청해 나란히 삶의 길을 걸어가며 함께 성경을 읽으라. 삶의 온갖 압박 속에서 하나님의 말씀과 성령을 의지함으로써 무거운 짐을 잘 짊어지고 나가면 놀라운 결과를 보게 될 것이다.

신앙생활의 다른 측면에서는 모든 것을 다 잘하고 있겠지만 제자 양육까지도 잘하고 있는지 궁금하다.

처음에 만났을 때는 신자가 아니었지만, 지금은 제자 양육에 힘쓰고 있는 사람들을 자신 있게 소개할 수 있는가?

또 스스로는 제자를 얼마나 잘 양육하고 있는가?

부지런히 선한 일에 힘쓰면서도 예수님께서 가장 중요한 것으로 말씀하신 일, 곧 지상 명령으로 알려진 일을 소홀히 하면서 일생을 보낸다면 참으로 불행한 일이 아닐 수 없다.

숫자는 거짓말을 하지 않는다

만일 우리가 보스턴 레드삭스(Boston Red Sox, 보스턴을 연고지로 하는 미국 프로야구 구단)를 위해 메이저리그 야구 선수를 발굴하는 사람이라면 참으로 멋질 것이다.

내 친구 가운데 그런 사람이 있다. 그의 이름은 마이크다.

사람들이 그 사실을 알게 되면 그는 갑자기 세상에서 가장 흥미로운 사람이 된다. 그의 앞에서는 거의 모든 사람이 그가 자기를 한 번 눈여겨보기만 하면 곧바로 프로 선수가 될 것처럼 행동한다.

일전에 그와 함께 점심을 먹는데 한 종업원이 식사를 마친 후 마이크 앞에서 공을 한 번 던져 봐도 되겠느냐고 물었다. 그는 마이크가 자신을 훈련 캠프에서 시험해 볼 만한 가치가 있다고 생각하는지 알고 싶어 했다.

마이크는 실제로 그렇게 했다. 나는 만일 아무런 주목도 받지 못한 종업원이 역사상 가장 위대한 투수인 것으로 드러나는 동화 같은 현실이 전개되어 사람들이 그에 대한 영화를 만들거든 니콜라스 케이지가 내 역할을 맡아 주면 좋겠다고 말했다. 그러고 보니 그때의 일을 기록으로 남겨야 했다는 생각이 든다.

마이크는 레드삭스가 '밤비노의 저주'(레드삭스가 베이브 루스를 뉴욕 양키스로 트레이드한 이후 86년 동안 우승하지 못한 징크스-역주)에서부터 지난 열다섯 번의 월드시리즈에서 4회나 우승을 차지하기까지 십 년 이상 선수를 발굴하는 일을 했다. 그는 선수를 발굴하는 일이 과거와 크게 달라졌다고 말한다. 구체적으로 말하면 재능을 알아보는 직관적인 본능을 따르는 방법은 사라지고, 점점 더 발전된 통계 분석에 의존하게 되었다고 한다.

이것은 다른 스포츠도 마찬가지다. 20년 전만 해도 미국프로농구의 선수 발굴은 신장, 게임당 득점수, 리바운드 횟수, 도움 횟수에 근거했다. 그러나 요즘은 선수 효율지수와 1분당 득점수나 리바운드 횟수가 고려된다.

왜 그럴까? 그 이유는 이전보다 좀 더 정확한 수치를 알 수 있게 되었기 때문이다. 숫자는 거짓말을 하지 않는다.

교회와 교단에도 똑같은 법칙이 적용된다. 콘퍼런스와 예배가 이전보다 더 나아졌다고 느낄 수도 있지만, 숫자는 거짓말을 하지 않는다.

복음주의 교회 안에서 세례자 숫자와 등록 교인 숫자가 해마다 계속해서 줄어들고 있다.

남침례회만 보더라도 등록 교인의 숫자가 2016년에서 2017년으로 바뀌면서 2만 명 이상이 줄어들었고, 세례자 숫자도 약 10퍼센트나 감소했다.

남침례회 소속 교회들의 전체 등록 교인과 세례자 숫자의 비율은 59대 1에 불과하다.

생각해 보라. 미국에서 가장 큰 개신교 교단에 속한 교인들 가운데 일 년에 새로 세례를 받는 사람이 약 60명당 한 사람밖에 되지 않는다. 이 말은 결국 60명이 고작 한 사람을 그리스도께로 인도했다는 의미가 아니고 무엇이겠는가?

교단 전체에서 신자들이 믿음을 전하고 제자를 양육하는 일을 게을리하고 있다. '라이프웨이'(LifeWay)의 연구 조사에 따르면 지난 6개월 동안 단 한 사람에게도 복음을 전하지 않은 미국의 개신교 신자가 전체의 78퍼센트에 달하는 것으로 나타났다.[2]

그들은 6개월 동안, 아무에게도 복음을 전하지 않았다. 어떤 일에 대한 열정이 긍정적이든 부정적이든 상관없이 6개월 동안 한 번도 언급하지 않은 것을 생각하기는 매우 어렵다.

'아웃백' 레스토랑의 '블루밍 어니언'–긍정적.

'옥스퍼드 콤마'(3개 이상의 단어나 문구가 열거된 문장에서 마지막 and나 or 앞에 표시하는 쉼표-역주)의 적절한 사용–긍정적.

니콜라스 케이지의 영화–얼마나 긍정적인지 묘사하기 어려울 만큼 긍정적.

작은 글씨를 읽는 능력이 갈수록 저하되는 것–부정적.

씻지 않은 사과를 통해 대장균을 먹게 될까 봐 두려워하는 것–부정적.

듀크 대학의 농구–최악.

무엇이 되었든 6개월 동안 생각하지 않은 것을 얼른 생각할 수 없다.

그러나 복음을 전하는 문제와 관련하여 그런 태도를 보이는 신자들이 너무나 많다. 그들은 복음이 구원을 주는 능력이라고 믿는다. 복음을 다른 사람들에게 전해야 할 책임이 있다는 것을 안다. 그러나 실제로는 그렇게 하지 않는다. 대체 어떻게 된 일일까?

만일 '제자를 양육할 제자들을 양육하고 있지 않다.'라는 핵심적인 문제를 다루지 않는다면 교회 안에서 일어나는 그 어떤 변화도 아무 의미가 없을 것이다. 그동안 우리는 교회 안에서 구도자 중심의 혁신적 사역 방식, 방문객을 위한 예배라는 획기적인 프로그램, 기술의 발전, 예배 경험의 큰 향상 등을 경험할 수 있었다. 그러나 '제자 양육'이라는 문제를 생각해 보라. 그것은 전혀 변화가 없는 것처럼 보인다.

설교, 책, 팟캐스트 모두 유익하지만 특정한 차원의 제자 양육은 오직 인격적인 관계에서만 이루어질 수 있다. 제자 양육자가 의도를 가지고 개인적으로 한 번에 한 영혼씩 상대해야만 비로소 제자를 양육할 수 있다. 다른 지름길은 없다.

전략의 부재

안타깝게도 대다수 교회는 이 문제를 다룰 확실한 전략조차 가지고 있지 않다. 우리 교회는 "우리는 롤리-더럼(Raleigh-Durham, 우리가 있는 도시)과 온 세상에 '제자를 양육하는 제자' 운동을 일으키기 위해 존재한다."라는 표어를 채택했다. 또한 "모든 교인이 선교사다."와 "우리는 앉아 있는 능력이 아닌 보내는 능력에 의해 우리의 성공 여부를 판단한다."와 같은 지침을 반복한다.

우리는 사역을 위한 가장 훌륭한 아이디어가 교인들에게서 나온다고 믿고, 예배를 마칠 때마다 "여러분은 보내심을 받았다"고 말한다. 서미트교회의 모든 신자에게 지상 명령에 대한 책임 의식을 심어 주려고 노력한다. 그런 분위기를 형성하려면 많은 시간과 끝없는 반복과 확고한 의도가 필요하지만, 그것이야말로 우리가 간절히 바라는 것이다. 그런 분위기가 형성될 때 역사상 가장 위대한 선교의 발전이 이루어졌다.

복음은 보통 사람들의 삶에서 역사하는 하나님의 능력을 통해 확대되었다.

초대교회 당시 복음은 전문적인 그리스도인들이나 목회자들을 통해 확대되지 않았다. 복음은 보통 사람들의 삶에서 역사하는 하나님의 능력을 통해 확대되었다. 복음의 진보는 보통 사람들이 성령의 능력에 사로잡혀 담대히 세상에 나가 예수님의 관대한 은혜와 십자가를 통한 용서와 다가올 하나님 나라의 영원한 소망을 전할 때 이루어진다.

제자를 양육하는 제자를 양성하는 전략이 교회 안에 분명하게 마련되어 있는가?

내가 자란 교회에서는 매주 수요일 오후마다 밖에 나가서 복음을 전하는 시간을 가졌다. 나는 금요일에 구원받았고, 그다음 주 수요일에 처음으로 복음을 전하는 일에 참여했다. 그것이 나의 성화 과정에서 첫 번째로 이루어진 일이다. 그 사역에 참여한 덕분에 나는 그리스도인이 된 지 2년 만에 최소한 수십 번 복음을 전할 수 있었다.

대다수 교회는 그런 식의 직접적인 복음 전도 방법을 사용하지 않는다. 아마도 나름대로 좋은 이유에서 그렇게 하는 것 같다. 문제는 다른 것으로는 그것을 대체할 수 없다는 것이다. 교인들이 복음을 전하는 방법을 어떻게 배우고 있는가? 그런 방법을 배우면서 어떻게 경험을 쌓아 가고 있는가?

'기도 요청' 시간에 그리스도를 알지 못하는 사람들, 곧 소그룹에 참여한 신자들이 복음을 전하고 싶어 하는 사람들을 위해 기도해 달라는 요청이 많은 비중을 차지하고 있는가?

아니면 다음 주 화요일에 등에 난 종양을 제거하는 수술을 받게 될 고모할머니를 위해 기도해 달라는 식의 요청이 많은 비중을 차지하는가?

때로 우리는 수요일 저녁 기도 모임을 여러 사람이 나와 그동안 갈고 닦은 오르간 연주 솜씨를 자랑하는 '오르간 독주회'로 간주하는 경향이 있다. 그런 오르간 독주회 대신에 예수님을 알지 못하는 친구들과 이웃들과 사랑하는 사람들과 함께 담대하게 믿음으로 기도한다면 과연 어떤 변화가 일어날까?

다시 묻지만, 만일 하나님께서 지난주에 교회에서 교인들이 드린 기도를 단번에 응답하신다면 얼마나 많은 사람이 하늘나라의 시민이 되어 있을까?

부족한 믿음

어쩌면 전략의 부재 때문이 아닐 수도 있다. 어쩌면 그보다 더 단순한 이유 때문일 수도 있다.

구체적으로 말해 고질적인 불신앙 때문일 수 있다.

나는 많은 그리스도인이 복음을 전하지 않는 이유가 사람들이 실제로 지옥에 갈 수 있다는 사실을 진정으로 믿지 않기 때문이라고 생각한다.

그들이 지지하는 신조에 따르면 그들은 일종의 보편 구원을 믿고 있는 셈이다. 그들은 마음속으로 하나님이 상대평가를 하신다고 생각하고, 종교와 상관없이 착하게 살면 결국 구원을 받을 것이라고 믿는다. 하나님은 사랑의 하나님이시지 않은가?

나도 솔직하게 말하고 싶은 것이 있다. 사실 나도 그런 고민을 안고 있었다. 론다를 만나기 전까지만 해도 내가 참된 믿음을 소유하지 못했다는 사실을 제대로 깨닫지 못했다.

론다는 당시 20대 중반이었고, 기독교가 널리 퍼져 있는 지역에서 성장한 나와 달리 그곳에서 멀리 떨어진 뉴잉글랜드에서 성장했다. 심지어 요즘도 기독교에 대해 전혀 아무것도 들어 본 적 없는 미국인을 발견하기가 어려운데, 론다가 바로 그런 사람이었다.

나는 기본 진리(하나님은 어떤 분인가? 예수님이 오신 이유는 무엇인가? 그분을 어떻게 구주로 영접할 수 있는가?)에서부터 시작했다. 그녀는 많은 질문을 던졌다. 그녀가 던진 마지막 질문은 나를 매우 놀라게 했다.

"당신은 지금 말한 것을 실제로 믿어요?"

나는 "물론이죠. 모두 믿지요."라고 대답했다.

그러자 그녀는 "내가 이렇게 묻는 이유는 당신이 믿는 대로 행동하고 있지 않기 때문이에요. 만일 당신이 말한 대로 내가 아는 사람들 가운데 예수님을 믿지 않는 사람들이 모두 하나님의 사랑에서 소외되어 지옥에 가야 한다면, 내가 어떻게 하루를 살아야 할지 잘 모르겠네요. 아마도 계속 무릎을 꿇은 채로 그들이 복음을 받아들이게 해 달라고 기도해야 할 것 같군요."라고 말했다. 그녀의 말은 계속되었다.

"당신은 그렇게까지 정성을 다하는 것 같지 않아요. 세세한 내용을 일목요연하게 말했지만, 생사를 가르는 문제인 것처럼 들리지 않고, 마치 철학적인 문제인 것처럼 들려요."

한 대 크게 얻어맞은 듯한 느낌이 들었다. 그녀의 말이 옳다고 생각되었다. 성경이 복음에 관해 말씀하는 것(좋은 소식과 좋은 소식 이전의 나쁜 소식 모두)을 진정으로 믿는다면 어떻게 무덤덤한 마음 상태로 머물러 있을 수 있겠는가?

찰스 스펄전은 한 학생으로부터 예수님에 관한 소식을 한 번도 들어 보지 못한 사람도 구원을 받을 수 있느냐는 질문을 받은 적이 있었다. 그는 그 질문에 "난처한 질문이군요. 그러나 그보다는 '복음을 알고 있으면서도 잃어버린 자들에게 그것을 전하려는 노력을 기울이지 않는 사람들이 과연 구원을 받을 수 있느냐'가 훨씬 더 난처한 질문일 것 같습니다."라고 대답했다.

정곡을 찌른 대답이 아닐 수 없다.

내가 앞에서 가장 유능한 제자 양육자라고 말했던 친구는 효과적인 복음 전도는 적절한 인격 유형이나 적합한 프로그램이 아닌 두 가지 신념에 근거한다고 말했다.

첫 번째 신념 – 구원은 하나님께 속한 일이다.

두 번째 신념 – 믿음은 들음에서 온다.

첫 번째 신념은 구원이 우리에게 달려 있다는 심적 부담감(즉 다른 사람의 마음속에 믿음을 불러일으키려면 우리 스스로 올바른 때에, 올바른 방식으로, 올바른 것을 말해야 한다는 생각)을 덜어 준다. 구원은 하나님의 소관이다. 이 점을 알면 마음이 가벼워진다.

그러나 두 번째 신념은 하나님께서 우리를 도구로 삼아 우리의 복음 전도를 통해 사람들을 예수님께로 인도하기로 선택하셨다는 사실을 깨우쳐 준다. 다른 방법, 즉 '플랜 B'는 없다. 사도행전을 보면 복음이 사람들의 입을 통해 선포된 것을 알 수 있다. 사람들의 마음속에 믿음을 불러일으키시는 분은 하나님이다. 그러나 그분은 우리가 그들의 마음속에 뿌리는 말씀을 통해 그렇게 하신다. 이 점을 알면 동기 부여가 된다.

이 두 가지 신념을 진정으로 받아들인다면 이웃에게 그리스도를 전하지 않을 수 없을 것이다.

극도로 산만한 시대에 복음의 충격을 가하라

다음과 같은 내용은 '초대형 교회로 성장하는 방법'과 같은 제목의 책에서는 절대로 발견되지 않을 것이 분명하다.

교회의 급속한 팽창을 지향했던 예수님의 비전은 뛰어난 재능을 지닌 의사 전달자들, 곧 많은 군중을 모아 놓고 감탄을 자아내는 교육 기술을 구사하는 사람들이 아닌 평범한 사람들을 중심으로 전개되었다. 그분은 그런 사람들을 일으켜 세우셨고, 성령의 능력을 주어 세상에 보내셨다.

마음속에는 성령을 모시고, 입에는 복음을 담고 있는 보통 사람들이야말로 온 세상 모든 나라의 거리와 골목에서 제자를 양육하는 제자 운동을 가장 효과적으로 전개할 수 있다.

우리 시대의 가장 위대한 영화배우인 니콜라스 케이지에 관한 이야기를 잠시 중단하고, 이번에는 그에 비해 한참 뒤처지는 영화배우 톰 크루즈(Tom Cruise)를 생각해 보기로 하자.

이것은 서로 연관성이 있는 이야기다. 톰 크루즈는 액션이 숨 돌릴 틈 없이 전개되는 시리즈 영화에서 부상을 당하면서까지 자신의 스턴트 연기를 직접 훌륭하게 처리하는 것으로 유명하다. 그는 2018년 〈미션 임파서블〉(Mission; Impossible)에서 카메라 앞에서 '헤일로 점프'(HALO jump)를 시도한 최초의 배우가 되었다. 헤일로 점프란 높은 고도에서 한참을 그대로 강하하다가 낮은 고도에서 낙하산을 펼치는 고공 점프를 말한다. 군대에서 헤일로 점프는 적군에게 발각되지 않고 적의 영역에 장비나 보급품을 전달할 때 사용된다. 이것은 화물과 승무원과 비행기를 보호하기 위한 방법이다. 익히 짐작할 수 있듯이 극도로 위험한 일이다.

그런데 톰 크루즈가 그 일을 해냈다. 이전 영화에서 연기하다가 발목이 부러지는 부상을 당했는데도 그 일을 했다. 심지어 그 일을 몇 차례나 시도했다. 크루즈와 그의 팀원들은 시리즈 마지막 영화의 세 장면을 찍기 위해 106회나 점프를 시도했다. 참으로 인상적인 일이 아닐 수 없다.

그러나 복음 전도는 헤일로 점프가 아니다. 복음 전도는 낯선 지역을 몰래 공격하는 것이 아니라 일상적인 삶의 관계 속에서 진행된다.

로사리아 버터필드는 "죄짓는 삶을 불시에 습격하는 식으로 이웃에게 복음을 전하려는 생각을 당장 중단하라"고 조언했다.[3] 복음 전도는 일상적인 삶을 영위하는 상황 속에서 말로 사람들에게 복음을 전할 때 가장 잘 이루어질 수 있다.

우리의 가정생활, 일터에서의 근무 태도, 동네에서의 행실, 지역사회에서의 활동 등이 우리가 전하는 메시지를 강화한다. 우리는 일상적인 삶 속에서 말의 힘과 관계의 힘을 조화시킬 수 있다. 이것은 기독교 이후 시대에 꼭 필요한 일이다.

우리의 삶이 중요하다.

우리는 비범한 행동을 잠깐 보여 주고 사라지는 톰 크루즈 같은 존재가 아니다.

팀 켈러는 이런 경우를 교회에 새로 부임한 목회자가 설교는 출중하게 잘하는데 아내를 함부로 대하고, 자신의 업무를 부정직하게 하는 것을 발견했을 때의 상황에 빗대어 말했다. 그런 경우에는 그의 설교가 설득력을 잃을 수밖에 없다. 반대로 목회자가 일관된 삶을 살고, 우리가 고통을 당하는 순간에 진정으로 동정심을 표한다면 비록 설교가 평범하더라도 그를 신뢰할 가능성이 훨씬 더 커질 것이다.

오늘날과 같이 회의적인 시대에는 관계를 통해 교류하는 것이 믿음을 가로막는 장애 요인을 극복하는 데 매우 중요하다.[4]

이 점은 우리의 문화가 불신앙보다 훨씬 더 치명적일지 모르는 또 다른 질병으로 고통당하고 있다는 사실을 생각하면 훨씬 더 중요해진다. 그것은 바로 산만함이다.

각자 자신의 휴대전화기를 열어 내용을 확인한 뒤 약 8.4초가 지난 후에 친구들이 어떤 새로운 내용을 인스타그램에 게재했는지 살펴보라.

앨런 노블(Alan Noble) 목사는 오늘날처럼 극도로 산만한 시대에는 조금이라도 무슨 일이 있는 듯하면 사람들의 관심이 즉각 그곳으로 쏠리는 경향을 나타낸다고 주장했다. 그는 "우리 시대에는 두 가지 주된 경향이 하나로 합쳐진 것처럼 보인다. 이런 현실은 믿음을 가로막는 장애 요인들을 새롭게 평가해야 할 필요성을 제기한다"고 말했다. 그가 말한 두 가지 경향은 다음과 같다.

1. 스마트폰, 넷플릭스, 세속적인 즐거움, 긴장감 넘치는 활동, 곧 즉각적인 만족을 주고, 성찰과 묵상을 저해하는 일들로부터 끊임없이 무차별하게 자극을 받는 현상.
2. 세속주의가 만연하면서 유신론이 인간의 만족을 위해 선택할 수 있는 많은 것 중 하나로 간주되고, 하나님과의 참된 관계가 점점 더 비현실적인 것처럼 보이는 현상.[5]

이런 경향을 고려하면 우리가 기독교를 증언할 때 청중이 믿음을 마치 뷔페식당에 놓인 많은 음식처럼 개인적인 만족을 안겨 주는 많은 일 가운데 하나인 것처럼 생각하지 않을 것이라고 장담하기 어렵다. 사회학자들은 우리가 이전보다 더 많은 말을 "읽지만" 실제로는 아무것도 "읽지 않는다"고 말한다. 사실 우리는 대충 훑는다. 비유하자면 우리는 서핑을 즐길 뿐 깊이 잠기지는 않는다.[6] 이런 세상에서 믿음을 증언하고 옹호하는 일을 하려면 의사를 전달하는 방법을 재고해야 한다.[7]

가가호호를 방문하며 복음을 전하는 방법이 그다지 많은 결실을 맺지 못하는 것처럼 보이는 이유가 있다. 1970년에 텍사스에서 복음을 전하는 광경을 한번 상상해 보자. 진지한 복음 전도자가 "만일 당신이 오늘 밤에 죽는다면 어디에서 영원히 지낼 것 같습니까?"라고 물었다(당시에는 사람들이 통상 밤중에 죽는다고 생각했다. 그 이유를 묻는 사람은 아무도 없었다).

이것은 언뜻 간단해 보이지만 실제로는 몇 가지 전제가 공유되지 않으면 성립될 수 없는 질문이다. 즉 이 질문이 성립하려면 듣는 사람이 사후 세계의 존재와 모든 사람의 운명이 다 똑같지 않다는 점을 전제해야 한다. 아울러 특정한 기준, 곧 사람들의 운명을 결정하는 판단 기준이 있다고 믿어야 한다.

과거에는 예수님을 믿지 않는 사람들도 최소한 그런 용어들을 알고 있었다. 그때만 해도 기독교는 서구 사회가 세상을 바라보는 기본적인 관점이었다.

하지만 오늘날에는 다양한 선택 사안 중 하나일 뿐이다. 더욱이

1970년대는 휴대전화, 노트북 컴퓨터, 태블릿PC, 넷플릭스, 스냅챗, 인스타그램 같은 것이 등장하기 전이기 때문에 듣는 사람이 그런 질문을 생각할 수 있는 시간과 정신적인 여유가 충분했다.

그러나 오늘날의 문화는 그런 것을 생각하지 못하게 만든다. 누군가가 대문 앞에서 영원한 운명에 관해 묻는다면 넷플릭스를 일시정지시켜야 한다. 시리즈물 1회가 끝나면 넷플릭스는 자동으로 다음 회를 시작한다. 시청하던 넷플릭스가 지겨워지면 또 다른 5회분의 드라마가 시작되어 잠자리에 들 때까지(혹은 그 시간을 지나서까지) 사람들의 정신을 사로잡는다. 드라마를 보다가 7회 내용이 별 흥미를 돋우지 못하면 사람들은 잠시 휴대전화를 들고 소셜미디어에 관심을 기울인다. 뉴스의 표제 기사나, 누군가가 어딘가에서 발설한 충격적인 말이나, 가장 친한 친구의 아들의 여자 친구의 채식주의자 의붓어머니가 게재한 휴가철 사진이 사람들의 관심을 빼앗는다.

심지어 현관문 앞에서 참으로 좋은 대화를 나누었다 해도 사람들이 그 말을 기억하고 곰곰이 생각할 가능성은 매우 희박하다.

우리는 정신적 사고를 할 수 있는 여지를 박탈하기로 작정한 것처럼 보이는 사회에 살고 있다. 매일 아침 자동차를 몰고 일터로 향하는 시간에는 위성 라디오, 토크 라디오, 팟캐스트가 시간의 공백을 채워 줄 것이고, 저녁에 산책을 할 때도 사람들은 휴대전화로 오디오북을 청취할 가능성이 크다. 또한 식사를 준비할 때도 인공

지능 비서인 '알렉사'에게 새로운 뉴스 정보나 그날의 가장 기괴한 소식을 들려 달라고 요구하기 일쑤고, 쇼핑몰에서도 음악이나 광고가 화단에 설치된 스피커에서 울려 나오는 통에 한쪽 코너에서 다른 쪽 코너로 단 10초밖에 걸리지 않는 거리를 이동하는 동안에도 조용한 시간을 가질 수가 없다.

뿐만 아니라 우리 각자의 주머니 안에는 슈퍼컴퓨터가 들어 있다. 아마도 이번 장을 읽기 시작한 후로 벌써 진동음이 대여섯 번은 울렸을 것이다. 이 작은 기계에 들어 있는 '페이스북'이라는 단 하나의 앱만으로도 우리는 전 세계 20억 인구와 연결될 수 있다.

결국 우리는 산만해질 수밖에 없다. 요점은 우리가 온종일 생각이나 성찰을 할 시간이 거의 없다는 것이다. 이런 현실은 복음에 관한 대화에 심각한 도전을 제기한다.

17세기 프랑스 철학자 블레즈 파스칼(Blaise Pascal)은 오늘날 우리가 살고 있는 산만한 세상을 전혀 상상하지 못했지만, 인간의 마음이 인생의 가장 중요한 문제를 회피하려는 성향을 지녔다는 것을 알고 있었다. 그는 인생이 행복한 사람들과 요란한 음악과 춤으로 가득한 거대한 파티 같다고 말했다. 그런 파티 중에 간간이 아무 때나 괴물이 문을 통해 들어와 아무나 닥치는 대로 덮쳐 모든 사람이 보는 앞에서 갈기갈기 찢어 놓는다. 그런 다음 괴물은 선혈이 낭자한 시체를 밖으로 끌고 나간다. 그런 일이 자주 반복되다 보니 사람들은 괴물이 곧 모든 사람을 해칠 것이라는 사실을 의식하게 되었다. 그러나 사람들은 그런 일이 일어났을 때 공포에 질려 지켜보다가도 괴물이 사라지고 나면 언제 그랬냐는 듯 다시 웃고, 떠들고, 즐기기 시작한다.

여기서 괴물은 우리의 임박한 죽음을 의미한다. 죽음은 우리 모두에게 찾아온다.

파스칼은 죽음을 생각하지 않고 사는 것은 어리석다고 말했다. 인간은 인생이 얼마나 짧은지를 생각하기 싫어한다. 우리가 선호하는 대처 방법은 정신을 산만하게 만드는 것이다. 오늘날의 사회는 정신을 산만하게 만드는 기술을 극대화시켰다. 그러나 파스칼의 괴물은 지금도 여전히 사람들을 사냥하며, 우리 주위에 있는 모든 사람을 해치고 있다. 그러는 동안 우리는 주머니 속에 있는 직사각형 물체에만 온통 관심을 쏟는다.

설교를 더 잘한다고 해도 그런 장애 요인들을 제거하기는 어렵다. 그렇게 할 수 있는 것은 오직 하나, **'인격적인 참여'**뿐이다.

현대 사회의 독특한 장애 요인들을 극복하려면 바쁜 일정이나 사람들과 어울려 노는 시간을 희생해 다른 사람들의 삶에 관심을 기울이는 것이 필요하다. 그래야만 올바른 순간에 올바른 말을 해 줄 수 있다.

하나님은 지금도 여전히 사람들이 영원에 관한 질문을 제기할 수 있는 환경을 조성해 주신다. 그러나 그런 일이 일어났을 때 사람들과 인격적인 관계를 맺고 있지 않으면 질문에 대한 대답을 구하려 하지 않고, 관심을 딴 데로 돌려 다른 것을 추구할 가능성이 크다.

하나님은 예나 지금이나 우리 가운데 임재하신다. 따라서 우리도 서로 함께해야 한다. 이것이 제자를 양육하는 제자가 되기로 헌신한 보통 사람들이 온 세상에 있는 교회의 미래를 위한 하나님의 유일한 계획인 이유다. 이를 위해 세 가지 원칙을 제시하면 다음과 같다. 이 원칙을 지킨다면 오늘날처럼 산만한 시대에도 복음의 영향력을 나타낼 수 있을 것이다.

1. 복음을 알아야 한다

당연한 말처럼 들리지만 복음을 잘 전하려면 먼저 복음이 무엇인지 알아야 한다. 목사이자 저술가인 제프 밴더스텔트(Jeff Vanderstelt)는 복음을 전하려면 다른 언어에 능통한 것처럼 복음에 능통해야 한다고 말했다. 복음에 능통하지 못한 그리스도인이 너무 많다. 그들은 몇 가지 문구를 서툴게 발음할 뿐, 정확하고 유창하게 말하지 못한다.

평범한 신자들에게 복음이 무엇이냐고 물어보면 뜻 모를 몇 개의 신학 용어와 도덕적인 개념과 영적 훈련에 관한 표현이 어설프게 혼합된 대답을 듣게 될 가능성이 높다.

우리는 복음에 능통해야 한다. 복음을 옳게 이해하고, 그것을 정확하게 전할 방법을 터득해야 한다.

왜일까? 그 이유는 거짓 복음은 아무도 구원할 수 없기 때문이다. 복음은 구원을 주시는 하나님의 능력이다. 따라서 그것을 제대로 이해하지 못하면 다른 사람들이 그 능력을 경험할 수 있는 기회를 가질 수 없다.

베드로는 유대 지도자들에게 예수님을 전하지 않을 수 없다고 말했다. 왜냐하면 "천하 사람 중에 구원을 받을 만한 다른 이름을 우리에게 주신 일이 없"기 때문이다(행 4:12). 예수님은 도마에게 "내가 곧 길이요 진리요 생명이니 나로 말미암지 않고는 아버지께로 올 자가 없느니라"(요 14:6)고 말씀하셨다.

다른 능력은 없다.

다른 이름은 없다.

다른 길은 없다.

언젠가 고등학생 몇 명이 못된 장난을 친 소식을 들은 적이 있다. 그들은 시골 산길에 페인트로 엉뚱한 차선을 그려 넣었다. 어느 날 밤 그곳을 지나던 버스 한 대가 커브 길에서 벗어나 길 옆으로 추락하는 바람에 탑승자 전원이 사망하는 사고가 발생했다. 이런 이야기를 들으면 누구나 '도대체 왜 그토록 어리석고 위험한 일을 저질렀을까?'라고 생각할 것이 틀림없다.

그러나 우리도 그와 같은 일을 저지를 가능성이 있지 않은가?

우리는 천국의 경계선을 분명하게 나타내 보여야 한다. 복음을 올바로 이해해야 한다.

2. 우리의 상황을 알아야 한다

효과적인 복음 전도를 위해 우리가 알아야 할 두 번째 원칙은 우리의 상황을 아는 것이다. 우리가 30년 전이나 50년 전, 100년 전과는 다른 세상에 살고 있다는 앨런 노블의 말은 매우 지당하다. 눈부신 기술의 발전으로 10년마다 세상이 달라지고 있다.

최근에 나는 컴퓨터를 업그레이드했다. 이전 것과 상표와 기종이 똑같은 상태에서 새로운 버전으로 바꾸었다. 그러자 전원 플러그가 작동하지 않았다. 새로운 전선을 사야 했다. 도대체 무슨 일이 일어난 것일까? 토스터 오븐은 1893년에 처음 발명된 이후로 줄곧 똑같은 전원 플러그를 사용하고 있는데 왜 컴퓨터는 그럴 수 없는 것일까?

사회가 변화한다는 것은 곧 사람들이 묻는 질문이 다르다는 것을 의미한다. 사람들이 진리를 듣고, 표현하고, 전하는 방식도 달라졌다. 복음은 동일하지만 그것을 전하는 방법은 그렇지 못하다.

신학교 시절에 국제선교학을 가르친 교수는 우리 자신의 문화라는 컵에서 영원한 생명의 물을 추출해 우리가 복음을 전하기 원하는 문화의 컵에 옮기는 것이 선교사의 역할이라고 말했다.

신학자들은 이 과정을 "상황화"라고 일컫는다. 이 개념은 신중함을 요구한다. 진리를 희석하거나 바꾸어서는 안 된다. 진리를 잃으면 하나님의 능력도 잃게 된다. 그러나 우리의 문화적인 취향이 마치 하나님의 명령이자 모든 시대의 모든 사람을 위한 영적 기준이라도 되는 것처럼 그것을 제시해서는 안 된다. 바울은 서신서에서 문화적 전통을 본질적인 복음의 교리인 것처럼 여기는 사람들을 강도 높게 비판했다.

국제 선교사들은 오랫동안 이 문제를 생각해 왔다. 우리도 이 문제를 생각할 수 있어야 한다.

8장에서 이 문제를 좀 더 자세히 살펴볼 생각이다. 여기에서는 상황화를 피할 수 없다고 말하는 것만으로 족할 듯하다. 우리 스스로는 의식하지 못할지라도 항상 상황화를 시도하고 있다.

나는 복음의 순전성을 새로운 기술과 경건하지 못한 문화적 요소로 훼손하는 것을 강하게 비판한 목회자들의 설교를 들으며 성장했다. 그들은 파이프 오르간의 연주에 맞춰 찬송가를 부른 뒤 나무로 만든 강대상에서 정장을 차려입은 모습으로 말씀을 전했다.

처음 교회가 세워졌던 1세기에 과연 그런 일들 가운데 어느 것 하나라도 있었는가? 예배의 요소도 문화적 차이에 따라 상황화된다.

복음은 1970년에 앨라배마의 예배당 강대상에서 처음 선포되지 않았다. 복음은 2천 년 전에 중동 지역에서 처음 나타났다. 그 후로 충실한 선교사들이 곳곳을 다니며 그 지역의 문화에 맞게 복음을 상황화했다.

새로운 세대나 새로운 문화에 복음을 전하기 위해 우리의 스타일과 체계와 예배 방식을 바꾸는 일은 어렵다. 그러나 우리가 복음을 전하려고 애쓰는 사람들을 진정으로 사랑한다면 그 일을 좀 더 수월하게 할 수 있다. 누군가를 진정으로 사랑한다면 그들이 예수님께 오는 것을 방해하는 불필요한 요인들을 기꺼이 제거할 것이 틀림없다. 우리는 우리 자신을 극복해야 한다. 이 문제도 8장에서 좀 더 자세하게 설명할 것이다.

일전에 한 결혼 상담사가 내게 좋은 남편이 되려면 '성경과 나의 아내'라는 두 가지를 일평생 열심히 탐구해야 한다고 말했다. 성경이 결혼에 관해 가르치는 것을 아는 것만으로는 충분하지 않았다. 아내를 아는 것, 곧 아내에게 위안과 기쁨과 확신을 주고, 또 동기를 부여하는 것이 무엇인지 아는 것이 필요했다.

복음 전도도 마찬가지다. 성경을 사랑하는 것만으로는 부족하다. 사람들을 사랑해야 한다. 그들을 '연구'해야 한다. 어떻게 해야 그들에게 복음을 전할 수 있는지 알아야 한다.

3. 상황의 긴박성을 알아야 한다

앞에서 나이키 광고를 언급한 바 있다. 나이키의 유명한 표어는 기억할 만한 가치가 있다.

"그냥 해!" (Just do it!)

자리를 박차고 일어나 일하러 나갈 수 있는 동기가 필요할 때는 이 문구를 기억하면 도움이 된다. 변명을 늘어놓거나 최적의 시기를 기다리지 말고, 그냥 하라.

나이키의 표어는 복음 전도를 생각할 때 좋은 길잡이가 된다. 우리는 너 나 할 것 없이 변명을 내세우기 좋아한다.

"나는 전도의 은사를 받지 못했어." 그럴 수도 있다. 그러나 영적 은사란 모든 그리스도인에게 요구되는 의무를 이행하기 위한 특별한 능력을 가리킨다. 예를 들어 어떤 사람들은 믿음의 은사를 받았다. 이는 그들이 하나님께서 어떤 일을 하기 원하시는지 즉각 이해하고, 그분이 그 일을 하실 것이라고 굳게 믿는 특별한 능력을 지녔다는 뜻이다. 이것은 믿음의 은사를 받지 못한 사람들은 믿음을 가질 수 없다는 의미와 거리가 멀다. 베푸는 은사도 마찬가지다. 어떤 사람들은 베푸는 은사를 받았다. 그들은 적절한 때에 적절한 방식으로 베푸는 일을 할 수 있는 초자연적인 능력을 지녔다. 그러나 이것이 모든 그리스도인에게 베푸는 의무가 주어졌다는 사실을 부인하지 않는다. 이 점은 복음 전도에도 똑같이 적용된다.

"어색한 느낌이 든다." 물론 그럴 수 있다. 나는 복음 전도를 '소심한 두 사람이 대화를 나누는 것'으로 정의하기 좋아한다. 그러나 다른 사람의 영혼을 위해서라면 조금 어색한 느낌이 들더라도 괜찮지 않겠는가?

"말을 잘못할까 봐 우려된다." 당연히 그럴 수 있다. 그러나 하나님은 나귀의 입을 열어 사람들에게 말하게 하셨다. 그것이 우리의 희망이다.

"잘못된 말을 하고 싶지 않아. 그냥 멍청하게 침묵을 지키는 것이 더 나아." 우리를 그 자리에 두신 성령께서 할 말을 가르쳐 주실 것이다. 그분이 물어야 할 질문과 통찰을 일깨워 주실 것이다. 그러나 **대화를 시작하지 않으면 그런 통찰을 얻을 수 없다.** 나는 이것을 "마이클 조던의 전도 철학"으로 일컫는다. 그는 골대를 향해 질주하기 전에 곡예를 하는 듯한 몸동작을 미리 머릿속으로 상상하느냐는 질문을 받은 적이 있다. 그 질문에 그는 "그렇지 않습니다. 일단 점프를 하고 나서 공중에서 결정합니다."라고 말했다.

점프를 시도하라. 그러면 성령께서 역사하실 것이다. 나는 그런 일을 수백 번이나 경험했다.

"사람들이 내가 대답할 수 없는 질문을 던지면 어떡하지?" 그럴 수도 있다. 내 경우도 마찬가지다. 심지어 사도들조차 대답할 수 없는 질문들이 있었다. 베드로와 요한이 산헤드린 앞에서 자신들을 변호했던 이야기를 읽어 보라(행 4:1-22). 산헤드린 의원들은 사도들의 설명을 듣고 나서 그들이 "본래 학문 없는 범인"이라고 생각했다.

모든 질문에 대답할 수 있어야만 복음을 능력 있게 전할 수 있는 것은 아니다. 사도들이 사람들에게 그리스도를 따르라고 강권했던 이유는 모든 질문에 대답할 수 있었기 때문이 아니다. 그들이 사람들에게 그리스도를 따르라고 강권했던 이유는 **그분이 죽은 자 가운데서 살아나셨기 때문이다.** 우리는 삶의 신비를 설명하는 역할을 담당한 철학자가 아니라 빈 무덤을 가리키는 증인이다. 설명할 수 없는 것이 부인할 수 없는 것과 마주칠 때 믿음이 생겨난다는 말을 들은 적이 있다. 우리는 부인할 수 없는 부활을 전하는 증인으로 보내심을 받았다.

"복음을 전하면 친구와의 관계가 소원해질지도 몰라." 물론 그럴 수도 있다. 그러나 복음이 영혼을 구원하는 능력을 지녔다면 친구와의 관계가 단절되는 위험을 무릅쓰고라도 복음을 전하는 것이 온당하지 않겠는가?

무신론자이자 라스베이거스 마술사인 펜 질렛(Penn Jillette)은 자신의 무신론자 친구들이 자기들에게 복음을 전하는 그리스도인들에게 화내는 이유를 이해할 수 없다고 말했다.[8] 그리고 "나는 오히려 그들이 복음을 전하지 않을 때 화가 난다. 도대체 다른 사람들을 얼마나 미워하면 예수님에 관한 믿음을 그들에게 전하지 않는단 말인가?"라고 말했다.

복음을 전하다 보면 이런 장애 요인이 발생한다. 장애 요인은 지금까지 말한 것 외에도 많다.

그러나 우리는 단념할 수 없다.

바울 사도는 고린도후서 4장 7절에서 "우리가 이 보배를 질그릇에 가졌으니 이는 심히 큰 능력은 하나님께 있고 우리에게 있지 아니함을 알게 하려 함이라"고 말했다.

자신이 낡은 질그릇과 같다고 느끼는가? 그래도 괜찮다. 질그릇이 가치 있는 이유는 그것을 만든 재료가 아니라 그 안에 담겨 있는 내용물 때문이다.[9]

우리는 전혀 인상적이지 못할 수 있다. 압력을 가하면 쉽게 깨질 수 있다. 그러나 여기에는 분명한 이유가 있다. 하나님께서 연약한 증인들을 사용하시는 이유는 우리가 아닌 그분의 영광을 드러내시기 위해서다.

내 경험을 돌아보면 완전히 망했다는 생각이 들 때 가장 강력한 복음 전도가 이루어진 때도 있었고, 설교를 매우 잘했다고 생각했는데 결과가 미미한 때도 있었으며, 소명을 포기해야 할 위기감이 들 만큼 내가 전한 메시지가 너무나도 형편없게 느껴졌는데 누군가는 그것을 듣고 자신의 삶이 변화되었다고 말한 때도 있었다.

나는 그런 일이 우연이라고 생각하지 않는다. 하나님의 역사라고 생각한다. 하나님은 때로 그런 섭리를 베풀어 내가 단지 질그릇에 불과하다는 사실을 일깨워 주신다.

그러므로 걱정하지 말라.

일을 망칠 수도 있고, 어색한 느낌이 들 수도 있으며, 관계적인 긴장감을 느낄 수도 있다.

우리 모두가 그렇다.

흠 없고 명확한 말을 전하는 것은 우리의 몫이 아니다. 그것은 하나님의 소관이다. 구원은 그분께 속해 있다. 우리는 충실하게 복음을 전하면 된다. 그 이유는 믿음이 들음에서 나오기 때문이다. 전하는 것은 우리의 일이다.

그냥 하라!

당신의 '한 사람'은 누구인가?

1954년 남침례회는 백만 명을 주일학교로 인도한다는 목표를 세웠다. 주일학교가 무엇인지 모르면 부모님께 물어보라.

그들은 이 운동을 "1954년의 백만 명 구원 운동"으로 일컬었다. 거창한 목표였다. 결국 백만 명을 채우지는 못했지만 그해에 60만 명에게 세례를 주었다. 그들 중에는 생전 처음 그리스도를 믿은 사람이 많았다.

분명한 목표를 세우면 그런 역사가 일어난다.

최근에 서미트교회에서도 그와 비슷한 일을 시도했다. 교인들에게 한 해 동안 그리스도께로 인도할 사람을 한 사람씩 정하고 기도하라고 당부했다.

오직 단 **한 사람**만 정해 놓으라고 말했다.

우리는 "당신의 '한 사람'은 누구인가?"라는 말을 계속 되풀이했다. 그것은 정교하거나 복잡한 아이디어가 아니었다. 친구가 될 수 있는 한 사람을 정해 놓고, 기도하며 복음을 전하고, 교회로 초청하라. 최소한 한 달에 한 번이라도 믿음이 없는 사람을 집으로 초대해 식사를 해도 좋다. 물론 자녀들은 제외다.

이 간단한 아이디어가 우리 교회 역사상 복음 전도가 가장 효과적으로 이루어진 한 해를 기록했다. 우리는 그해에 700명에게 세례를 주었다. 교인들이 새신자와 함께 세례식장에 줄지어 서 있는 광경이 너무나 놀라웠다. 그들은 "이 사람이 그 사람, 곧 내가 정한 '한 사람'입니다."라고 말했다.

내가 교인들로부터 들은 가장 훌륭한 기도 요청은 "목사님, 지금 제가 정한 '한 사람'이 세례를 받았습니다. 새로 또 '한 사람'을 정할 수 있도록 저를 위해 기도해 주세요."라는 것이다.

내년에 모든 그리스도인이 그리스도를 전할 목적으로 한 사람을 정해 놓고 구체적으로 뜨겁게 기도한다면 어떤 일이 일어날까?

목회자들이 그런 목표를 세운다면 어떻게 될까?

분명히 놀라운 역사가 일어날 것이다.

당신이 정한 '한 사람'은 누구인가?

하나님께 지금 그런 사람을 정할 수 있게 해 달라고 기도하지 않겠는가?

4

복음의 증식은 평범한 성도들을 통해 이루어진다

제자 양육은… 성가신 일이다. 그것은 더디고 지루할 뿐 아니라 때로는 고통스럽기까지 하다. 그 이유는 그것이 관계적인 사역이기 때문이다. 예수님은 자신의 영광을 위해 모든 민족에게 영향을 미치라고 명령하면서 단계적으로 이루어지는 손쉬운 공식을 제공하지 않으셨다. 그분은 우리에게 사람들을 주시면서 "그들을 위해 살라. 그들을 사랑하고, 섬기고, 인도하라. 그들을 인도해 나를 따르게 하고, 그들이 또다시 다른 사람들을 인도해 나를 따르게 하라. 이 과정을 통해 복음을 온 세상 끝까지 확대하라"고 말씀하셨다.

―데이비드 플랫(David Platt), 『래디컬』 중에서

흔히들 사람들이 옷을 입지 않은 채 어딘가에 모습을 드러내는 꿈이 잦다면 그것은 개인적인 부족함을 느끼는 데서 비롯하는 무의식적인 불안감이 반영된 것이라고 말한다. 나는 주일에 말씀을 전할 때마다 그런 느낌이 들곤 한다. 롤리-더럼은 미국에서 박사

학위 소지자가 가장 많이 살고 있는 도시이기 때문이다. 나의 청중 가운데는 나보다 훨씬 더 똑똑한 사람들이 많다.

예를 들어 내가 최근에 만난 어느 젊은 여성은 듀크병원의 심장내과에서 일하는 간호사였다. 그녀는 인디애나 출신으로 그곳에서 대학을 다녔고, 과에서 수석으로 졸업했다. 중학교 때는 지역 철자 맞추기 대회에서 우승했고, 전국 철자 맞추기 대회에서는 준우승을 차지했다.

그런 말을 전해 들으면서 나는 모든 사람이 할 법한 생각을 했다. '무슨 단어를 맞췄기에 우승을 차지했을까?'

그것은 '체코슬로바키아'(Czechoslovakia)였다.

그러면 '무슨 단어를 틀렸기에 아깝게 준우승을 차지한 것일까?'

그것은 '감자'(Potato)였다.

그녀는 이 단어의 마지막에 'e'를 붙였다. 여기에서 'e'는 이 단어를 복수로 만들 때만 붙이는 것이다(나는 그녀에게 속상해하지 말라고 말했다. 그녀는 나이가 어려서 기억하지 못하겠지만, 부통령을 지낸 댄 퀘일[Dan Quayle]도 그와 똑같은 실수를 저질렀다).

나는 하나님께서 누군가가 선교사가 되기를 원하신다면 '치리오스' 시리얼을 이용해 지명을 알려 주실 것이라고 생각하며 자랐다. 이를테면 나는 심장에 좋은 아침 식사를 할 때 내 그릇에 담긴 시리얼이 신비롭게도 '뭄바이'(Mumbai)라는 지명을 나타낼 것이라고 믿었다. 그렇게 주님이 상세한 명칭을 가르쳐 주시면 알파벳으로 이루어진 수프 한 사발을 데워 먹게 될 것이라고 생각했다. 그러나 그런 생각으로 수년 동안 내 시리얼을 바라보았지만, 뭄바이나 파리(Paris)나 과테말라(Guatemala)나 체코슬로바키아라는 철자는 한 번도 나타나지 않았다. 내가 본 것은 모두 'O'자뿐이었다('치리오스' 시리얼은 'O'자 모양이다).

그러나 나는 결국 선교의 소명을 발견했다. 그것은 전율을 느끼게 하는 신비로운 발견이 아니었다. 사실 지상 명령을 수행하라는 소명은 모든 그리스도인에게 주어진 소명으로, 예수님을 따르라는 부르심 안에 이미 포함되어 있다. 예수님은 "나를 따라오라. 내가 너희로 사람을 낚는 어부가 되게 하리라"(막 1:17)고 말씀하셨다. 우리가 예수님을 따르면 그분은 우리를 "사람을 낚는 어부"로 사용하기 원하신다.

> 모든 그리스도인은 다른 사람들을 위해 자신의 삶을 투자해야 할 책임이 있다.

모든 그리스도인은 다른 사람들을 위해 자신의 삶을 투자해야 할 책임이 있다. 예수님은 우리의 삶이 그분을 반영하는 거울이 되기 원하신다. 그런 반영을 통해 사람들이 복음의 미끼를 물면, 예수님은 그들을 자신에게로 감아올리신다.

친구들이여, 여기 세상을 뒤흔드는 진리가 있다.

그리스도인은 누구나 복음을 전하라는 부르심을 받는다.

그렇다. 우리 모두는 부르심을 받았다.

주위를 돌아보지 말라. 부르심을 받은 당사자는 바로 당신이다. 소명을 확신하기 위해 '치리오스' 시리얼이 담긴 그릇을 쳐다볼 필요가 없다. 작고 세미한 음성이 들려오기를 기다릴 필요도 없다. 다음과 같은 명백한 말씀이 있는데 왜 작고 세미한 음성이 필요한가?

갈릴리 해변에 다니시다가 두 형제 곧 베드로라 하는 시몬과 그의 형제 안드레가 바다에 그물 던지는 것을 보시니 그들은 어부라. 말씀하시되 나를 따라오라. 내가 너희를 사람을 낚는 어부가 되게 하리라 하시니 그들이 곧 그물을 버려 두고 예수를 따르니라(마 4:18-20).

예수님은 공적 사역을 시작한 지 얼마 되지 않았지만 이미 승계 계획을 세우고 계셨다. 세계 복음화를 위한 예수님의 계획은 **'증식'**이라는 단어로 간단히 요약할 수 있다.

예수님이 하신 일보다 더 위대하다?

예수님은 사역 초기부터 자신보다 더 위대한 세력을 세상에 남겨 둘 계획을 세우셨다. 이렇게 말하면 말도 안 되는 소리라고 할 사람이 많을 것이다.

물론 예수님보다 더 위대한 사람은 아무도 없다. 그렇지 않은가?(지당한 말이다. 괜히 그렇지 않은데 마치 그런 것처럼 던지는 질문이 아니다) 그러나 예수님은 요한복음 14장 12절에서 그런 계획을 분명하게 밝히셨다. "내가 진실로 진실로 너희에게 이르노니 나를 믿는 자는 내가 하는 일을 그도 할 것이요 또한 그보다 큰일도 하리니 이는 내가 아버지께로 감이라."

예수님이 하신 일보다 더 위대하다고?

내가 아닌 예수님이 그렇게 말씀하셨다니 참으로 기쁘다. 만일 우리가 그런 말을 했다면 당장 이단으로 몰릴 것이 틀림없다. 우리 가운데 예수님보다 더 큰 능력으로 병자를 고치거나 더 큰 열정으로 기도를 드릴 수 있는 사람이 누가 있겠는가?

그러나 예수님이 그렇게 말씀하셨다면 우리는 그 말씀을 진지하게 받아들여야 한다. 신학자들은 최소한 두 가지 점에서 우리의 일을 예수님의 일보다 더 위대한 것으로 간주할 수 있다고 말한다.

죽음에서 생명으로 이끄는 일

예수님이 세상에서 행하신 기적은 죄인들을 죄에서 구원할 수 있는 그분의 능력을 보여 준다. 그러나 모든 기적 중에서 가장 위대한 기적은 죽음에서 생명으로 나아가게 만드는 회심이다. 회심은 사람들이 우리가 전하는 복음을 믿을 때마다 일어난다.

예수님은 5천 명을 먹이는 기적을 통해 자신이 온전한 만족을 가져다주는 생명의 떡이라는 사실을 보여 주셨다. 또한 물 위를 걸는 기적을 통해 자신이 신자의 삶 속에서 일어나는 모든 일을 다스리는 주권자라는 사실을 보여 주셨다.

그러나 내가 주일에 복음을 전할 때마다 사람들이 영원한 정죄에서 풀려나 하나님과 하나가 되고 영생을 보장받는 역사가 일어난다.

닉 립켄(Nik Ripken)은 최근에 사도행전에 나오는 기적에 버금가는 기적적인 현상을 직접 목격했다는 러시아 신자들의 증언을 소개했다. 눈먼 사람들이 다시 보게 되었고, 사지가 마비된 사람들이 다시 걷게 되었다고 한다. 진정 놀라운 일이 아닐 수 없다. 그러나 이 신자들은 회심을 가리켜 말할 때만 기적이라는 용어를 사용한다. 왜일까? 그 이유는 아무리 놀라운 기적도 하나님께서 누군가를 구원할 때 행하시는 일에 비하면 그 빛이 바래기 때문이다.

죄인들이 우리가 전하는 복음을 믿을 때마다 우리는 예수님이 하신 일보다 더 위대한 일을 하는 셈이다. 예수님은 자신이 행하신 기적들을 표징으로 일컬으셨다. 우리는 그런 표징들이 가리키는 실재를 증언한다.

여러 장소에서 사람을 낚는 일

우리의 일이 예수님이 하신 일보다 '더 위대한' 두 번째 이유는 사역의 범위 때문이다. 예수님께서 세상에 계시는 동안, 성령께서는 한 장소와 한 사람에게만 머물러 계셨다. 예수님은 많은 일을 하셨다. 우리 가운데 그분보다 더 많은 일을 한 사람은 아무도 없다. 그러나 예수님은 한 번에 두 장소에 동시에 계실 수 없었다. 그러나 성령께서는 그렇게 하실 수 있다.

하나님은 성령을 통해 모든 신자 안에 거하신다. 예수님은 자신이 세상에 머물면서 제자들을 이끌고 사람을 낚는 일을 한다 해도 성령께서 큰 집단에 한 번에 영향을 미쳐 수백만 명의 신자를 증식하는 일에는 미치지 못할 것이라고 말씀하셨다.

물론 예수님은 이곳저곳을 다니며 일하실 필요가 없었다. 한 장소를 선택해 그곳에 큰 무리를 모아 놓고, 영원히 말씀을 전하며 기적을 행하실 수 있었다.

그분은 영구적인 시설을 마련하기 위한 기금을 모으실 필요도 없었다. 원하시기만 하면 언제라도 큰 무리를 불러 모을 능력을 지니고 계셨다. 연기를 피워 올리고, 조명을 비추고, 드럼을 치고, 눈길을 끌 행사를 마련할 필요가 전혀 없었다.

또한 예수님은 웅변력이 좋은 사람들에게 유창한 언변으로 사람들을 불러 모으는 임무를 맡기실 수 있었다. 그러나 그분의 전략은 그런 것이 아니었다.

예수님은 대부분 육체노동에 종사했던 평범한 사람들에게 성령의 능력을 허락하시고, 그들을 통해 그리스도를 믿게 된 사람들도 그들과 똑같이 성령의 능력을 덧입게 될 것이라고 약속하셨다.

사실 예수님께서 십자가에 처형될 무렵, 군중은 그분을 저버렸다. 그러나 예수님은 그들을 붙들고 계속 자기를 믿으라고 간청하시지 않았다. 처음에 부른 열두 제자에게만 모든 관심을 집중하셨다(마 4장 참조).

예수님은 3년의 공생애 기간을 열두 제자에게 쏟아부어 그들에게 하나님과 그분의 나라에 관해 가르치셨다. 그분은 자신이 하늘로 돌아간 이후를 위해 그들을 훈련하셨고, 그들에게 제자를 양육하는 방법을 몸소 보여 주셨다. 바울이 훗날 디모데에게 말한 대로 예수님은 충실한 제자들을 가르치셨고, 그들 역시 그와 똑같은 일을 하게 될 예정이었다.

또 네가 많은 증인 앞에서 내게 들은 바를 충성된 사람들에게 부탁하라. 그들이 또 다른 사람들을 가르칠 수 있으리라(딤후 2:2).

이 한 구절에 4대의 사람들(바울, 디모데, 충성된 사람들, 다른 사람들)이 포함된 것을 알 수 있다.

여기에는 바울에게 관심을 기울였던 아나니아와, 그를 지도했을 것으로 추정되는 베드로와, 베드로에게 관심을 기울였던 사람(누구인지 생각해 보라)이 포함된다. 궁극적으로 우리 모두의 영적 계보를 한 사람씩 끝까지 추적해 올라가면 예수님에게 도달한다. 이것이 영적 증식의 원리이자 예수님께서 복음의 확산을 위해 우리에게 가르쳐 주신 방법이다.

소명의 여부보다 '어디에서, 어떻게'가 중요하다

복음의 증식은 롤러코스터와 같지 않다. 롤러코스터를 타려면 겁이 날 정도로 긴 줄에 서기 전에 모든 사람이 키를 재야 한다.

나의 막내아들은 마침내 장애 요인 대부분을 극복할 만큼 키가 컸다. 하지만 롤러코스터 기사는 그를 작은 발판 위에 올려놓고, 누나들과 함께 롤러코스터를 타려면 1센티미터 더 자라야 한다고 말했다. 녀석에게는 그야말로 최악의 순간이 아닐 수 없었다.

그러나 복음의 증식을 위한 전략은 롤러코스터와 다르다. 복음의 증식은 대학을 졸업한 엘리트 그리스도인이나 '전도의 은사'를 받은 특별한 그리스도인들(예컨대 슈퍼마켓에서 한마디의 기도로 계산원을 울게 만드는 능력을 지닌 사람들)만을 위한 것이 아니다.

복음의 증식은 하나님의 모든 자녀를 위한 것이다.

내가 다녔던 교회에서 '선교사'는 영적 엘리트(기독교 세계의 해병대)를 가리키는 신성하면서도 두려운 칭호였다. 우리는 선교사들을 영웅으로 생각했고, 그들에 관한 슬라이드 영상을 보고 경이로워하며 그들의 사역을 위해 헌금했다. 그러나 사실은 모든 그리스도인이 선교사다. 복음을 듣지 못한 다른 문화권에 가서 사역하는 사람들을 폄훼할 생각은 조금도 없다. 그것은 매우 중요하고 특별한 임무다. 그런 특별한 임무를 수행하는 사람들만 공식적으로 "선교사"로 일컫는다 해도 나는 아무런 이의가 없다.

모든 그리스도인이 뭄바이에 가라는 부르심을 받은 것은 아니다. 그러나 모든 그리스도인에게 자신이 살고 있는 곳에서 하나님의 나라를 위해 삶과 재능을 투자하는 의무가 주어졌다. 선교에 참여하라는 하나님의 부르심은 구원을 받고 나서 수년이 지난 후에 따로 주어지는 소명이 아니다. 뛰어난 그리스도인들을 위한 특수 임무도 아니다. 그것은 구원의 부르심에 이미 포함된 것이다.

예수님께서 베드로와 안드레에게 주셨던 소명("나를 따르라. 내가 너희를 사람을 낚는 어부가 되게 하리라.")은 기도할 때 특별한 감동을 느끼거나 '치리오스' 시리얼 문자를 본 사람들만이 아닌 모두를 위한 것이다.

중요한 것은 우리가 지상 명령을 수행하라는 부르심을 받았느냐, 받지 않았느냐가 아니다.

진정한 문제는 '어디에서, 어떻게'이다.

사도행전에서 알 수 있는 대로 이런 신념이 복음을 대초원에 일어난 들불처럼 번지게 만들었다. 누가는 사도행전 곳곳에서 복음이 평범한 그리스도인들의 입을 통해 사도들과 전임 사역자들이 할 수 있는 것보다 더 빠르게 온 세상에 퍼져 나갔다고 증언했다. 예를 들어 그는 복음이 처음에 예루살렘 밖으로 퍼져 나갔을 때 사도들 중 누구의 개입도 없었다고 말했다.

- 최초의 국제 선교 여행이 빌립이라는 평신도를 통해 이루어졌다

(행 8장). 성령께서 그를 사막으로 가라고 지시하셨다. 그는 그곳에서 에티오피아의 정부 관리를 만났고, 그를 그리스도께로 인도했다.

- 사도행전 후반부에 기록된 선교 활동의 중심지 역할을 했던 안디옥교회는 사도들이 아닌 "몇몇 형제들"에 의해 설립되었다. 누가는 그들의 이름을 굳이 밝히려고 하지 않았다. 아마도 이름을 밝혀봤자 그들이 누구인지 아는 사람이 아무도 없었기 때문일 것이다.
- 처음에 평신도였던 아볼로가 에베소에 복음을 전했고, 이름이 알려지지 않은 사람들이 로마에 교회를 세웠다. 그들은 공식적인 선교 여행을 통해 로마에 가지 않았다. 일과 생활 때문에 그곳으로 이주한 사람들이었다. 그들은 그곳에 정착해 살면서 제자들을 양육했고, 교회를 개척했다.

교회사학자 스티븐 닐(Stephen Neill)은 이렇게 말했다.

가장 주목할 만한 사실은 초기 선교사들의 익명성이다. … 누가는 기초를 놓은 개척자들 가운데 단 한 사람의 이름도 밝히지 않았다. 위대한 교회 가운데 사도들이 설립한 교회는 거의 없다. 베드로와 바울이 로마의 교회를 조직화했을 가능성은 있을지 몰라도 그들이 최초 설립자가 아닌 것은 분명하다.[1)]

사도행전은 물론 교회사 전반에 걸쳐 '평범한' 신자들이 복음 운동에 앞장섰던 것으로 나타난다. 초기 교회개척 운동을 깊이 생각하면 할수록 놀라움이 한층 더 커진다. 1세기에 설립된 세 곳(안디옥, 로마, 알렉산드리아)의 위대한 교회들 가운데 사도들에 의해 설립된 교회는 단 한 곳도 없다.

그런 교회들의 설립에 사도들의 개입이 없었다는 사실은 약간 유머러스한 측면이 있다.

바울 사도를 생각해 보자. 사도행전 후반부는 모두 그에 대한 기록이다. 그의 소원은 로마에 복음을 전하는 것이었다. 그는 매를 맞고, 감옥에 갇히고, 일곱 번이나 난파되었을 뿐 아니라 심지어 독사에게 물리는 고초까지 겪었다.

그가 두들겨 맞은 지친 몸을 이끌고 간신히 로마에 도착했을 때 누가 그를 맞이했는가?(행 28장) 다름 아닌 형제들이었다. 바울은 "거기서 형제들을 만나 그들의 청함을 받아 이레를 함께 머무니라. 그래서 우리는 이와 같이 로마로 가니라"(행 28:14)라고 말했다.

바울이 여러 달 동안 혹독한 바다 여행을 마치고 지금의 이탈리아에 도착했다고 가정해 보자. 눈을 들어 보니 한 무리의 사람들이 그의 이름이 적힌 푯말과 풍선을 손에 들고 부둣가에 서 있었다. 그들은 "바울! 여기예요, 여기! 당신이 온다는 소식을 들었어요. 무사히 도착해서 기쁩니다. 이번 주에 우리와 함께 가정 교회에 머물지 않겠습니까? 우리를 위해 설교해 주세요. 우리 로마인들을 위해 책도 한 권 써 주시고요."라고 말했다. 아마도 로마까지의 경주에서 진 것을 바울보다 더 행복하게 여길 수 있는 사람은 아무도 없을 것이다.

복음의 증식은 매번 승리를 거둔다. '사도와 같이 모든 사람이 와서 말씀을 듣고 싶어 하는 뛰어난 인물 한 사람'에게 모든 기대를 거는 것보다 이것이 훨씬 더 나은 전략이다.

세상을 변화시킬 세 가지 신념

복음 운동 확산은 생각보다 복잡한 일이 아니다. 사실 그것은 교회 지도자들과 크게 관계가 없다. 지금까지 항상 평범한 신자들이 복음의 창날 역할을 해 왔다. 복음이 우리 주위의 잃어버린 세상에 깊이 침투하기를 진정으로 바란다면 평범한 신자들이 그런 역할을 계속 수행할 수 있어야 한다.

스데반의 순교는 사도행전에서 매우 중요한 시점에 발생했다. 예수님은 유대와 사마리아와 땅끝까지 복음을 전하라고 명령하셨지만, 복음 운동은 예루살렘 안에만 정체되어 있었다.

물론 가슴을 설레게 하는 놀라운 순간들도 있었다. 온갖 기적이 일어났고, 많은 사람이 세례를 받았으며, 헌금을 드리다가 목숨을 잃은 일까지 있었다. 이보다 더 놀라운 일이 어디에 있겠는가? 그러나 교회는 여전히 예루살렘을 벗어나지 못한 상태였다.

그런데 스데반의 이야기와 더불어 상황이 크게 달라졌다. 스데반은 사도가 아니었다. 나는 사도행전의 저자인 누가가 평범한 신자들이 어떤 모습을 지녀야 하는지, 또 그들이 행동할 때 세상에 어떤 일이 일어나는지 보여 주는 본보기로 스데반의 이야기를 기록했다고 믿는다. 스데반의 이야기는 그의 삶을 형성했던 세 가지 신념(모든 신자의 영혼에 깊이 간직되어야 할 신념)을 분명하게 보여 준다.

첫 번째 신념 "하나님은 나를 사용하기 원하신다."

스데반은 사도들이 말씀과 기도에 전념할 수 있도록 과부들을 구제하는 일을 맡아서 해 줄 집사 중 한 사람으로 선출되었다. 여기에서 주목해야 할 중요한 사실은 그의 임무가 거창하고 화려한 일이 아니었다는 것이다. 그는 말씀 사역자로 선택되거나 교회 운영 위원회 책임자로 임명되지 않았다. 책을 쓰지도 않았고, 여러 곳을 다니며 말씀을 전하지도 않았으며, 초대교회에서 신학적인 지도자로 간주되지도 않았다.

그는 음식을 나누어 주는 일을 했다. 지금으로 말하면 초대교회의 도시락 배달 봉사자였던 셈이다.

그러나 누가는 스데반이 열정적으로, 충실하게 주님을 섬겼을 뿐 아니라 당시의 유대 지도자들을 비롯해 많은 사람의 관심을 사로잡을 만큼 성령 충만한 증언을 전했다고 기록했다. 스데반이 말씀으로 유대 지도자들을 압도하자 소요가 일어났고, 그로 인해 교회가 예루살렘을 벗어나 널리 퍼지는 결과가 나타났다. 결국 스데반은 우리가 생각하는 것보다 훨씬 더 중요한 인물이었던 것으로 드러났다.

누가는 성경학자들이 사도행전의 중요한 전환점으로 일컫는 내용을 기록했다. 안타깝게도 이 내용을 대충 읽고 지나가는 사람들이 많다.

> 그날에 예루살렘에 있는 교회에 큰 박해가 있어 사도 외에는 다 유대와 사마리아 모든 땅으로 흩어지니라. … 그 흩어진 사람들이 두루 다니며 복음의 말씀을 전할새(행 8:1, 4).

누가는 복음이 최초로 예루살렘을 벗어나 유대와 사마리아와 땅끝까지 전파되었다고 강조했다.

이 과정에 사도들은 아무도 개입하지 않았다. 한 '평신도'의 섬김과 증언이 소요를 일으켰고, 그것이 계기가 되어 신자들이 예루살렘 밖으로 나가서 복음을 전파했지만, 그 가운데 사도는 한 사람도 없었다. 이런 형태가 사도행전의 나머지 부분은 물론, 기독교 역사 전반에 걸쳐 지속되어 왔다. 복음은 사도들의 선교사역보다 평범한 신자들의 입을 통해 온 세상에 더 빠르게 확산되었다.

> **복음은 사도들의 선교사역보다 평범한 신자들의 입을 통해 온 세상에 더 빠르게 확산되었다.**

평범한 신자들은 과거는 물론, 앞으로도 계속해서 복음의 창날과 같은 역할을 담당할 것이다. 교인들이 자신의 재능을 하나님께서 복음 확장을 위해 허락하신 도구로 생각하기 시작한다면 과연 어떤 일이 벌어질까?

잠언 22장 29절은 "네가 자기의 일에 능숙한 사람을 보았느냐? 이러한 사람은 왕 앞에 설 것이요."라고 말씀한다. 우리 중에는 문을 활짝 열어젖히고 왕 앞에 나설 수 있는, 탁월한 재능을 지닌 사람이 많다. 많은 신자들이 건축, 교육, 법률, 의료를 비롯해 다양한 분야에서 각자의 재능을 발휘하고 있다. 그들의 손에 하나님은 민족들을 복음화시킬 열쇠를 쥐여 주셨다.

우리가 직업 활동을 하는 곳에서 하나님의 선교를 위한 도구로 사용될 수 있다는 것을 **가장 중요한 일**로 생각한다면 어떻게 될까? 우리는 교인들에게 예수님을 따르는 것은 '주어진 재능을 하나님의 영광을 위해 사용하고, 그분의 선교를 위한 전략적인 도구로 활용하는 것'을 의미한다고 가르친다. 물론 우리가 직업 활동을 하는 이유는 여러 가지다. 돈도 벌어야 하고, 많은 식구가 먹고살아야 한다. 우리는 살기 원한다. 모두 다 정당한 이유다. 그러나 **하나님의 나라를 가장 먼저 구하는 것이 옳지 않겠는가?**

존 파이퍼(John Piper)는 아브라함의 조카 롯이 자신의 진로를 결정할 때 가장 중요하게 고려했던 요인이 재물을 많이 늘리는 것이었다고 지적했다. 그래서 그는 소돔 평야를 선택했다. 그 결과는 롯에게 매우 좋지 않게 나타났다. 예수님의 제자들은 어떤 직업을 추구하든 재물이 아닌 선교를 우선적인 동기로 삼아야 한다.

우리는 우리 교회에 다니는 학생들에게 "모두가 어디에서든 직업 활동을 해야 한다. 하나님의 전략적인 사역에 동참할 수 있는 장소에서 직업을 갖는 것이 좋지 않겠는가?"라고 조언한다.

세계의 빈곤 지역을 표시한 지도 위에 세계의 복음화된 지역을 표시한 지도를 겹쳐 놓으면 경제 발전을 가장 필요로 하는 지역이 곧 복음화가 가장 덜 된 지역이라는 사실을 한눈에 알 수 있다. 복음화가 이루어지지 않은 지역 대부분은 기독교 선교사를 적대시하지만, 사업가는 쌍수를 들고 환영한다.

선교학자들은 종종 "10/40 창"이라는 표현을 사용한다. 이 표현은 북위 10도에서 40도 사이에 있는 지역에 복음을 받아들이지 않은 사람 대부분이 살고 있다는 의미다. 그러나 사업가들에게는 "10/40 창"이 창문이 아니다. 그들에게는 활짝 열린 문이다.

하나님은 우리에게 지금 당장 살고 있는 곳을 떠나라고 요구하지 않으신다. 그러나 우리가 신자라면 그분은 우리를 어딘가로 오라고, 곧 그분이 그분의 이름을 알리기 원하시는 곳으로 따라오라고 부르신다. 기업금융 전문가나 전임 사역자나 가정주부나 해외 선교사를 막론하고 하나님은 우리 모두에게 선교의 일을 맡기셨다. 롤리-더럼에서부터 바레인에 이르기까지 신자라면 누구나 이 점을 생각해야 할 책임이 있다.

앞에서 선교사들과 교회 개척자들이 부족한 현실을 어떻게 대처해야 하는지 잠시 이야기했다. 최근에 약 4만 명의 선교사들이 세계 곳곳에서 활동하고 있다는 것을 알게 되었다. 그런 선교사들을 허락하신 하나님이 참으로 감사하다. 그러나 그리스도를 알지 못하는 수십억의 사람들에 비하면 그들의 숫자는 너무나 적다.

그러나 또 다른 통계 자료가 있다. 지금 미국 밖에서 직업 활동을 하고 있는 미국인이 2백만 명이나 된다. 그들 가운데 엄청나게 많은 수의 사람들(최소한 절반)이 그리스도인이다. 다른 문화권에 복음을 전할 수 있는 사람들이 미국의 그리스도인뿐일까? 그렇지 않다. 여러 나라에서 많은 선교사들이 파송되고 있다. 하나님께서 우리에게 맡기신 선교 사역에 우리 자신을 헌신한다면 어떤 일이 일어날지 생각해 보자.

해외에 있는 미국인 그리스도인이 백만 명이나 된다. 아마 다른 사람들도 나와 똑같은 생각이라면 이런 말을 들으면 곧바로 '그렇군. 그런데 과연 그들이 믿음에 얼마나 진지할까?'라고 생각할 것이 틀림없다.

우리의 냉소적인 생각을 잠시 마음껏 펼쳐 보자.

해외에 있는 미국인 그리스도인 백만 명 가운데 80퍼센트가 가짜라고 생각해 보자(너무 지나친 것 같지만 일단 그렇게 시작해 보자).

그렇다 하더라도 여전히 20만 명의 복음적인 그리스도인이 세계 곳곳에 흩어져 있는 셈이 된다. 그들은 미국 회사로부터 경제적인 지원을 받고 있기 때문에 돈은 문제가 되지 않는다. 그들의 숫자에 비하면 우리가 파송한 선교사들의 숫자는 너무나 적다.

만일 그들이 하나님께서 주신 기회를 이용해 복음을 전한다면 어떻게 될까? 그렇게 된다면 선교 비용을 더 지출하지 않고도 선교사의 숫자를 다섯 배나 더 늘릴 수 있다.

현재 교회가 가장 빠르게 성장하고 있는 남반구와 동아시아는 계산에 넣지 않았다. 그곳에 있는 미국인 그리스도인들을 가동한다면 과연 어떤 일이 일어날까?

나는 아버지와 함께 어떤 일이 일어나는지를 직접 목격했다.

아버지는 약 40년 동안 일했던 섬유 회사를 은퇴한 후에 전보다 더 많은 봉급을 받기로 하고 회사에 재취업하셨다. 아버지의 임무는 "10/40 창"에 속한 지역에 있는 새 공장의 운영을 감독하는 일이었다. 아버지는 그곳에서 이따금 영어를 가르치시고, 물병을 나눠 주기도 하시면서 우리의 어떤 선교팀도 가까이 다가가지 못할 아시아 사업가들과 어울리셨다.

그들 가운데 두 사람이 그리스도를 영접하는 데 중요한 역할을 하셨고, 그곳에 새 교회를 설립하는 일을 도우셨다. 교회를 세우는 데 단 한 푼의 비용도 들지 않았다. 오히려 돈을 지원받은 쪽은 우리였다. 왜냐하면 아버지는 그곳에 계시는 동안 우리에게 십일조를 계속 보내셨기 때문이다.

한 가지 혁신적인 제안을 하고 싶다.

대학생과 은퇴자들이 2년만 투자한다면 우리는 세상을 변화시킬 수 있다. 그 이유를 설명하면 다음과 같다.

지금은 헌금함에서 베이컨이나 달걀이나 치즈 비스킷이 발견되지 않는다. 그러나 몇 년 전 대학생들이 교회에 출석하기 시작했을 때만 해도 종종 그런 일이 있었다.

2003년 어느 주일, 다섯 명의 대학생이 교회를 방문했다. 그들은 교회 앞에 자동차를 주차하고 우르르 쏟아져 나왔다. 그들은 예배를 좋아했다.

대학생들은 떼를 지어 몰려다니는 습성이 있기 때문인지 다음 주에는 친구들을 250명이나 데려왔다. 그들 모두가 그 한 대의 자동차를 이용했던 것으로 기억한다.

한 달도 채 못 되어 출석자 숫자가 두 배로 증가했다. 그리고 같은 기간에 주일 평균 헌금액이 13.48달러가 늘어났다. 대학생들은 교회에 활력과 낙관주의와 복음적인 열정과 같은, 많은 것을 보태 주었다. 그러나 그 안에 돈은 없었다.

비스킷 이야기로 돌아가 보자.

1부 예배가 끝난 뒤 예배 안내자가 나를 찾아왔다. 그의 손에는 '보쟁글스'(Bojangles, 미국의 치킨 전문점-역주)의 베이컨과 달걀과 치즈 비스킷이 들려져 있었다. 대학생 중 한 사람이 "은과 금은 내게 없거니와 내게 있는 이것을 네게 주노니"라는 성경구절을 적은 쪽지와 함께 그것을 헌금함에 넣었던 것이다.

교회의 지도자들이 상황을 신속하게 파악했다. 우리는 그처럼 많은 대학생이 몰려오면 재정은 늘어나지 않더라도 잠재적인 선교사가 충분히 넘쳐날 거라 생각했다. 또한 우리는 대학생들이 인력을 운용하는 우리의 전략에 매우 중요한 역할을 담당할 것이라는 사실을 직감했다.

몇 년 전부터 나는 대학교 졸업반 학생들에게 직업을 결정할 때 사역을 가장 중요한 요인으로 고려해야 한다고 강조했다. 즉 대학을 졸업한 후 처음 2년은 우리가 교회를 개척할 지역에서 직업 활동을 하라고 요구했다.

"우리에게 2년의 시간을 주면 세상을 변화시킬 것이다."

수백 명의 학생이 그 부름에 응했다. 최근까지도 대학 졸업생들이 우리 교회가 국내 교회개척 사역에 투입한 인력의 3분의 1을 차지하고 있다.

우리는 이 원칙을 교단 차원으로 확대해 남침례회의 '고투 이니셔티브'(Go2 Initiative) 사업으로 확대했다. 이제 남침례회 소속 교회를 다니는 모든 대학 졸업생들은 하나님의 선교를 위해 졸업 후 처음 2년을 바치라는 요구를 받고 있다.

지금 대학에 다니고 있는가? 최근에 대학을 졸업했는가? 만일 그렇다면 이 부름에 응하라고 요구하고 싶다.

우리 교회의 교인이 아닌 사람은 낯선 곳에 가서 서미트교회의 교회 개척 사역에 참여하기가 어려울 것이다. 그러나 누구나 어떤

가에서 살며 일하고 있을 것이 틀림없다. 따라서 나는 서미트교회에 다니는 학생들에게 요구하는 것처럼 모든 사람에게 **"하나님의 전략적 사역에 참여할 수 있는 장소에서 살며, 일하라"**고 요구하고 싶다.

은퇴자들도 하나님께서 직업 활동의 짐을 덜어 주신 기간에 세계 곳곳에서 이루어지는 그분의 사역을 위해 2년의 시간을 바칠 수 있을 것이다.

혹시 "은퇴한 뒤 해변에서 놀고, 골프를 즐기기 위해 일평생 저축해 왔소."라고 말할지 모르겠다.

정말 그렇게 생각하는가? 왕이신 예수님을 만나기 전까지 앞으로 남은 20년을, 삶의 부담이 가장 적은 인생의 기간을 고작 바캉스나 즐기며 살겠다는 것인가?

그렇다면 예수님의 말씀에 귀를 기울일 필요가 있다. 그분은 이렇게 말씀하셨다.

> 때가 아직 낮이매 나를 보내신 이의 일을 우리가 하여야 하리라. 밤이 오리니 그때는 아무도 일할 수 없느니라(요 9:4).

해변에서 노는 사람들도 예수님이 필요하다. 하나님도 그러하시지만, 잃어버린 사람들도 어디에나 있다. 그런데 어떻게 남은 인생을 바캉스나 즐기며 허비할 수 있겠는가!

두 번째 신념 "성령께서 나를 충만하게 하신다."

스데반의 이야기에서 내가 항상 감명 깊게 생각하는 것은 당시의 종교 지도자들이 돌을 던져 죽이려고 하는데도 눈 하나 깜박이지 않고 정면으로 그들을 바라보았던 그의 담대한 자신감이다.

스데반이 그런 자신감을 가졌던 이유는 자기 안에서 성령의 충만함을 의식했기 때문이다. 사도행전 6-7장에서 스데반에 관해 "성령이 충만하여"라는 표현이 거듭 사용된 것을 알 수 있다.

그렇다면 평범한 신자들이 어떻게 그토록 놀라운 자신감을 가질 수 있는 것일까? 이 자신감은 일반적인 담력과 다르다. 이 자신감은 성경 지식에서 비롯된 것도 아니고, 소셜미디어의 팔로우가 많은 데서 비롯하는 것도 아니다. 이 자신감은 내 안에 성령의 능력이 존재한다는 것을 의식할 때 생겨난다.

물론 기독교인은 누구나 성령의 능력을 지니고 있다. 그것은 예수님 안에서 우리에게 주어진 생득권이다. 그러나 그 능력을 아는 것, 곧 그것을 깊이 의식하는 데서 차이가 발생한다.

예수님께서 약간 과장된 말씀을 하셨다는 생각이 들지 모르지만, 그분은 신자들의 삶 속에서 역사하는 성령의 능력과 잠재력에 대해 놀라운 약속을 하셨다. 예를 들어 마태복음 11장 11절에서 제자들에게 "내가 진실로 너희에게 말하노니 여자가 낳은 자 중에 세례 요한보다 큰 이가 일어남이 없도다. 그러나 천국에서는 극히 작은 자라도 그보다 크니라."라고 약속하셨다. "극히 작은 자"란 성경에 대한 지식도 적고, 재능도 별로 없고, 언변도 뛰어나지 않고, 영적 은사도 많지 않은 사람을 가리킨다. 한마디로 지극히 평범한 사람을 가리킨다.

어쩌면 이 책을 읽고 있는 누군가일 수 있다. 사람들을 깎아내릴 의도는 전혀 없다. 단지 정확하게 그 의미를 밝힌다면 '누군가'란 신분이 가장 낮은 사람을 가리키는 것이 틀림없다.

> **하나님은 우주 안에 있는 모든 재능을 가진 사람보다 기꺼이 자신을 드리는 질그릇 같은 사람을 통해 더 많은 일을 이루실 수 있다.**

이렇게 말하면 "아마도 그 사람이 나일 거예요."라고 생각하며 스스로를 한탄할지도 모르겠다.

그러지 말라. 마태복음에 기록된 예수님의 말씀에 따르면 신분이 가장 낮은 사람도 세례 요한보다 더 큰 일을 할 수 있는 잠재력을 지니고 있다. 왜냐하면 (1) 세례 요한이 온전히 알지 못했던 부활의 진리를 알고 있고, (2) 요한과 달리 성령께서 그 안에 영원히 거하시기 때문이다(요한은 구약 시대에 속한 인물이었기 때문에 성령의 영구적인 내주라는 은혜를 누리지 못했다. 그 은혜는 오직 신약 시대의 신자들만이 누릴 수 있다).

따라서 중요한 것은 개인적인 사역 능력이 아니라 성령의 도구로 사용될 수 있는 유용성이다. 하나님은 우주 안에 있는 모든 재능을 가진 사람보다 기꺼이 자신을 드리는 질그릇 같은 사람을 통해 더 많은 일을 이루실 수 있다. 이 사실을 믿는가?

사도행전에서 또 하나의 사례를 발견할 수 있다. 이것은 스데반의 이야기가 끝난 직후에 일어난 이야기다. 빌립은 사도가 아닌, 또 다른 보통 사람이었다. 그는 성령의 지시에 따라 먼 곳으로 나아갔다. 하나님께서 왜 자기를 이곳까지 보내신 것인지 궁금해하며 먼지가 풀풀 이는 도로 위를 걷고 있었다. 그러던 중 갑자기 에티오피아 내시가 탄 수레가 나타났다. 내시는 이사야서를 읽고 있었지만, 그 의미를 도무지 이해할 수 없었다. 빌립이 수레에 함께 올라타 뜻을 설명해 줌으로써 그를 그리스도께로 인도했다. 3세기 교회사 학자인 유세비우스(Eusebius)는 내시가 자기가 떠나온 사하라 사막 이남의 아프리카로 돌아가서 그곳에 오늘날까지 존재하는 교회를 세웠다고 기록했다.

이 이야기를 잠시 생각해 보자.

성령께서는 평범한 한 사람의 복종을 통해 모든 사도가 그때까지 행한 사역보다 세계 복음화를 위해 더 많은 사역을 이루셨다. 일반 신자들과 사도들의 세계 복음화 기여도 점수를 매긴다면 '2:0'인 셈이다. 하나님은 한 사람의 신자가 성령과 협력할 때 세상의 모든 재능을 소유한 사람들이 이룰 수 있는 것보다 더 많은 것을 이루실 수 있다.

성령의 음성에 귀를 기울이는가? 사역하라는 성령의 감동을 마지막으로 느낀 때가 언제인가?

사도행전에서 성령이 언급된 횟수는 모두 55회다. 그중 36회는 성령께서 직접 말씀하신 것으로 나타난다. 여기에서 몹시 궁금한 것은 성령께서 어떤 방식으로 말씀하셨는지를 알 수 없다는 것이다. 이런 사실은 나 같은 A형 행동 양식의 사람(성미가 급하고 경쟁적인 성향이 강한 사람-역주)에게는 매우 실망스러운 일이 아닐 수 없다.

예를 들어 성령께서는 사도행전 13장 2절에서 어떻게 교회를 향해 바나바와 사울을 따로 세워 사역하게 하라고 지시하셨을까? 하늘에 글씨를 쓰셨을까? 전율을 느끼게 하셨을까? 트위터 문자 메시지를 보내셨을까?

참으로 궁금한 일이지만 나는 성경이 이 점을 일부러 애매하게 기록했다고 생각한다. 하나님께서 말씀하시는 방식을 애매하게 표현한 이유는 그분의 말씀을 들었다는 느낌이 들었을 때 겸손한 마음을 유지하게 하기 위해서다. 지금까지 "하나님께서 내게 말씀하시기를…"이라는 말보다 교회에 더 큰 폐해를 끼친 말은 없다. 절대적인 확실성은 오직 성경만을 위한 것이다.

이 말은 하나님께서 우리에게 아무 말씀도 하시지 않고, 또 아무런 감동도 일으키시지 않는다는 말과 다르다. 아마도 내가 성령의 음성을 듣는 것에 관해 말한다면 즉각 많은 반론이 제기될 것이 분명하다.

예를 들면 "당시의 상황은 지금과 매우 달랐다"고 말할 것이다. 나도 그 점을 인정한다. 사도들이 행한 일은 독특하고 기이했다. 그러나 성령을 따르는 교회에 관해 하나님의 영감으로 기록된 말씀에 오늘날 우리 삶에 아무런 적절성을 지니지 못하는 사례만 가득하다는 주장에는 동의할 생각이 조금도 없다. 성령께서는 지금도 여전히 책망하고, 인도하고, 말씀하신다.

교회인 우리는 성령의 말씀에 귀를 기울여야 한다.

이것이 오순절주의자들이 선교사의 숫자가 줄어드는 통계에 연연하지 않고 선교에 힘쓰는 이유다. 내가 속한 교단인 침례회는 오직 우리만 선교에 힘쓰고 있다고 생각한다. 그러나 통계적으로 보면 오순절주의자들이 우리보다 더 낫다.

그 이유가 무엇일까? 한 선교학자는 그 이유를 이렇게 설명했다. 즉 침례교인들은 우리가 사는 세상에 구원받아야 할 사람이 어마어마하게 많다는 사실을 힘껏 강조해야만 사람들에게 동기를 가장 잘 부여할 수 있다고 생각한다는 것이다. 물론 이것은 매우 중요하지만 엄청난 통계 결과는 좌절감을 부추길 수 있다. 누가 작은 골무로 바닷물을 퍼내려 하겠는가?

그와 대조적으로 오순절주의자들은 "하나님은 내가 이 도시에 가서 이 사람들 가운데서 사역하기를 원하신다"고 말하는 경향이 있다.

하늘에서 주어지는 은사가 모두 다 나의 것은 아니다. 그러나 어떤 은사는 그렇다. 그것에 대해서는 내가 책임을 져야 한다. 죄책감을 느끼기보다 자신에게 주어진 은사를 충실히 활용할 때 더 큰 능력이 발휘된다.

세 번째 신념 "예수님이 내게 하신 것처럼 나도 다른 사람들에게 그렇게 할 것이다."

스데반의 이야기에서 내가 가장 감명 깊게 느끼는 것은 그가 죽으면서 마지막으로 남긴 말이다. 그의 말을 통해 그의 영혼을 엿볼 수 있다. 그의 말은 그가 죽는 순간에 무엇을 생각하고 있었는지를 분명하게 보여 준다. 그는 돌에 맞아 죽으면서 이렇게 말했다.

> 주 예수여 내 영혼을 받으시옵소서. … 주여 이 죄를 그들에게 돌리지 마옵소서(행 7:59-60).

이 말을 어디선가 들어 본 적이 있지 않은가? 그렇다. 예수님이 죽으면서 하신 말씀과 거의 비슷하다.

> 아버지, 저들을 사하여 주옵소서. 자기들이 하는 것을 알지 못함이니이다(눅 23:34).
> 아버지, 내 영혼을 아버지 손에 부탁하나이다(눅 23:46).

스데반은 죽는 순간에 예수님이 십자가에서 하신 말씀을 생각했다. 그는 예수님이 자기를 위해 기도하신 대로 다른 사람들을 위해 기도했다. 죽는 순간에 예수님께서 자기를 위해 하신 것을 다른 사람들에게 똑같이 하려고 했다.

예수님을 따른다는 것은 그분이 우리를 위해 자기를 희생하신 것처럼 우리도 다른 사람들을 위해 우리 자신을 희생하는 것을 의미한다.

생각해 보자. 예수님이 없었다면 우리는 어떻게 되었을까? 잠시 모든 것을 멈추고 이 질문에 대답해 보라. 만일 그랬다면 우리는 지금 어떻게 되었고, 어떤 운명을 향해 나아가고 있을까?

이번에는 우리가 없으면 이 세상에 있는 수많은 사람이 어떻게 될지 생각해 보자. 예수님은 성부께서 자기를 보내신 것처럼 교회를 세상에 보내셨다.

이것은 매우 중요한 일이다. 마르틴 루터는 "예수님의 죽음에 대한 소식을 듣는 사람이 아무도 없다면 그분이 수천 번 죽으신들 무슨 소용이 있으랴."라고 말했다.

이것이 바울 사도가 복음을 듣지 못한 모든 사람에 사기가 빚을 졌다고 말한 이유다. 어떻게 우리의 삶과 아무 관계없는 사람들에게 우리가 빚진 자가 될 수 있을까? 복음의 증식이라는 문제를 진지하게 받아들이면 그렇게 될 수 있다. 바울은 예수님에 관한 소식을 듣지 못한 수많은 사람에 비해 자신이 무슨 특별한 자격이 있어서 구원을 받은 것이 아니라는 것을 알았다. 그런 크나큰 은혜를 받고 아무것도 하지 않는 것은 온당하지 않다고 생각했다. 복음을 믿는 믿음에는 복음을 가능한 한 넓게, 멀리 확산시켜야 할 책임이 뒤따른다.

"예수님께서 나를 위해 하신 것처럼 나도 다른 사람들을 위해 해야 한다."

예수님이 십자가에서 우리를 위해 무슨 일을 하셨는지 알면 그 순간부터 삶의 모든 것이 달라진다. 재물에 대한 태도가 달라지고, 집을 활용하는 방식이 달라지고, 자녀를 양육하는 방식이 달라지고, 직업에 임하는 자세가 달라진다.

우리 교회의 일차적인 목표는 교인들에게 지상 명령에 우선적인 관심을 기울이게 만드는 것이다. 하나님은 교회라는 제도를 유지하라고 요구하지 않으신다. 그분은 선교 사역을 완수하라고 요구하신다. 따라서 우리는 항상 '어떻게 하나님이 우리에게 허락하신 기회와 자산을 이용해 가능한 한 많은 사람에게 복음을 전할 수 있을까?' 생각해야 한다. 만일 선교 사역을 이행하는 것이 아닌 제도 유지에 우리의 노력을 쏟아붓는다면 하나님은 사역의 손길을 멈추시고, 우리에게서 성령을 거두실 것이다.

복음에 대한 책임감으로 고민해 본 적이 있는가?

복음을 듣지 못한 사람들이 이 세상에 20억 8천만 명이나 된다는 사실을 진지하게 생각해 본 적이 있는가?

그것을 단지 통계로만 생각하지 말라. 이오시프 스탈린(Iosif Stalin)은 한 사람의 죽음은 비극이지만 백만 명의 죽음은 통계일 뿐이라고 말했다. 그러나 이것은 사실이 아니다. 스탈린 같은 사람이 한 말이라서 더더욱 그렇다.[2)]

20억 8천만 명에 속한 사람들은 우리와 똑같은 사람들이다. 그들도 우리처럼 두려워하는 것이 있고, 희망과 꿈과 열망을 지니고 있다.

그러나 그들에게는 우리와 달리 복음이 없다. 예수님이 우리에게 하신 대로 우리도 다른 사람들에게 그렇게 해야 한다. 그분이 복음을 통해 우리에게 허락하신 보화를 모두와 함께 나눠야 한다.

우리는 다른 사람들에게 그 보화를 빚지고 있다.

좌석을 채우는 능력 vs. 보내는 능력

보냄과 증식이 복음에 그토록 중요하다면 그것이 교회가 하는 모든 일의 중심이 되어야 마땅하다. 다른 선한 것이 아무리 많더라도 증식이라는 이 한 가지 본질과 충돌한다면 과감하게 포기할 필요가 있다.

아이러니하게도 교회 지도자들이 이 일을 방해하는 가장 큰 걸림돌이 될 때가 많다. 앞에서도 말했지만 우리는 '좌석을 채우는 능력'을 성공의 잣대로 삼기 좋아한다. 그러나 복음의 증식은 '보내는 능력'으로 성공 여부를 판단하도록 요구한다.

좌석을 채우는 능력은 편안하고 안전하지만, 보내는 능력은 위험하고 두렵다. 좌석을 채우는 능력은 교회 지도자들을 부각시키지만, 보내는 능력은 선교를 부각시킨다.

좌석을 채우는 능력에서 보내는 능력으로 전환하려면 우리 가운데 많은 사람이 교회의 선교를 생각하는 방식을 획기적으로 바꿔야 한다. 그렇게 한다면 성령의 역사가 새롭고 혁신적인 방식으로 일어날 것이 분명하다.

우리는 뛰어난 재능과 기술을 이용해 교인 명부를 늘릴 수도 있고, 성령을 의지함으로써 그분이 교인들에게 능력을 주고 복음의 증식을 위해 그들을 훈련하시게도 할 수 있다.

증식에는 희생이 뒤따른다. 고통을 수반한다. 제자도는 받는 것이 아니라 주는 것이다. 디트리히 본회퍼(Dietrich Bonhoeffer)는 "나를 따르라는 그리스도의 명령은 와서 죽으라는 명령과 같다"고 말했다. 예수님은 "와서 성장하라."가 아니라 "와서 죽으라"고 말씀하셨다. 우리에게 친히 본을 보이시며 그 의미를 알려 주셨다.

예수님은 무엇을 움켜쥐거나 스스로를 높여서가 아니라 손을 벌려 모든 것을 내어줌으로써 세상에 생명을 가져다주셨다. 따라서 하나님께서 우리의 사역과 관련해 그와 똑같은 일을 요구하신다고 해서 놀랄 필요가 없다. 하나님은 우리의 성공이 아닌, 우리의 희생을 통해 세상을 구원하신다.

그분은 우리를 연단으로 부르기 전에 먼저 제단 위로 부르신다(롬 12:1-2 참조). 하나님은 우리의 삶을 풍요롭게 하고, 우리의 이름을 높이는 수적 증가를 통해 세상에 생명을 가져다주지 않으신다. 그분은 죽음에서 부활이 일어나게 하신다. 예수님은 "내가 진실로 진실로 너희에게 이르노니 한 알의 밀이 땅에 떨어져 죽지 아니하면 한 알 그대로 있고 죽으면 많은 열매를 맺느니라"(요 12:24)고 말씀하셨다.

우리는 죽음으로써 산다.

우리는 줌으로써 얻는다.

우리가 개인적인 성취를 통해 무엇을 이루더라도 하나님께서 우리가 믿음으로 바치는 것을 통해 이루시는 것에는 결코 미치지 못할 것이다.

초기 교회의 폭발적인 성장

예수님의 부르심을 받고 즉시 그물을 버린 채 따라나선 어부 두 명이 300년경에는 로마 제국에서 수백만 명으로 불어났다. 심지어 312년에는 로마 제국이 기독교 국가가 되는 역사가 일어났다.

예수님과 한 무리의 오합지졸에 불과했던 제자들이 누구도 막을 수 없는 영적 운동을 일으켰다. 예산도, 유명인사도, 상원의원 같은 정치인의 도움도 전혀 없이 이루어진 일이다.

역사가 로드니 스타크(Rodney Stark)는 "어떻게 그런 일이 가능했을까? 어떻게 로마 제국의 변방에서 일어난 작고 하찮은 메시아 운동이 뿌리 깊은 이교를 몰아내고, 서구 문명을 지배하는 종교로 발전할 수 있었을까?"라고 물었다.[3]

그 대답은 분명하다. 그것은 **복음의 증식**을 통해서였다. 초기 교회는 기존 체계의 유지 관리나 보수가 아닌 증식을 통해 폭발적으로 성장했다.

만일 오늘날 기독교의 폭발적인 성장을 원한다면 우리도 동일한 방법을 채택해야 한다. 기존의 교회들을 유지 관리하거나 교인들의 취향과 변덕스러운 기분을 맞춰 주며 그들에게만 매달려서는 결코 그런 성장을 이룰 수 없다.

또한 단지 몇 가지 요소를 추가한다고 해서 그런 성장이 이루어지는 것도 아니다. 물론 하나님은 이따금 언변이 뛰어난 설교자의 인상적인 설교를 도구로 사용하실 때가 있다. 그러나 예수님께서 우리에게 당부하신 복음화 계획은 그런 것이 아니다.

> 우리가 원하는 것을 이룰 수 있는 방법은 '복음의 증식'밖에 없다. 교인들을 불러 모아 그들에게만 매달려서는 안 된다.

우리는 '사역의 전문성'이라는 덫에 걸려서는 안 된다. 바울에 따르면 "봉사의 일"은 사도들이 아닌 평범한 "성도"에게 속한 일이다(엡 4:12). 이것은 교회를 이끄는 지도자들이 목회자가 되는 순간 사역에서 손을 뗀 상태가 된다는 의미를 내포한다. 다시 말해 목회자는 더 이상 사역을 행하지 않는다. 목회자의 임무는 교회의 성도들을 훈련시켜 사역을 하도록 내보내는 것이다.

우리가 원하는 것을 이룰 수 있는 방법은 '복음의 증식'밖에 없다. 교인들을 불러 모아 그들에게만 매달려서는 안 된다. 그들을 능력 있게 만들어 놓아 보내야 한다. 사람을 낚는 어부들을 훈련시켜 세상에 내보내, 강력한 말씀으로 강퍅한 마음을 부드럽게 만들고, 화목과 용서의 메시지로 영적으로 죽은 사람들을 생명으로 인도하게 해야 한다.

한마디로 복음을 전해야 한다.

5

복음의 희망은 하나님의 약속이다

미래는 하나님의 약속만큼 밝다. … 하나님께 위대한 일을 기대하고, 그분을 위해 위대한 일을 시도하라.

—윌리엄 캐리

조지 루카스(George Lucas)는 영화 〈스타워즈〉(Star Wars)의 성공을 믿지 않았다. 그는 〈스타워즈: 새로운 희망〉(Star Wars: A New Hope)의 마지막 부분이 촬영되는 동안 그것이 대실패로 끝날 것이라고 생각했다. 나도 내가 전하는 설교 90퍼센트는 처음에 전혀 성공을 확신하지 못한다.

조지 루카스만 그렇게 생각한 것이 아니었다. 영화사들도 〈스타워즈〉가 요즘 아이들이 하는 말로 "폭망"할 것이라고 내다봤다.

그러나 영화 관람객들의 생각은 달랐다. 〈스타워즈: 새로운 희망〉은 1977년 5월 27일에 개봉되었다. 그 주간에 〈스모키 밴디트〉(Smokey and the Bandit)에 이어 박스 오피스 2위를 기록했다. 자녀들에게 그 영화에 대해 들어 본 적이 있냐고 물어보라. 그 영화에 사용된 '폰티악 파이어버드 트랜스 암'(Pontiac Firebird Trans Am)은 현재 내슈빌의 '컨트리 음악 명예의 전당 박물관'에 전시되어 있다. 나는 우연히 그것을 발견하고 너무나도 기뻤지만 나의 자녀들은 아무런 관심도 보이지 않았다.

〈스모키 밴디트〉는 개봉한 주에 2백 7십만 달러를 벌었고, 〈스타워즈: 새로운 희망〉은 2백 5십만 달러를 벌었다. 당시 〈스모키 밴디트〉는 386개 영화관에서 상영되었다. 그러나 〈스타워즈: 새로운 희망〉은 단지 43개 영화관에서 상영되었다.

그 영화를 본 사람들은 두세 번 다시 보았을 뿐 아니라 친구들까지 데려왔다. 2016년이 되자 〈스타워즈〉 시리즈는 무려 300억 달러를 벌어들였다. 캐스 선스타인(Cass Sunstein)은 『스타워즈로 본 세상』(The World According to Star Wars)에서 '국민 총생산'이 스타워즈의 총수입에 미치지 못하는 나라가 약 100여 국이나 된다고 밝혔다.

요다(스타워즈의 등장인물-역주)라면 "수익성이 꽤 좋군."이라고 말했을지 모른다. 사실 그랬다.

당시 열 살 소년이었던 나는 레이아 오르가나 공주(스타워즈의 등장인물-역주)가 홀로그램을 통해 오비완 케노비(스타워즈의 등장인물-역주)에게 보낸 구조 메시지야말로 우주의 생사를 결정할 중대 문제라고 생각했다.

그녀는 "나를 도와줘요, 오비완 케노비. 나의 희망은 당신뿐이에요."라고 말했다.

열 살 소년이었던 나는 기꺼이 목숨을 바쳐 대의에 투신할 각오가 되어 있었다. 그 말은 나의 심금을 울렸다. 아름다운 레이아 공주가 위기에 처했고, 태양이 두 개인 사막 행성의 뒷면에 머물러 있던 오비완이라는 이름의 남자만이 도움을 줄 수 있는 상황이었다. 레이아 공주의 말이 지구상에 존재하는 나라의 절반보다 더 많은 수익을 올릴 줄 그 누가 상상이나 했겠는가?

2016년에 레이아 공주 역을 맡았던 캐리 피셔(Carrie Fisher)가 사망한 뒤에 그녀가 남긴 〈스타워즈〉의 가장 위대한 장면 열 개가 미국의 음악 잡지인 〈롤링스톤〉(Rolling Stone)에 게재되었다. 어떤 것이 그 목록의 1위를 차지했을까? 다음의 인용문을 읽어 보자.

그것은 루크 스카이워커의 창고에 있는 R2-D2(스타워즈에 등장하는 로봇-역주)가 그 신비로운 말을 거듭 반복하며 보여 준 작은 청색 영상이었다. 그러나 그 말은 오리지널 스타워즈 3부작을 시작하게 만들었던 역할에 그치지 않는다. 그것은 일종의 마법적인 주문, 즉 절박함과 영웅주의, 낯선 이름의 구원자들, 머나먼 은하수 전체만큼이나 큰 한판 승부를 암시하는 의미를 지녔다. … 그녀는 마치 셰익스피어(Shakespeare)의 독백을 말하듯 조지 루카스의 특이한 상상으로 그려진 세계의 모습을 낱낱이 드러냈다.[1]

제국의 압제를 받는 은하계를 자유롭게 할 유일한 희망은 제다이의 힘이었다. 루이스가 설명한 대로 〈스타워즈〉 같은 판타지가 우리의 마음을 사로잡는 이유는 하나님께서 우리를 창조하신 본래의 의도, 곧 우리가 참여하기 원하는 참된 모험담과 일맥상통하기 때문이다. 우리의 모험담에는 '포스'나 '밀레니엄 팔콘'이나 '츄바카'가 포함되지 않는다. 그러나 우리의 모험담도 "절박함과 영웅주의, 낯선 이름의 구원자들, 머나먼 은하수 전체만큼이나 큰 한판 승부"를 약속한다. 우리는 통치자들과 권세들과 주관자들과 싸운다. 〈스타워즈〉에 나오는 '광검'(光劍)으로는 이 싸움을 할 수 없다. 이 싸움을 하려면 "하나님의 전신갑주"가 필요하다(엡 6:11). 사탄이 지배하는 악의 제국이 지닌 힘은 막강하다. 죽음의 별에 있는 그의 감마선 총구가 우리를 정조준하고 있다.

우리의 오비완 케노비는 누구일까?

누가 와서 우리를 도울 것인가?

우리에게 희망이 있는가?

별들을 보라

나의 아내는 내가 지나칠 정도로 낙관적인 사람이라고 말한다. 그러나 그 이유를 확실하게 말하지는 않는다. 아마도 유전적인 요인일 수도 있고, 내가 긍정적인 가정환경에서 어린 시절을 보냈기 때문일 수도 있다. 아니면 내가 태어난 밤에 타투인 행성(스타워즈에 등장하는 행성-역주)에 있는 두 개의 태양이 일직선상에 놓였기 때문일 수도 있다.

이번 장은 조금 놀랍고 기이한 내용을 다루게 될 것이다.

내가 남동아시아에서 13개월 동안 선교 사역을 하게 된 것은 나로서 너무 버거운 일이었기 때문에 크게 낙담하지 않을 수 없었다. 미전도 지역의 사람들에게 복음을 전하는 일에 거의 아무런 진척이 없었던 나는 큰 실망에 빠졌다. 여기서 '거의 아무런'이란 말은 사실상 '전혀'라는 뜻이다. 하지만 그 말도 아주 정확하지는 않다.

내가 해외에서 사역하는 동안 그리스도를 영접한 사람은 단 둘뿐이었다. 그 두 사람조차도 확실하지 않았다. 내가 열심히 노력한 일이 그들의 믿음과 함께 모두 와장창 무너져 내리는 것처럼 보였다.

나의 노력이 부족했기 때문이 아니었다. 나는 해가 떠 있는 동안 사람들의 집을 방문하며 성경의 이야기를 전했고, 복음에 관한 대화를 시작하는 데 대부분의 시간을 소비했다. 나는 그 어느 때보다 절박한 심정으로 기도를 드렸다. 나와 방을 같이 쓰던 동료 선교사는 심지어 내가 복음을 전하기에 적합하지 않은 상황인데도 억지로 복음에 관한 대화를 시도하려 하고, 불필요하게 너무 지나친 노력을 기울이려 한다며 우리를 지도하던 간사에게 불평을 토로했다.

만일 선교 사역이 정신없이 서두르는 나의 노력에 달려 있다면 그 도시는 벌써 사도행전과 같은 수준의 영적 부흥이 일어났을 것이다.

그러나 시간은 흐르는데 결과는 아무것도 없었다. 마치 내가 복음의 씨앗을 아스팔트 길 위에 뿌리는 것처럼 보였다. 심지어 내가 하는 일이 모두 시간 낭비일 뿐이라는 마음이 들어 일찍 집으로 돌아갈 생각까지 했다.

그러던 어느 날, 키스 아이텔(Keith Eitel)이라는 이름의 나이 든 선교사가 나를 한쪽으로 불러 세우더니 손가락으로 하늘을 가리켰다. 그리고 "포기하지 않고 계속 밀고 나가야 할 이유를 저곳에서 발견할 수 있을 겁니다."라고 말했다.

나는 그가 무슨 말을 하는 것인지 도무지 이해하기 어려웠다. 그러나 내가 그의 말을 이해하지 못한다는 것을 내색하고 싶지 않았다. 그저 의무감으로 수평선 한쪽 끝에서부터 다른 쪽 끝까지 천천히 세밀하게 살펴보았다. 심지어 눈을 가늘게 뜨고 마치 무엇인가 중요한 것을 발견하기라도 한 것처럼 고개를 끄덕이기까지 했다. 제다이의 힘이 숲에서 나오는 것처럼 선교사의 힘은 별들에서 나올지도 모른다는 생각이 들었다. 나도 루크처럼 요다의 깨우침이 주어지는 순간을 놓치고 싶지 않았기 때문에 모든 것을 이해하는 것처럼 행동했다.

그러나 여전히 아무것도 알 수 없기는 마찬가지였다. 아이텔 박사는 "그리어 선교사, 저것은 수천 년 전에 아브라함이 보았던 하늘과 똑같은 하늘입니다. 저것이 바로 그 하늘이에요. 하나님께서 그에게 하신 약속을 기억합니까? 하나님은 아브라함에게 그의 후손이 저 별들보다 더 많을 것이라고 말씀하셨습니다."라고 말했다.

그는 잠시 말을 멈추고 나를 바라보았다. "하나님께서 아브라함에게 하신 약속은 불가능한 일이었습니다. 아브라함은 그 사실을 알았고, 하나님도 알고 계셨죠. 그리어 선교사 자신도 역시 알고 있을 것이 분명합니다. 그러나 저 별들을 보세요. 저 별들은 아브라함이 알지 못했던 사람들, 곧 그리어 선교사와 나처럼 복음을 믿는 사람들을 나타냅니다. 아브라함은 저 별들을 보면서 미래를 보고, 우리와 수많은 사람을 보았을 것입니다."

"그리어 선교사, 지금까지 이곳에서 아무런 결과도 얻지 못했다는 것을 알고 있습니다. 선교 사역은 힘듭니다. 사실 그리어 선교사가 생각하는 것보다 더 힘들어요. 사실상 불가능한 일입니다. 그러나 하나님의 약속은 아브라함 당시나 현재나 똑같이 확실합니다. 하나님께서 아브라함의 죽은 몸을 통해 수많은 백성과 생명을 일으키셨다면 분명히 이 도시에 사는 무슬림의 마음에도 생명을 주실 것입니다. 오늘 저 밤하늘에 있는 별들 속에 그리어 선교사가 기도하며 복음을 전한 많은 사람의 이름이 들어 있습니다. 아브라함이 그리어 선교사가 예수님을 믿는 것을 보지 못했던 것처럼 그리어 선교사도 그들이 예수님을 믿는 것을 보지 못할 수 있습니다. 그러나 확신하건대, 하나님은 여기에서 멈추지 않으실 것입니다."

하나님은 신실하시다.
그분은 자신이 시작한 일을 온전히 이루실 것이다.
그분은 그렇게 하겠다고 약속하셨다.
그분의 약속이 나의 희망이다.

인내하는 제자도

나는 동남아시아의 미전도 지역에서 폭발적인 회심이 이루어지는 것을 보지 못했다. 다른 누군가는 보았을 것이다. 그리고 나도 그 이야기의 한 부분을 차지하게 될 것이다.

우리는 그런 일이 언제, 어떻게 일어날 것인지 정확하게 알 수 없다. 예수님께서 말씀하신 대로 성령의 역사는 바람과 같이 신비롭다. 그런 역사가 일어난다면 하나님께서 우리가 평생에 걸쳐 할 수 있는 일보다 더 많은 일을 단번에 이루신다는 것을 알게 될 것이다.

시편 126편 저자는 우리에게 그런 깨달음에 대한 희망을 일깨워 준다. 그는 짧지만 지극히 아름다운 이 시편에서 서로 다른 두 종류의 영적 깨달음을 묘사했다.

여호와여 우리의 포로를 남방 시내들같이 돌려보내소서. 눈물을 흘리며 씨를 뿌리는 자는 기쁨으로 거두리로다. 울며 씨를 뿌리러

나가는 자는 반드시 기쁨으로 그 곡식 단을 가지고 돌아오리로다
(시 126:4-6).

시편 저자는 5-6절에서 눈물로 씨를 뿌리는 것에 관해 말했다. 이 말은 사역이 더디게 이루어진다는 의미를 담고 있다. 사실 이것이 정상적인 사역 방식이다. 이스라엘에는 사막 지대가 많다. 시편 저자는 땅이 너무 건조한 탓에 씨앗을 심고 나서 하나씩 일일이 물을 줘야 하는 상황을 머릿속에 그렸다. 그런 일을 하려면 오랫동안 많은 노력과 인내를 기울여야 한다.

하나님은 세상에서 우리를 통해 종종 그런 식으로 역사하신다. 우리는 인내심을 가지고 친구들과 이웃과 교사들의 마음속에 말씀의 씨앗을 심고, 눈물로 물을 주고, 우리의 믿음으로 기름지게 해야 한다. 수확하기까지 오랫동안 충실하게 일해야 한다.

노아를 잠시 생각해 보자.

베드로 사도는 노아를 "의를 전파하는" 사람으로 일컬었다(벧후 2:5). 하나님은 노아에게 홍수가 나기 120년 전부터 방주를 만들라고 지시하셨다. 우리는 때로 창세기에서 노아에 관한 기사를 읽으면서 하나님께서 그에게 방주를 만들라고 지시하신 후, 곧바로 하늘이 깜깜해지고, 이틀 뒤부터 비가 쏟아져 내린 것처럼 생각하곤 한다. 그러나 그렇지 않았다. 일 년이 지나고, 이 년이 지나고, 십 년이 지나고, 오십 년이 지나고, 백 년이 지났다. 만일 노아가 시어

도어 루스벨트(Theodore Roosevelt)가 대통령으로 일할 때부터 홍수를 예고하기 시작했다면 지금까지도 "이제 곧 홍수가 날 거야."라는 말만 계속 반복하고 있었을 것이다.

하나님은 노아에게 참으로 놀라운 희망과 자신감을 심어 주셨을 것이 틀림없다.

나는 승차 구매(drive-through) 매장에 들어가서 음식물이 나오기를 기다리는 그 잠깐의 시간도 잘 참지 못한다. '패스트 푸드'(fast food)니까 빨리 나와야 한다는 것이 나의 생각이다.

하나님이 우리에게 어떤 일을 지시하셨는데 그 일을 하고 나서 결과가 나타나기까지 상당한 시간을 기다려야 한다면 어떻게 반응할 것인가?

노아는 묵묵히 주어진 일을 했다. 그러는 동안 줄곧 이웃들에게 경고의 말씀을 전했다.

그러나 그들 가운데 한 사람도 회개하지 않았다. 백 년이 지나도록 회심자가 아무도 없었다.

노아를 성공적인 설교자로 생각하기는 매우 어려울 듯하다. 그러나 성경은 그를 충실함의 본보기로 내세운다. 노아와 그의 충실한 믿음의 수고를 묵상하면 우리의 심령에 큰 유익이 있을 것이다.

이번에는 현대 선교의 아버지로 불리는 윌리엄 캐리를 잠시 생각해 보자. 그는 심지어 영국 그리스도인들의 반대에 부딪히기까지 했다. 그들은 그에게 그의 선교 열정이 잘못되었다고 말했다. 그런 반대에도 불구하고 캐리는 1793년에 인도로 떠났고, 그곳에서 전력을 기울여 일했다.

첫 번째 회심자가 나타나기까지 무려 7년의 기간이 필요했다. 그 시간을 지나면서 그는 얼마나 많은 의심에 사로잡혔을까? 아마도 '그들의 말이 맞았어. 여기에 오지 말아야 했어.'라는 생각이 자주 떠올랐을 것이다.

로버트 모팻(Robert Moffat)은 19세기에 남아프리카에서 사역했던 스코틀랜드 선교사다. 그는 선교지에 가는 데만 3년(1818-1821)이 걸렸다. 그와 그의 아내가 10년 동안 충실하게 사역했지만 가시적인 결과가 전혀 나타나지 않았다.

그러나 마침내 하나님께서 그곳 사람들 속에서 역사하시기 시작했다. 모팻이 일하던 곳에서 3년이 더 지나자 단 한 사람도 없던 회심자가 120명으로 늘어났다. 만일 그들이 9년만 일하고 사역을 중단하기로 결정했다면 상황은 매우 달라졌을 것이 틀림없다. 친구여, 초자연적인 노력과 충실함을 발휘할 수 있게 해 달라고 하나님께 기도하자.

아도니람 저드슨(Adoniram Judson)은 또 하나의 본보기다. 그는 최초의 미국 선교사 가운데 하나였다. 그가 버마(현재의 미얀마)에서 일한 지 6년이 지나서야 비로소 마웅 나우(Maung Nou)라는 이름의 첫 번째 회심자가 나타났다.

저드슨은 마웅 나우가 믿음을 고백하는 순간에도 너무나도 오랫동안 아무런 결실이 없었기 때문에 약간 의심스러운 마음이 들었다고 고백했다. 그는 자신의 일기에 이렇게 썼다.

나는 하나님의 은혜가 마웅 나우의 마음속에 임했다고 생각하기 시작했다. … 하나님께서 버마족에게 은혜를 베푸시기 시작했다고 믿기에는 무리가 있는 것처럼 보이지만 이제는 실제로 그런 일이 일어났다는 즐거운 확신을 부인하기 어렵다. 그분의 이름에 영원히 찬양과 영광을 돌린다.

영국 정치가 윌리엄 윌버포스(William Wilberforce)도 언급하지 않을 수 없다. 그는 1785년에 회심한 뒤 영국의 노예제도를 폐지하기 위해 40년 동안 온갖 노력을 아끼지 않았다. 그 긴 시간 동안 그는 자신의 목표를 이루지 못할 것처럼 보였다.

우리가 영적 씨앗을 심을 때 하나님은 우리에게 인내하는 제자도를 가르치신다.

노예제 폐지의 마지막 과정은 그가 없는 상태에서 진행되었다. 그는 생애 말년에 건강이 악화되어, 임종하기 3일 전에 침상에 누운 채로 노예제 폐지령이 통과되었다는 소식을 전해 들었다. 거의 50년 동안 충실하게 사역했지만 그 충실함의 결과를 보지 못한 채 세상을 뜰 뻔했다.

지금까지 말한 세 사람 외에도 중국에서 사역했던 허드슨 테일러(hudson Taylor)와 모히칸 인디언 속에서 사역한 조나단 에드워즈(Jonathan Edwards)를 비롯해 많은 사람의 이야기를 더할 수 있다.

그들은 사역의 결실을 보기 전까지 오랜 시간 동안 겉으로 볼 때 아무런 결실도 없을 것 같은 사역을 인내로 감당했다. 노아와 같은 사람들은 그리스도를 믿는 자신들의 믿음을 통해 나타난 결과를 보지 못한 채 죽었고, 윌버포스 같은 사람들은 눈을 감는 마지막 순간에야 겨우 그 결실을 볼 수 있었다. 그들 모두가 아무 결실도 없는 세월을 오랫동안 견뎌야 했다.

분명히 그들도 나처럼 '성령께서 나를 떠나신 것일까? 내가 무슨 죄를 지은 것일까? 나의 삶을 향한 하나님의 뜻을 잘못 이해한 것은 아닐까?'라고 생각했을 것이다.

저술가이자 성경 교사인 베스 무어(Beth Moore)는 생태 영역에서 사실인 것이 영적 영역에서도 사실이라고 말했다. 영적 씨앗을 심는 일은 의도적으로 이루어지지만 심는 것과 거두는 것은 동시에 이루어지지 않는다.

우리가 영적 씨앗을 심을 때 하나님은 우리에게 인내하는 제자도를 가르치신다. 농부들이 파종하는 시기부터 수확에 이르는 과정을 이해하고 있는 것처럼, 영적 씨앗을 심고 뿌리는 사람들도 그 과정을 이해해야 한다. 시편 126편 말씀대로 하나님은 우리가 인내하며 하나씩 씨앗을 뿌리면 그것을 통해 많은 것을 수확하신다.

내 경우에는 아이텔 박사의 조언이 있었지만 믿음의 영웅들은 그런 식으로 격려가 될 만한 것이 전혀 눈에 띄지 않는 상황에서도 끝까지 포기하지 않았다.

그들의 이야기는 나의 결심을 더욱 굳세게 해 줄 뿐 아니라 현재 상황이 아무리 절망적이더라도 그리스도와 복음을 위한 희생은 결단코 헛되지 않다는 사실을 새롭게 일깨워 준다. 그러나 하나님의 역사는 거기에 그치지 않는다.

하나님은 단번에 이루실 수 있다

이따금 건조한 남방 사막에 폭우가 쏟아져 평지를 뒤덮고, 시냇물이 벌판에 넘쳐흐른다. 물이 빠지면 습기를 충분히 먹어 부드러워진 땅 위에 녹색 식물이 카펫처럼 펼쳐진다. BBC의 〈살아 있는 지구〉(Planet Earth) 프로그램을 보면 그런 현상을 저속으로 촬영한 장면이 나온다.

시편 저자는 하나님께서 완악한 이스라엘 백성의 마음에 그런 일을 하고 계신다고 상상했다.

예를 들면 요나가 마지못한 태도로 니느웨에서 말씀을 전했을 때 그런 일이 일어났다. 그는 흥미로운 서론이나 예화나 전체적인 개요를 일체 언급하지 않고, 단 한마디의 무서운 경고 말씀을 전했다. 요나는 자신이 말씀을 전하는 사람들에게 강한 분노를 느꼈다. 그들이 회개하는 것을 원하지 않았다. 그런 면에서 그의 설교는 역사상 최악의 설교였다고 말할 수 있다.

그러나 하나님은 그의 적절하지 못한 설교 한마디로 가장 많은 자산과 뛰어난 재능을 지닌 선교사 수천 명이 이룰 수 있는 것보다 더 많은 일을 단번에 이루셨다.

하나님은 대체로 오랜 시간을 두고 역사하시지만 때로는 순식간에 원하는 일을 이루기도 하신다. 이것이 시편 126편에서 갈망한 것이다.

시편 저자의 갈망은 씨앗을 뿌리고 인내하며 눈물로 물을 주는 자신의 책임을 부인하지 않는다.

오히려 그런 갈망을 통해 포기할 수 없는 희망, 곧 하나님께서 그 땅에 다시금 성령을 홍수처럼 부어 주실 것이라는 희망을 발견했다.

우리도 그런 희망을 포기해서는 안 된다. "주 예수님, 도와주소서. 주님은 저희의 유일한 희망이십니다."

로이드존스는 이렇게 말했다.

우리는 싸우고, 땀 흘리고, 글을 쓰는 등 많은 일을 할 수 있다. 그러나 … 우리는 무력하여 시대의 흐름을 저지할 수 없다. 우리는 우리 힘으로 상황을 올바르게 만들 수 있다고 믿는다. 새로운 사회를 시작하고, 책을 쓰고, 캠페인을 벌이며 시대의 흐름을 되돌려 놓을 수 있을 것이라고 확신한다. 그러나 우리는 그렇게 할 수 없다.[2]

이렇게 말한 뒤 로이드존스는 "우리는 원수가 홍수처럼 몰려올 때 하나님께서 깃발을 드실 것이고, 또 기꺼이 그것을 드실 것이라는 약속을 기억해야 한다"고 덧붙였다.[3]

그러면서 이사야서를 인용했다. 이사야는 당시의 전쟁 상황을 비유로 들었다.

당시에는 군대가 앞으로 나가야 할 상황에서는 깃발을 들어 진격 명령을 알렸고, 적군이 물밀 듯 밀려드는 상황에서는 깃발을 내려 퇴각 명령을 알렸다. 그러다가 군대가 다시 반격의 기회를 되찾아 진격하기 시작하면 깃발을 다시 높이 쳐들었다.

이사야는 하나님께서 자기 백성에게 사명을 완수할 힘을 주어 더 이상 수세에 몰리지 않고 그들 자신의 깃발을 높이 쳐들고 적군을 향해 진격하게 하실 날을 내다보았다. 로이드존스는 계속해서 이렇게 말했다.

우리는 하나님의 은혜를 온전히 의지해야 한다. 이 말은 체계적인 기도회를 마련하라는 뜻이 아니라 절박한 심정을 지니라는 뜻이다. 그래야만 성령의 능력이 홍수처럼 우리를 덮쳐 우리 안으로 물밀 듯 밀려들게 된다. 하나님은 반세기 동안 조직적인 노력을 기울여도 달성하기 어려운 일을 단번에 이루실 수 있다.[4]

마지막 말이 가슴에 가장 크게 와 닿는다. 너무나도 듣기 좋은 말이다. "하나님은 반세기 동안 조직적인 노력을 기울여도 달성하기 어려운 일을 단번에 이루실 수 있다."라는 인용구를 적는 순간, 마음속에 새로운 희망이 크게 부풀어 오르는 느낌이 든다.

현대에 접어든 후 서구인들 안에서 '대각성 운동'이라는 가장 큰 종교적 각성 운동을 이끌었던 조나단 에드워즈는 처음에는 단지 몇 편의 설교가 전달되었고, 몇 가지 선교적 노력이 이루어졌으며, 몇몇 회심자가 나타났다고 말했다.

그리고 이렇게 덧붙였다.

그 후 하나님은 참으로 놀라운 방법으로 그 일에 직접 개입하셨고, 정상적인 상황에서 기독교 공동체 전체가 그분의 축복에 의지해 가용한 모든 수단으로 일 년 동안 이룰 수 있는 일보다 더 많은 일을 하루 만에 이루셨다.[5]

남방 시내들과 같은 역사가 일어난 것이다.

팀 켈러는 영적 부흥이란 "일상적인 은혜의 수단(설교, 기도 등)을 통한 성령의 정상적인 사역(죄의 깨달음, 중생, 성화, 구원의 확신)이 강화되는 것"을 의미한다고 말했다.[6] 성령께서는 '새로운' 일을 하기보다 충성스러운 신자들이 이미 하고 있는 '정상적인' 일에 큰 능력을 부어 주실 뿐이다.

영적 부흥이 일어나면 기도가 더욱 강렬해지고, 예배가 더욱 즐거워지며, 회개가 더욱 진지해지고, 선포된 말씀이 더 큰 효력을 발휘한다.

하나님의 성령께서 씨앗을 심는 정상적인 사역의 효과를 증폭시켜 풍성한 열매를 거두게 하신다. 그분은 우리가 일평생 이룰 수 있는 것보다 더 많은 것을 단번에 이루신다.

과거의 영광에 집착하지 말라

일전에 어느 목회자가 하나님의 사역을 방해하는 가장 큰 장애 요인은 예배당 맨 앞줄에 앉아 있는 신자들이라고 말하는 것을 들은 적이 있다.

우리는 과거에 일어난 하나님의 놀라운 역사를 떠올리며 그분이 지금 이 순간 새로운 역사를 일으키실 것이라고 기대하기보다 지난날의 일이나 방법론이나 지도자를 우상시하기 좋아한다. 그러면서 다시는 그런 일이 재현되지 않을 것이라며 슬퍼한다. 하나님께서 큰 능력을 부어 주신 것은 과거에나 있었던 일이라며 영적 부흥에 찬물을 끼얹는 잘못을 저지른다.

아모스 선지자 당시의 이스라엘 백성이 그랬다. 하나님은 과거의 영광을 자랑하는 그들의 모습을 더 이상 보고 싶지 않다고 하시며 크게 꾸짖으셨다.

여호와께서 이스라엘 족속에게 이와 같이 말씀하시기를 … 벧엘을 찾지 말며 길갈로 들어가지 말며 브엘세바로도 나아가지 말라. … 너희는 여호와를 찾으라. 그리하면 살리라(암 5:4-6).

우리에게는 고대 중동 지역의 도시를 아무렇게나 나열하는 것처럼 보일지 모르지만 아모스 당시의 이스라엘 백성에게는 그렇지 않았을 것이 틀림없다.

이 말씀을 우리에게 익숙한 표현으로 바꾸면 "예루살렘의 다락방이나 비텐베르크나 제네바의 교회나 찰스 스펄전의 메트로폴리탄 태버내클에서 나를 찾지 말라."가 될 것이다.

벧엘은 야곱이 하나님을 만남으로써 인생의 새로운 전기를 맞이했던 곳이다(창 35:15). 길갈은 이스라엘 백성이 40년의 광야 생활을 마치고 하나님을 믿는 믿음으로 약속의 땅을 처음 취한 곳이다. 그곳에서 하나님은 "애굽의 수치"가 그들에게서 떠나가게 하셨고, 그들과의 언약을 새롭게 하셨으며, 요단강 물을 갈라 여리고성을 점령하게 하셨다(수 5:9). 브엘세바는 하나님께서 아브라함에게 약속의 땅을 처음 허락하신 곳이다(창 21:22-34).

각각의 장소는 하나님께서 큰 능력으로 역사하신 때, 하늘이 땅에 임했던 때를 가리킨다. 이스라엘 백성은 그 장소들을 알고 있었고, 그것에 관해 말하기를 좋아했다. 하나님께서 큰 능력을 부어 주신 것을 대부분 과거의 일로 생각하는 습관에 빠졌다.

"우리 조상 야곱이 환상 중에 하늘을 보았을 때 그곳에 있었다면 정말 굉장했겠지?"

"여호수아의 군대와 함께 진격해 하나님이 여리고성을 무너뜨리신 것을 보았다면 참으로 멋졌을 거야!"

그들에게 하나님은 "벧엘에 관해 더 이상 말하지 않는 것이 좋지 않겠느냐? 길갈에 관해 말하는 소리가 듣기 싫구나. 지금 이 순간 나를 찾아라. 그러면 살 것이다. 나는 너희의 시대에도 똑같이 역사하고 싶다. 나는 단지 과거의 하나님이 아니라 현재와 미래의 하나님이다. 내 이름은 '있었던 자'가 아닌 '있는 자'이다."라고 말씀하셨다.

나는 하나님이 우리 시대에도 이와 비슷한 말씀을 하실 것이라고 생각한다. 더 이상 대각성 운동을 자랑하지 말라. 초대교회를 낭만적으로 묘사하지 말라. 마르틴 루터를 우상시하지 말라. 찰스 스펄전을 명사로 치켜세우지 말라.

하나님의 지난 사역을 기리는 것은 중요하지만, 우리는 그것을 그분의 현재 사역을 믿는 촉매제로 삼아야 한다. 그렇게 하지 않고 하나님께서 과거에 이루신 영광스러운 사역을 기리기만 하는 것은 그분의 분노를 자극할 뿐이다. 이것이 영광스러운 전통을 자랑하는 교회나 교단이 빠지기 쉬운 가장 큰 위험 가운데 하나다.

하나님의 놀라운 역사가 일어난 신앙 운동에 참여한 사람들은 "좋았던 옛 시절"을 말하는 소리를 많이 듣게 될 가능성이 크다.

하나님의 가장 뛰어난 사역이 이미 이루어졌다고 말하는 사람은 아무도 없지만 실제로는 마치 그런 것처럼 행동한다. 그 증거를 제시하면 다음과 같다.

하나님의 역사가 가장 분명하고 강력하게 일어난 것을 목격한 순간을 생각해 보라. 사람들은 그때 어떤 일을 하고 있었을까? **그들은 간절한 심정을 느꼈을 것이다. 폭발적인 능력을 느꼈을 것이다. 기도를 많이 했을 것이다. 자신의 능력보다 하나님의 능력을 더 신뢰했을 것이다.** 그 당시 사람들의 영적 태도와 오늘날 우리의 영적 태도를 비교해 보라. 물론 "사역의 성공"(앞으로는 이런 표현을 공적으로 더 이상 사용하지 말자)을 경험한 바 있는 나도 이런 잘못으로부터 결코 자유롭지 못하다.

지금 우리는 무엇을 느끼는가? 여전히 간절함을 느끼는가? 아니면 우리의 성공이 가져다준 안정된 삶에 안주하기 원하는가?

나는 교회 안에서 일어난 하나님의 역사를 높이 기리며 얼마든지 기념비를 세울 수 있다고 생각한다. 그러나 그것이 믿음으로 앞을 바라보고, 간절한 심정으로 하나님께 부르짖고, 그분의 또 다른 위대한 역사를 기대하는 것을 방해한다면 절대로 용납할 수 없다.

교회가 성장하든 죽어가든, 교인수가 20명이든 2,000명이든, 하나님의 가장 큰 역사는 과거가 아닌 미래에 있다.

당연히 그럴 수밖에 없다. 세상에는 아직도 복음을 듣지 못한 4,000여 종족이 존재한다. 예수님은 역사가 끝나기 전에 모든 민

> 지금은 담대하고 진취적인 믿음이 필요한 때다. 복음에 근거한 희망을 추구하는 담대한 믿음의 기도가 필요한 때다.

족에게 복음이 전파될 것이라고 말씀하셨다(마 24:14; 계 5:9).

하나님은 앞으로 4,000여 종족 안에서 회심의 열매를 거두기 위해 누군가를 통해 놀라운 역사를 일으키실 것이다. 이 과업이 완수될 때까지 역사는 끝나지 않을 것이다. 이것은 위대한 능력의 날이 교회를 기다리고 있다는 것을 의미한다.

그러므로 믿고, 바라고, 구하라.

과거에 어떤 성령의 역사가 있었는지 살펴보고, 기념하라. 그것을 통해 교훈을 얻고, 거기에서 앞으로 나아가라. 하나님의 가장 위대한 사역은 미래에 있다.

이웃과 친구와 가족들 가운데 아직 복음을 듣지 못했거나 믿지 않는 사람이 있다면 큰 부담감이 느껴질 것이다. 그런 부담감이 느껴진다면 그것은 곧 하나님의 사역이 세상에서 아직 끝나지 않았다는 증거다.

그러므로 믿고, 바라고, 구하라.

지금은 가만히 앉아서 종말을 기다릴 때가 아니다. 거실에 둘러앉아 이전 세대에 얼마나 위대한 일들이 일어났는지 말할 때가 아니다. 우리 눈앞에서 생명을 주시는 하나님의 사역이 이루어지고 있다.

하나님은 지금 이 순간에도 능력으로 역사하고 계신다. 내일은 물론, 내년에도 여전히 역사하실 것이다.

지금은 담대하고 진취적인 믿음이 필요한 때다. 복음에 근거한 희망을 추구하는 담대한 믿음의 기도가 필요한 때다.

믿고, 바라고, 구하라!

하나님의 약속이 세상의 희망이다

최근에 우리를 실망시키는 미국 교회의 상황에 우려를 나타내는 목소리가 많다.

정통 교리를 옹호하거나 사역에 재능이 뛰어난 것으로 정평이 난 유명 지도자들 중 심각한 도덕적 비행을 저지른 사람이 한둘이 아니다. 많은 지도자가 자신의 권위를 남용해 성범죄를 저질렀다. 개중에는 그런 끔찍한 행위를 은폐한 사람도 있다. 사역에 충당해야 할 돈을 횡령하는 사람도 있고, 있는 대로 교만을 부리거나 무절제한 분노를 표출함으로써 부교역자와 교회 직원들을 함부로 다루는 사람도 있다.

10년 전에 미국의 지도자 10명 안에 드는 젊은 사역자가 상당수였다면, 지금은 그들 가운데 절반이 그 목록에서 제외된다.

아마도 이것이 내가 종종 예수님이 마태복음 16장에서 사도들에게 하신 엄청난 약속에서 희망을 찾으려고 애쓰는 이유일 것이다.

예수님은 베드로가 그분을 메시아로 고백하자 다음과 같이 말씀하셨다.

바요나 시몬아 네가 복이 있도다. 이를 네게 알게 한 이는 혈육이 아니요 하늘에 계신 내 아버지시니라. 또 내가 네게 이르노니 너는 베드로라. 내가 이 반석 위에 내 교회를 세우리니 음부의 권세가 이기지 못하리라(마 16:17-18).

예수님은 제자들에게 미래의 비전이 가득한 희망을 불어넣으셨다. 그러나 그 희망은 지도자들의 자질이 아닌 약속의 확실성에 근거한다. 예수님은 "내가 내 교회를 세울 것이다."라고 말씀하셨다. "너희가 내 교회를 세울 것이다."가 아니라 "내가 세우겠다"고 말씀하셨다.

베드로의 고백이 아닌 예수님의 약속이 복음 운동의 토대였다. 심지어 예수님은 십자가를 짊어지지 못하게 만류하는 베드로를 "사탄"으로 일컬으셨다(마 16:23). 누군가를 "사탄"으로 일컫는 것은 예수님이 하신 비난 중 가장 강도가 높은 것이었다. 그러나 사탄의 충동에 이끌린 베드로의 그런 혼란스러운 행동도 하나님이 하시려는 일을 막을 수 없었다.

하나님은 반드시 그분의 목적을 이루신다. 하나님의 약속은 절대로 실패하지 않는다. 이것이 교회의 희망이다.

물론 약속의 확실성을 안일함의 빌미로 삼아서는 곤란하다. 하나님은 반드시 그분의 목적을 이루시기 때문에 우리를 도구로 사용하지 않고도 얼마든지 그 목적을 이루실 수 있다는 생각은 큰 착각이다.

하나님은 우리를 필요로 하신다. 복음주의자들은 하나님께서 그분의 목적을 이루는 도구로 사용할 사람들을 선택하실 때 거기에서 제외되지 않도록 조심해야 한다.

예수님 당시의 유대인들은 하나님께서 결코 자기들을 배제하지 않으실 것이라고 굳게 믿었다. 그들은 그분이 자신들을 필요로 하신다고 생각했다. 그러나 예수님은 그들에게 "하나님의 나라를 너희는 빼앗기고 그 나라의 열매 맺는 백성이 받으리라"(마 21:43)고 말씀하셨다.

예수님은 우리에게도 그와 똑같이 경고하신다. 하나님의 은혜는 놀랍다. 그러나 그 은혜를 당연시하면 우리에게 화가 있다.

최근에 기독교 지도자들이 부도덕한 일로 추락하는 현상이 가속화되고 있는 것은 우리를 일깨우기 위한 하나님의 경고다.

하나님은 죄가 교회 안에서 활개를 치게 놔두지 않으신다. 회개하지 않으면 하나님께서 우리와 우리 자녀들에게서 손을 거두실 것이다. 물론 하나님은 결코 그분의 목적을 포기하지 않으시므로, 도구로 사용할 다른 사람을 찾으실 것이다.

나는 나의 자녀와 손자들이 하나님께서 그분의 교회 안에서 역사하시는 나라에서 성장하기를 원한다. 그러나 우리가 곳곳에 만연한 죄를 묵과한다면 그렇게 되기가 어렵다.

최근에 많은 복음주의자들이 도덕적 권위를 상실했다. 그 이유는 죄가 이익이 될 때 그것을 기꺼이 묵인하는 태도를 보였기 때문이다. 비록 공개적인 도덕적 추문은 일으키지 않았더라도 우리는 이런 사실을 부끄럽게 여겨야 마땅하다.

우리는 때로 우리의 평판을 위해 다른 사람들에게 피해를 줄 수 있는데도 권위를 남용한 죄를 은폐하거나 축소하려고 시도한다. 최근에 정치인들에 대한 우리의 태도를 살펴보면 또 다른 사례를 발견할 수 있다.

복음주의자들 중에는 일부 정치인이 도덕적으로 심각한 결함을 지니고 있는데도 단지 자신들을 이롭게 한다는 이유만으로 그릇된 주장을 펼쳐 그들을 정당화하는 사람들이 있다. 참으로 안타깝기 그지없다. 사회를 향해서는 "인격이 중요하다"고 크게 외치면서 우리의 이익을 대변하는 사람들은 무슨 짓을 해도 괜찮다는 식의 태도를 보이는 것은 결코 온당하지 않다.

우리가 우리 진영 내에서 죄에 단호하게 대처하지 않는 이유는 우리의 원수들에게 우리를 비난할 빌미를 제공할까 봐 두려워서다. 그러나 우리의 원수는 사탄이다. 죄를 은폐하는 것은 항상 그를 유리하게 한다.

우리의 대의는 복음이다. 죄를 솔직하게 드러내고, 엄히 꾸짖고,

깊이 슬퍼하는 것은 언제나 복음을 이롭게 한다.

물론 그리스도인들은 도덕적으로 완벽한 정치인들만을 지지해야 한다는 말이 아니다.

사실 나의 진정한 관심은 정치인들을 지지하고 안 하고의 문제가 아니다. 복음주의자들이 자신들에게 이롭다는 이유만으로 성경이 성령을 근심하게 만드는 죄라고 분명하게 밝히고 있는 것들을 기꺼이 묵과하고 있는 현실이다.

요즘의 복음주의자들은 단지 '전략적인 승리'라는 한 가지 목적을 염두에 두고 정치를 바라보는 것 같다. 그 과정에서 '권력욕'이라는 오래된 유혹에 굴복하고 있다.

정치적인 권력을 잡는 것보다 복음의 증거가 더 중요하다. 우리의 무기는 세상의 무기와 다르다.

우리는 항상 복음으로 정치석 기회주의를 물리쳐야 한다. 정직하고 겸손해야 하나님의 임재가 이루어진다. 정치적인 가식과 죄의 은폐는 그분을 떠나시게 만든다.

다시 말하지만 이것은 A 후보자나 B 후보자를 지지하는 문제와 거리가 멀다. 물론 투표권을 행사하는 것은 중요하다. 우리 모두 정치적인 논의에 관심을 기울여야 마땅하다. 내 말의 요점은 우리가 그 과정에서 죄를 기꺼이 눈감아 주려는 경향이 있다는 것이다.

바울 사도는 어떤 상황에서도 죄를 용납해서는 안 된다고 강조했다.

음행과 온갖 더러운 것과 탐욕은 너희 중에서 그 이름조차도 부르지 말라. 이는 성도에게 마땅한 바니라(엡 5:3).

존 맥아더(John MacArthur)는 최근의 인터뷰에서 "우리가 선택한 정치인들의 죄를 묵과하는 이유는 우리 안에서 그 죄를 용납하기 때문이다."라고 말했다.[7] 그는 공적인 죄를 용납하는 사람들은 직접 그 죄를 짓는 사람일 가능성이 있다고 주장했다.

벤 사스(Ben Sasse) 상원의원도 "정치인들은 우리나라를 부도덕하게 만드는 것이 아니라 단지 이미 존재하는 죄를 이용할 뿐이다."라고 말했다.[8]

우리에게 세속적인 구원자의 호의를 얻으려는 목적으로 성령을 근심하게 만드는 죄에 대해 침묵하는 경향이 있다는 것을 솔직하게 인정해야 한다. 그것은 예수님의 길이 아니다. 만일 예수님이 우리의 유일한 희망이라면 모든 일을 그분의 방식대로 처리해야 한다.

더 큰 희망

감사하게도 예수님의 약속은 우리의 옳고 그름에 의존하지 않는다. 교회의 희망은 지도자들의 자질에 근거하지 않는다. 하나님의 은혜가 우리의 희망이기 때문에 설교자가 실패해도 약속은 그대로 유지된다. 우리는 '세상에서 가장 뛰어난 마지막 희망'이 아니다. 그 희망은 하나님이시다.

내가 복음서에서 가장 좋아하는 이야기 중 하나는 가나안 여인이 예수님께 와서 귀신에게 괴롭힘당하고 있는 딸을 고쳐 달라고 간구한 이야기다.

예수님은 처음에 냉정한 반응을 보이셨다. "자녀의 떡을 취하여 개들에게 던짐이 마땅하지 아니하니라"(마 15:26)고 말씀하셨다. 그러나 그녀는 예수님께서 그렇게 말씀하시는 이유가 자신이 여자이거나 종족이 다르기 때문이 아니라 자신의 부족함을 일깨워 주기 위한 것이라는 사실을 알았기 때문에 조금도 위축되지 않고 은혜를 구하는 간절한 믿음으로 "주여 옳소이다마는 개들도 제 주인의 상에서 떨어지는 부스러기를 먹나이다"(마 15:27)라고 대답했다.

하나님의 은혜는 비록 식탁에서 떨어지는 부스러기 같더라도 개만큼이나 부족하기 짝이 없는 사람들까지 충분히 먹을 만큼 풍성하다.

결국 가나안 여인은 기적을 체험했다. 예수님께서 그녀의 믿음을 크게 칭찬하셨다. 그녀는 우리의 본보기다.

하나님의 은혜에는 아무리 큰 희망을 걸어도 결코 지나치지 않다. 하나님의 은혜는 아무리 기대고 의지해도 모자람이 없다. 자신의 업적이나 전통을 자랑하며 하나님의 보상을 구하는 '영웅'이 되는 것보다 그분의 식탁에서 떨어지는 부스러기로 배를 불리는 개가 되는 것이 더 낫다. 하나님의 종들이 지녀야 할 가장 온당한 태도는 개처럼 겸손히 자기를 낮추는 것이다.

"미래는 하나님의 약속만큼이나 밝다."

예수님이 마태복음 16장에서 베드로에게 맡기신 임무는 단지 벅찬 정도가 아니라 불가능했다. 그것은 동남아시아 무슬림의 마음을 변화시키는 것만큼이나 불가능한 일이었다. 백 살 된 족장이 자녀를 낳는 것만큼이나 불가능한 일이었다.

그러나 그것은 좋은 소식이었다. 우리는 우리에게 주어진 임무가 불가능하기 때문에 하나님의 약속을 굳게 붙잡을 수 있다. 그 어떤 불가능도 약속의 능력에 저항할 수 없다.

바울은 "하나님은 죽은 자를 살리시며 없는 것을 있는 것으로 부르시며 … 약속하신 그것을 또한 능히 이루실" 것을 확신하는 것이 믿음이라고 했다(롬 4:17, 21).

교회의 미래를 생각하다 보면 종종 이사야 선지자의 말이 떠오른다.

여호와의 손이 짧아 구원하지 못하심도 아니요 귀가 둔하여 듣지 못하심도 아니라. 오직 너희 죄악이 너희와 너희 하나님 사이를 갈라놓았고 너희 죄가 그의 얼굴을 가리어서 너희에게서 듣지 않으시게 함이니라(사 59:1-2).

영적 부흥이 일어나지 않는 이유는 하나님의 은혜가 부족해서가 아니다. 하나님의 능력이 갑자기 줄어들거나 그분의 사랑이 갑자기 차갑게 식는 법은 없다.

십자가에서 "아버지여, 저들을 용서하소서."라고 기도하신 예수님은 지금도 여전히 하나님의 보좌 앞에서 죄인들을 위해 간구하신다. 문제는 하나님의 능력이 부족해서가 아니다. 예수님을 죽은 자 가운데서 다시 살리신 성령께서 여전히 세상에서 활동하고 계신다.

문제는 우리 자신이다. 하나님은 지금도 여전히 세상 끝까지 구원을 베풀기 원하신다. 그분은 지금도 여전히 그 일을 이룰 능력을 지니고 계신다.

문제는 '우리가 그것을 믿고, 그분이 일하시도록 우리 자신을 활짝 열어 놓을 수 있느냐'이다.

> 우리는 희망의 근거인 하나님의 불변하는 약속과 우리의 인도자이신 성령을 의지함으로써 다시금 하나님께 위대한 일을 기대할 수 있고, 그분을 위해 위대한 일을 시도할 수 있다.

윌리엄 캐리는 인도에 복음을 전하는 과정에서 혹독한 시련을 겪었지만 "미래는 하나님의 약속만큼이나 밝다"고 말했다.

예수님께서 그분의 교회를 굳게 세우실 것을 믿는다면 우리와 교회와 우리 자녀들의 미래는 하나님의 약속만큼이나 밝다.

우리는 윌리엄 캐리의 이야기, 그리고 더 중요한 예수님의 이야기를 알고 있기 때문에 우리의 이야기에서도 희망을 가질 수 있다. 큰 결과가 나타나지 않아도 자신의 일에 충실할 수 있는 이유는 하나님께서 그분의 모든 약속을 이루실 날이 올 것을 알기 때문이다.

이것은 마치 작은 딱따구리와 비슷하다.

딱따구리 한 마리가 전신주를 쪼아 대고 있는데 번개가 내리쳐 전신주가 두 동강이로 갈라졌다. 깜짝 놀란 딱따구리는 멍한 상태로 쪼개진 전신주 앞을 잠시 맴돌다가 황급히 다른 곳으로 날아갔다. 그리고 몇몇 친구를 데리고 다시 돌아와서 "얘들아, 저것 좀 봐. 내가 한 일이야."라고 말했다.

나는 그 딱따구리처럼 되기를 바란다. 마태복음 16장 23절의 약속에 따르면 하나님께서 우리와 함께 하시는 일은 아직 끝나지 않았다. 앞서 말한 대로 지구상에는 아직도 미전도 종족이 4,000개에 달한다. 하나님은 그들을 위해 자기 백성을 축복하시겠다고 말씀하신다. 그분은 우리에게 긍휼과 축복을 베풀기 원하시며, 우리를 위해서가 아니라 그분의 길을 온 세상에 알리기 위해 우리에게 그분의 얼굴을 비추겠다고 약속하셨다(시 67편).

우리는 희망의 근거인 하나님의 불변하는 약속과 우리의 인도자이신 성령을 의지함으로써 다시금 하나님께 위대한 일을 기대할 수 있고, 그분을 위해 위대한 일을 시도할 수 있다.

오비완 케노비(나중에는 루크 스카이워커)는 반란 세력 사이에 희망의 문화를 조성했다. 몇몇 훌륭한 지도자와 몇 번의 작은 승리로 인해 그들은 혁명의 기치 아래 하나로 뭉쳤다. 그들은 자신들이 죽음의 별을 무너뜨릴 수 있는 것을 가지고 있다고 믿었다.

그리스도 안에 있는 우리는 루크 스카이워커와 R2D2보다 더 나은 것을 가지고 있다. 우리에게는 십자가에서 결정적인 승리를 거두신 구원자가 계시다. 그분이 승리하셨기 때문에 우리도 확실하게 승리할 것이다.

이 희망은 단지 미래에 대한 우리의 희망을 독려하는 것에 그치지 않는다. 현재에 대한 우리의 확신에까지 영향을 미친다.

우리는 하나님의 약속 안에서 무한한 자유를 발견한다.

하나님의 약속에 대한 희망은 예수님께서 은혜로 우리를 대하신 것처럼 다른 사람들을 사랑하고, 용서하고, 섬길 수 있는 자유를 제공한다. 하나님의 선하심을 믿기 때문에 우리는 서로에게 말할 때나 서로에 관한 말을 할 때의 태도를 바르게 고칠 수 있다. 복음의 희망은 언제나 풍성하고 너그러운 은혜의 문화를 창조한다.

이것이 다음 장에서 다룰 주제다.

6

복음의 은혜만이 세상을 치유한다

오늘날 이 세상에서 무신론을 부추기는 가장 큰 요인은 입으로는 예수님을 고백하고, 문밖에 나가 삶으로는 그분을 부인하는 그리스도인들이다. 믿지 않는 세상 사람들은 이런 사실에 그저 놀라워할 뿐이다.

─브레넌 매닝(Brennan Manning)

내가 소중하게 생각하는 것을 단 한 가지도 인정하지 않는 사람과 식탁에 마주 앉아 저녁을 먹는다고 상상해 보자. 그녀는 내가 잘못된 길을 가고 있고, 내가 믿는 것이 나와 주위 사람들에게 해악을 끼친다고 생각한다. 그녀는 내가 퇴행적이고 편협한 골칫거리라고 믿는다. 그녀는 사적으로든 공적으로든 항상 내게 그렇게 말할 뿐 아니라 심지어 지역 신문에 나에 대한 논평까지 게재한다. 그녀를 내 집에 몇 번이나 초청했지만 그녀는 여전히 나의 자녀들이 보는 앞에서 그런 말을 되풀이했다.

로사리아 버터필드는 어떤 그리스도인 부부가 그런 놀라운 인내를 발휘해 결국 자기를 믿음으로 인도했다고 말했다. 한때 동성애자였던 버터필드는 자신이 깊이 사랑했던 여성과 함께 살면서 성소수자의 권리를 열렬히 옹호했다.

그녀는 시러큐스대학교에서 최초의 동거 관계 정책에 관한 책을 공동으로 저술하기도 했다. 그녀의 목표는 '종교적 우파'(보수적인 사회 정책을 강력히 지지하는 기독교 세력-역주)에 대한 직접적인 연구 자료를 모으는 것이었다. 그녀는 '종교적 우파'가 반지성적일 뿐 아니라 반미국적인 세력이라고 생각했다. 그녀는 그리스도인들이 자유롭게 사는 사람들의 삶을 계속해서 방해하는 이유를 도무지 이해할 수가 없었다.

버터필드는 자신의 신념을 뒷받침해 줄 단단한 지성적 근거를 갖추고 있었고, 켄(Ken) 목사와 그의 아내인 플로이(Floy)의 신념이 무지에 근거하고 있다는 것을 기꺼이 밝힐 준비가 되어 있었다.

그러나 그녀는 그들이 그런 인내와 친절로 자기를 대할 줄은 꿈에도 생각하지 못했다. 그녀는 켄 목사를 비롯해 그의 아내와 자녀들이 자신에게 베푼 참된 사랑과 친절에 깊은 감명을 받았다고 말했다. 그것이 그녀가 그들의 집을 계속해서 방문했던 이유다.

그녀는 혼란스러운 심정을 달랠 길이 없었다. 그런 일이 반복되면서 몇 달이 흘렀고, 결국 2년이라는 세월이 지났다. 버터필드는 켄 목사 부부와의 관계를 통해 복음에 나타난 하나님의 사랑을 경험했다. 그녀가 표현한 대로 그들의 진심 어린 환대와 친절을 통해 그녀는 하나님의 아름다우심을 발견했다.

반면 오늘날의 그리스도인들을 보고 사람들이 처음 떠올리는 말이 친절과 은혜가 아닌 것은 참으로 안타까운 일이 아닐 수 없다.

압둘라(Abdullah)는 롤리-더럼 지역에 있는 한 대학교에서 일하는 무슬림 성직자다. 내가 압둘라를 좋아하는 여러 가지 이유 중 하나는 그의 솔직함이다. 내가 이따금 그가 동의하지 않는 말을 할 때마다 그는 단지 빙긋이 미소를 짓고 머리를 살래살래 흔들면서 "아니에요, 아니에요."라고 말할 뿐이다.

몇 년 전 압둘라와 나는 채플 힐에 있는 노스캐롤라이나대학교의 종교 토론회에 초대받았다. 토론자 중에서 나의 위치는 소위 '복음적인 그리스도인'의 대변자였다. 학계에 종사하는 사람들에게 '복음적인 그리스도인'이란 '살아 있는 네안데르탈인'이나 다름없었다.

예측한 대로 700명이나 되는 학생이 무슬림 성직자이자 지역 랍비인 압둘라가 동네의 얼간이요 바보로 통하는 복음주의자를 어떻게 압도하는지 지켜보기 위해 모습을 드러냈다.

토론은 순조롭게 진행되었지만 청중은 뭔가 좀 더 자극적인 이야기가 나오기를 기다리는 듯했다.

물론 압둘라와 내가 웃으면서 서로에게 동의한 것은 결코 아니었다. 오히려 정반대였다. 우리 둘 다 상대방이 틀렸다고 생각했고, 그 점을 보여 주려고 노력했다. 그러나 우리는 서로를 좋아했고, 존중했다.

그 토론회를 계기로 우리는 수년 동안 친구로 지내면서 여러 차례 함께 식사도 하고, 대화도 나누고, 가족과 함께 어울렸다. 심지어 그들은 우리 교회에 와서 우리와 함께 성탄절 전야 예배를 드리기까지 했다.

토론회가 끝난 후 또 다른 대학교에서 우리의 토론이 잘 진행되었다는 소식을 듣고 자기들도 토론회를 열고 싶어 했다. 이번에는 압둘라만 초대되었다. 그 이유는 토론회 주최자가 자유주의적인 성향을 띤 사립대학교였기 때문이었다. 그들은 복음주의 기독교를 대변하는 사람을 원하지 않았다. 그래서 자기 학교에서 종교를 가르치는 교수 가운데 한 사람을 또 다른 토론자로 선택했다.

토론회가 끝난 뒤 압둘라에게서 전화가 왔다. 그는 나와 토론회에 관해 대화를 나누고 싶어 했다. 내가 토론회가 어땠느냐고 묻자 그는 "별로였습니다."라고 대답했다. 그리고 "내가 그 교수보다 더 기독교적인 것 같은 생각이 들었습니다."라고 말했다.

나는 어떻게 대답해야 할지 몰랐다. 그리스도인들이 서로를 단죄하는 말은 종종 들어 보았지만 무슬림이 그리스도인을 두고 믿음이 없다고 단죄하는 말을 듣는 것은 처음이었다.

나는 "도대체 무슨 말입니까?"라고 물었다.

압둘라는 "그는 성경이 거론될 때마다 당혹스러운 듯 보였습니다. 그는 성경이 분명하게 가르치는 것이 그런 의미가 아닌 이유를 설명하는 데 많은 시간을 할애했어요." 그리고 이렇게 덧붙였다. "목사님, 내가 볼 때 기독교는 딜레마에 부딪힌 것 같습니다. 한쪽에는 성경을 믿는 사람들이 있습니다. 뉴스에 따르면 그들은 무슬림을 친절하게 대할 마음이 없는 것처럼 보입니다. 다른 한쪽에는 그 교수처럼 성경을 믿지 않는 그리스도인들이 있습니다. 그런데 그들은 우리를 친절하게 대하지요. 기독교는 이 두 가지 대안이 있다고 생각하는 것 같습니다. 성경을 믿고 불친절하게 행동하거나, 성경을 부인하고 사랑을 베풀거나 둘 중 하나인 듯합니다. 대다수 사람은 그 교수처럼 노골적으로 성경을 부인하지는 않겠지만 성경을 믿으려면 관용 없이 증오심을 가져야 한다고 생각하는 것 같습니다. 그들에게는 내가 목사님에게서 발견한 것이 필요합니다. 목사님은 성경이 가르치는 것을 모두 믿습니다. 목사님은 내가 죽으면 천국에 가지 못할 것이라고 생각합니다. 그렇지만 목사님은 나와 내 가족을 사랑하고, 진정으로 나의 친구가 되기를 원합니다."

압둘라의 말이 옳다. 그러나 그의 생각은 오늘날 흔히 말하는 정치적 공정성과 거리가 멀다.

> 진리를 굳게 믿으면서 다른 사람을 은혜롭게 대하는 것이 가능할까?

요즘에는 평화로운 대화를 나눌 수 있는 길은 오직 타협뿐이라는 생각이 만연하다. 각자 자신의 신앙을 덜 주장해야만 그런 대화가 이루어질 수 있고, 모두가 똑같은 것을 믿고 있는 것처럼 행동해야 서로 평화롭게 지낼 수 있다는 것이 요즘 사람들의 생각이다. 그러나 압둘라가 지적한 대로 그것은 대화가 아니다. 망상이다.

그렇다면 과연 진리를 굳게 믿으면서 다른 사람을 은혜롭게 대하는 것이 가능할까?

은혜와 진리

예수님은 "은혜와 진리가 충만하신" 분으로 알려졌다(요 1:14). 그분은 은혜와 진리를 온전하게 소유하셨다. 그것이 그분을 거부할 수도 없고, 용납할 수도 없는 존재로 만들었다.

그분은 큰 사랑으로 가르치셨기 때문에 그분의 원수들은 그분을 죽여 없애기 전까지 마음을 놓지 못했다. 예수님께서 큰 은혜를 베푸셨기 때문에 그분을 못마땅하게 여기면서도 그분을 거부하기 어려워했던 사람이 많았다.

사람들이 예수님에게서 느낀 것은 로사리아 버터필드가 켄 목사 부부와의 우정을 통해 경험한 것과 같았다. 그것은 거부할 수 없는 친절과 저항하기 어려운 은혜와 일관성 있는 진리였다.

은혜나 진리 가운데 한 가지만 없어도 예수님을 닮을 수 없다. 은혜 없는 진리는 근본주의에 지나지 않고, 진리 없는 은혜는 감정주의에 지나지 않는다.

이 둘의 간격을 좁히려면 가장 많이 오해받는 예수님의 가르침을 깊이 살펴봐야 한다.

비판해야 할까, 비판하지 말아야 할까?

체계적으로 조사해 본 적은 없지만 오늘날 가장 인기 있는 성경구절은 마태복음 7장 1절일 것이 틀림없다. 대다수 사람이 그 구절의 일부인 "비판하지 말라."라는 말을 알고 있다.

일전에 포털 사이트 검색창에 '성경은 ＿＿＿하지 말라고 가르친다.'라는 검색어를 적어 넣은 적이 있다. 그러자 그 사이트에서 자동으로 가장 인기 있는 다섯 문장을 제시했다.

'성경은 걱정하지 말라고 가르친다.'

'성경은 문신을 하지 말라고 가르친다.'

'성경은 먹지 말라고 가르친다'(이런 검색 결과를 보고 나니 그 포털사이트는 도대체 어떤 성경을 사용하는지 궁금해졌다. 남침례회가 사용하는 성경이 아니라는 것은 분명했다. 남침례회에서 판매하는 성경에는 '고든 코랄'[미국의 뷔페식당-역주] 10퍼센트 할인 쿠폰이 들어 있다).

'농담하나?'라는 생각이 들었다. 그런데 그 모든 것보다 인기 있는 성경구절은 '성경은 비판하지 말라고 가르친다.'였다. 심지어 성경에 대한 상식이 없는 빌 마허(Bill Maher, 미국의 코미디언-역주)조차 그리스도인들을 상대로 이 구절을 인용하며 말하는 것을 들은 적이 있다. 이 짧고 분명한 두 마디 명령은 오늘날의 사회적 분위기와 잘 맞아 떨어지는 것처럼 보인다. 구체적으로 말해 이 명령은 우리 사회의 가장 기본적인 두 가지 전제(① 종교는 사적인 문제다 ② 도덕은 상대적이다)와 일맥상통하는 듯하다.

사람들이 "비판하지 말라"는 말을 좋아하는 이유는 '당신은 내가 틀렸다고 말할 수 없어.'라는 의미를 담고 있기 때문이다. 이 말은 불신자들이 그리스도인들을 논박할 때 사용할 수 있는 가장 좋은 무기다. 그 말에는 '성경과 논쟁을 벌일 셈인가?'라는 의미가 담겨 있다.

문제는 이 말을 하신 예수님께서 도덕성에 관한 우리의 견해를 우리 자신에게 적용하는 중요한 사안에서 우리가 전제하는 것에 동의하지 않으신다는 것이다. 그분은 자주 공개적인 비판을 제기하셨다. 그중에는 상당히 심한 비판이 많았다.

예수님은 어떤 사람들의 일을 악하다고 비판하셨다(요 7:7). 또한 마태복음에서 종교적 열정을 지닌 사람들에게 "너희는 틀렸다. 왜냐하면 성경도, 하나님의 능력도 모르기 때문이다."라고 말씀하셨다. 이처럼 예수님은 '종교와 도덕성에 관한 우리의 생각을 우리 자신에게 제멋대로 적용하는 것'을 용납하지 않으셨다.

비판하지 말라는 예수님의 명령은 어떤 견해나 행동에 대한 평가를 일체 중단해야 한다는 의미가 아니다. 그분은 은혜 없는 비판적인 태도로 단지 다른 사람들을 가혹하게 질타하는 것, 곧 진리만을 말하고 냉정하게 밀쳐내 버리는 행위를 삼가라고 명령하셨을 뿐이다.

로사리아 버터필드는 처음에 그런 태도를 기대했다. 예수님은 사람들이 틀렸고, 그들의 일이 악하다고 비판하셨지만, 요한복음 3장 17절은 그분이 세상을 심판하기 위해서가 아니라 구원하기 위해 오셨다고 말씀한다.

> 무차별한 비판이 사라지려면 복음의 은혜가 충만한 문화, 예수님처럼 생각하는 문화가 조성되어야 한다.

명백한 진리를 말하는 것과 무차별한 비판은 확연하게 다르다. 무차별한 비판은 명백한 진리를 말하는 것과 거리가 멀다. 비판인지 아닌지는 진리를 말하고 난 후의 행동이나 태도를 보면 분명하게 알 수 있다.

무차별한 비판은 명백한 진리("이것은 잘못이다")를 말하는 것을 넘어 "꼴 보기 싫으니 썩 꺼져 버려!"라고 말하는 것과 같다. 그런 식의 비판이 사라지려면 복음의 은혜가 충만한 문화, 예수님처럼 생각하는 문화가 조성되어야 한다.

우리가 복음의 은혜가 아닌 비판의 문화 안에 살고 있다는 것을 보여 주는 징후는 대략 일곱 가지다.

1. 우리 자신의 죄보다 다른 사람의 죄에 더 분노하는 것

복음을 통해 변화된 사람은 다른 사람들의 죄가 아닌 자신의 죄를 먼저 슬퍼한다. 디트리히 본회퍼는 믿음의 성장을 보여 주는 첫 번째 징후 가운데 하나는 교회의 위선을 개탄하며 그것을 극복하려는 열망을 지니는 것이라고 말했다.

그러나 성장을 보여 주는 또 다른 징후는 교회 안에 있는 위선이 내 안에도 있다는 것을 인정하는 것이다. 다른 사람들의 죄를 꾸짖어야 마땅하지만 언제나 우리 자신의 죄를 고통스럽게 의식해야 한다. 우리의 마음속에 있는 죄보다 다른 사람들의 죄에 더 큰 분노를 느끼는 순간, 우리는 은혜의 영역에서 벗어날 수밖에 없다.

죄를 꾸짖는 것은 기독교적인 삶에서 매우 중요한 역할을 한다. 예수님은 "만일 네 형제가 죄를 범하거든 경고하고 회개하거든 용서하라"(눅 17:3)고 말씀하셨다.

그러나 그렇게 할 때는 바울이 말한 대로 우리 자신도 다른 사람들과 똑같은 죄인이며, 하나님께서 우리의 불의를 살피신다면 아무도 설 사람이 없을 것이라는 사실을 기억해야 한다(갈 6:1-2; 시 130:3 참조).

예를 들어 시편 저자는 하나님께 자기가 저질렀다고 알고 있는 죄는 물론 저질렀는지 모르는 죄에서도 자신을 보호해 달라고 기도했다(시 19:12). 우리 자신을 아무리 의롭게 생각하더라도 우리가 보지 못하는 죄가 항상 있기 마련이다.

'맹점'과 '약점'은 다르다. 여기에서 맹점은 우리가 알지 못하는 마음속의 죄를 가리킨다. 우리가 아는 죄는 보지 못할 수가 없다. 기독교 상담가 폴 트립(Paul Tripp)은 우리는 우리 자신의 죄를 보지 못하지만 다른 사람들은 그것을 분명하게 본다고 말했다. 따라서 다른 사람들의 죄를 한탄하기보다 다른 사람들이 우리 자신의 죄에 대해 하는 말을 더 많이 경청하는 것이 지혜로운 처사다.

2. 용서를 거부하거나 용서를 해도 잊지 않으려는 것

누군가를 용서하지 않는다는 것은 우리가 하나님께 얼마나 큰 용서를 받았는지를 의도적으로 무시하는 것이다.

"용서는 하되 잊지는 말자."라는 말은 불필요한 구별에 지나지 않는다. 그 말은 "내가 당신을 용서하는 이유는 내 기분을 좋게 하기 위해서요. 당신이 저지른 일 때문에 내가 입은 피해는 항상 상기시켜 줄 것이오."라는 말을 다르게 표현한 것일 뿐이다. 그것은 용서가 아니다.

용서는 죄의 빚을 모두 탕감해 주고, 아무 조건 없이 사랑과 선을 베푸는 것을 의미한다.

3. 우리에게 동의하지 않는 사람들을 백안시하는 것

이것이 비판의 본질이다. 우리는 어떤 사람이 우리의 행동 기준이나 신념에 동의하지 않으면 함께 어울리지도 않고, 사랑으로 대하지도 않으려 한다. 우리에게 동의하지 않으면 그들을 아예 무시해 버린다. 간단히 말해 '이 문제에서 의견이 다르면 우리는 친구가 될 수 없어.'라고 생각한다.

궁극적인 비판의 말은 "불법을 행하는 자들이여, 내게서 떠나가라."이다. 그리스도인은 재판관의 역할을 부여받지 못했기 때문에 그 누구에게도 그렇게 말해서는 안 된다. 심지어 예수님도 세상에 계시는 동안 그 어떤 사람에게도 그렇게 말씀하지 않으셨다. 그분은 장차 하늘에서 그렇게 말할 것이라고 말씀하셨을 뿐, 세상에 계실 때는 가룟 유다가 입맞춤으로 자신을 배신했음에도 여전히 그를 "친구"라고 부르셨다(마 7:23, 26:50).

예수님은 어떤 문제에 대해 우리에게 동의하는 사람들보다 동의하지 않는 사람들을 더 사랑해야 한다고 가르치셨다. 물론 우리의 입장을 타협하거나 완화할 필요는 없지만, 우리에게 동의하지 않는다고 해서 관계를 끊거나 백안시해서는 안 된다.

4. 험담을 일삼는 것

험담이 비판인 이유는 우리가 말하는 사람을 단죄하기 때문이다. 험담은 사람들을 좀 더 나은 길로 인도하고, 더 나은 행위를 독려하려는 의도가 아니라(이것이 은혜로운 책망이다) 그들이 경멸을 받아 마땅할 만큼 흠이 많다는 생각으로 그들을 무시하려는 의도에서 비롯한다.

험담이 위험한 이유는 비판하고 있다는 사실을 알려 그것을 통해 유익한 결과를 얻을 수 있는 기회조차 허락하지 않고 등 뒤에서 다른 사람들을 판단하는 것이기 때문이다.

험담은 사람들에게 변화의 기회조차 주지 않는다. 그것은 사람들이 변할 가능성이 없다거나 그들이 관계에 근거한 책망을 받을 자격조차 없다고 생각하는 것과 같다. 어떤 점에서 험담은 궁극적인 형태의 비판이라고 말할 수 있다. 그 이유는 그것이 당사자에게 직접 말하지 않고, 그를 아예 무시해 버리는 행위이기 때문이다.

험담을 '기도 요청'으로 위장하거나 "그 형제(자매)의 마음을 축복해 주소서."라는 전형적인 표현으로 적당히 얼버무린다 해도 그것이 험담이라는 사실을 감출 수는 없다.

5. 다른 사람의 잘못된 점을 바로잡아 주려고 하지 않는 것

사람들의 잘못된 점을 지적하지 않는 것 자체가 곧 그들을 비판하는 행위에 해당한다.

그리스도인이 다른 사람의 잘못을 바로잡아 주려고 하지 않는 이유는 크게 두 가지다. 하나는 성경이 사실이라고 믿지 않기 때문이고, 다른 하나는 상대방이 실제로 변화할 수 있다고 생각하지 않기 때문이다. 이런 이유로 잘못을 꾸짖지 않는다면 하나님을 영화롭게 할 수 없다.

상대방이 변하지 않을 것이고, 충고를 듣지 않을 것이라고 단정하고 험담을 일삼는 것은 처음부터 그 사람을 비판하고 단죄하는 것이나 다름없다. 그것은 그에게 은혜 받을 기회를 주지 않고, 죄 가운데 버려두는 것이다. 하나님이 무엇이든 원하는 대로 할 수 있는 능력을 지니고 계신다는 것을 잊지 말라. 복음으로 변화된 마음은 그런 희망을 결코 포기하지 않는다.

6. 비판받기를 거부하는 것

'왜 우리는 비판받는 것을 그토록 싫어할까?'라는 문제를 잠시 생각해 보자. 그 이유는 우리가 우리의 잘못을 인정하기 싫어하기 때문이 아닐까? 우리는 우리 자신을 '은혜가 필요한 죄인'이 아니라 '다른 사람들을 비판할 자격이 있는 의인'으로 생각하는 경향이 있다. 우리는 비판을 받기보다 비판하는 역할이 우리에게 더 잘 어울린다고 생각한다.

그러나 복음을 옳게 이해했다면 우리 자신의 잘못을 기꺼이 인정할 수 있어야 한다. 다른 사람들이 우리의 잘못을 지적할 때는 "맞습니다. 사실 나는 당신이 알고 있는 것보다 죄가 더 많습니다. 그런데도 내가 두려워하지 않는 이유는 나의 모든 죄가 이미 예수님의 보혈로 깨끗하게 씻음을 받았기 때문입니다."라고 말해야 한다. 그런 태도를 지니면 다른 사람들이 죄를 지적하는 방식이 크게 달라질 것이 분명하다.

7. 다른 사람들을 절망적이라고 무시해 버리는 것

다른 사람들을 절망적이라고 무시해 버리는 것은 그들이 구원받을 수 없다고 단정하는 것과 같다. 그것은 그들에게 심판을 선고하는 것과 다름없다. 바울은 복음이 모든 믿는 사람에게 구원을 주는 하나님의 능력이라고 말했다. 우리는 이런 사실을 무시해서는 안 된다.

우리가 죽지 않았다면 하나님의 일도 끝나지 않는다.

사람들이 죽지 않았다면 아직 희망이 남아 있다.

거리로 쏟아져 나오는 은혜

복음의 은혜로 형성된 문화는 사람들에게 은혜로 말하는 것 이상의 의미를 지닌다. 그것은 예수님의 관대함을 아낌없이 쏟아부어 준다.

이 책 곳곳에서 말하는 대로 그리스도인들은 우리 사회에서 점점 더 관심 밖으로 밀려나고 있다. 이것이 뉴스 속보처럼 생소한 소식으로 들렸다면 미안하다. 그러나 연구 조사에 따르면 요즘 사람들은 복음주의 그리스도인보다 국세청 직원에 대해 말하는 것을 더 편안하게 느낀다고 한다.

이런 사실 때문에 발 벗고 나서겠다고 말하는 그리스도인이 많다. 그들은 '이제 우리가 진정으로 의로운 사람들이라는 것을 모두에게 보여 줄 때가 되었다'고 생각한다. 절박한 시대에는 긴급한 대책이 필요하다. 그렇지 않은가? 공격을 당하고 있는데 정중하고 친절한 태도를 보일 수 있겠는가?

그러나 우리는 문화를 보고 우리의 태도를 결정해서는 안 된다.

우리는 예수님을 바라봐야 한다. 성경을 보면 그리스도의 본이 되시는 태도를 발견할 수 있다. 그분은 "욕을 당하시되 맞대어 욕하지 않으셨다"(벧전 2:23).

예수님은 죄인들과 맞서 싸움으로써 죄를 정복하지 않으셨다. 죽었다가 죽은 자 가운데서 다시 살아나심으로써 죄를 물리치고 정복하셨다. 그분의 죽으심에는 부활의 능력이 포함되었다.

예수님은 우리에게도 동일한 원리를 적용하신다. 복음의 은혜를 널리 확대하려면 공개적으로 비난을 받을 수도 있고, 패배한 심정을 느끼거나 오해나 버림을 받을 수도 있다. 예수님도 그런 경험을 하셨다. 그러나 십자가의 길은 부활의 능력으로 이어진다.

오늘날에는 이 원리가 그 어느 때보다 더 중요하다. 이 세상은 병들었기 때문에 복음에서 비롯되는 치유의 향기가 필요하다. 우리는 예수님께서 그분의 사역을 통해 구현하신 것과 똑같은 역설을 지향해야 한다. 그것은 한마디로 은혜와 진리다. 이 복음의 공식만이 사람들을 자유롭게 할 수 있다. 우리는 하나님의 진리를 말해야 한다. 그리스도의 정신으로 그렇게 해야 한다. 그러지 않으면 우리가 무슨 말을 하든 그분에 대해 거짓말을 할 수밖에 없다.

교회 안에 있는 복음의 진리는 길거리에 나타나는 복음의 은혜와 조화를 이루어야 한다. 이런 은혜와 진리의 역설을 회복할 수만 있다면 사회가 건설한 높은 성벽이 무너져 내리는 것을 보고 놀라게 될 것이다.

몇 년 전 우리 교회는 이런 균형을 유지하지 못했다는 사실을 깨닫기 시작했다.

우리는 강단에서 복음을 전하는 것에만 초점을 맞추었다. 그 결과 복음의 은혜가 교회 밖으로 흘러나가지 못했다. 우리는 성령의 인도하심에 따라 우리가 사는 도시에 우리의 입과 손으로 축복을 전할 수 있는 교회가 되기로 결심했다. 도시에 다른 교회를 개척하는 사업을 시도한 이유는 상처가 많은 지역을 찾아 그곳에 그리스도의 치유의 은혜를 적용하기 위해서였다.

우리는 "복음을 통해 우리 도시에 큰 기쁨을 전하려면 어떻게 해야 할까?"라고 묻기 시작했다.

시장에게 면담을 요청했고, 그에게 우리 도시에서 환경이 가장 열악한 지역 다섯 곳을 알려 주면 우리 교회가 그곳에 도움을 주겠다고 말했다.

그의 첫 번째 대답은 "학교들입니다."였다. 그것이 계기가 되어 우리 교회의 지역 봉사 사역("ServeRDU")이 시작되었다.

처음 시작은 미미했다. 우리는 교사 한 사람을 통해 일시적인 주거지가 필요한 어느 가족에 대한 정보를 전해 들었다. 결혼을 앞두고 있던 우리 교회의 교인 한 사람이 축하객들에게 받은 결혼 선물을 그 가족에게 기부해 주거지 마련에 사용하도록 배려했다.

또한 우리는 학교 교실에 페인트를 칠하고, 바닥을 청소하고, 교사들에게 아침 식사를 제공했다. 그러자 교장이 우리에게 기말 시험 기간에 학생들을 위해 기도해 달라고 부탁했고, 그것을 계기로 우리 교인들이 위험한 환경에 처해 있는 아이들을 보살피고 지도하는 사역이 매우 폭넓게 이루어지게 되었다. 그렇게 몇 년 동안 노력을 기울인 결과, 그 학교는 군에서 실시한 연말 평가에서 최고점을 기록하여 '최우수 향상상'을 수상했다.

이것은 우리가 속한 지역을 은혜로 섬기는 것이 무슨 의미인지 잘 보여 준다. 하나님의 은혜와 능력 덕분에 "ServeRDU" 사역은 계속해서 발전해 나갔다.

시장을 처음 방문하고 몇 년이 지난 후, 나는 마틴 루터 킹 주니어(Martin Luther King Jr.) 목사의 연례 기념회에서 강연을 해 달라는 요청을 받았다. 더럼 인구의 40퍼센트가 아프리카계 미국인이기 때문에 그 행사는 매우 중요했다. 나는 요청을 받아들였지만 마틴 루터 킹 목사의 기념회에서 기조연설 강사로 나 같은 사람이 선정되는 일이 흔하지 않았기 때문에 몹시 긴장되었다.

그때 내가 불안해하는 것을 의식한 군 행정관이 결코 잊지 못할 말을 해 주었다.

"목사님, 왜 저희가 목사님께 강연을 부탁했는지 아시나요?"

"잘 모르겠습니다."

"그 이유는 목사님의 교회가 우리 도시에 축복을 베풀어 왔기 때문입니다."

그날 오후에 또 다른 시청 관리가 나에게 이런 말을 해 주었다.

"우리 도시 곳곳에 여러 가지 필요가 있는데 서미트교회의 교인들이 그 필요를 채워 주고 있습니다. 서미트교회 교인들보다 오늘날 우리가 높이 평가하는 형제애를 더 잘 구현하는 사람들은 찾아보기 어렵다고 생각합니다."

지금까지 하나님은 도시를 위한 우리의 사역에 항상 새로운 활로를 열어 주셨다. 그분은 우리 가운데서 새롭고 혁신적인 사역을 이끌 새로운 지도자들을 일으켜 세우셨다. 우리 교회를 포함해 모든 교회가 도시를 섬기고, 도시에 기쁨을 가져다주고, 거리에 하나님의 은혜를 풍성하게 퍼뜨리기 위해 존재한다. 지금 이 은혜가 우리 사회 구석구석까지 영향을 미치고 있다. 우리가 그런 노력을 기울이지 않았다면 이런 결과가 나타날 수 없었을 것이다.

우리는 지역 교도소를 위한 사역에도 힘을 쏟고 있다. 우리 교회의 교인 가족들을 통해 형기가 거의 끝나 가는 죄수들을 지원하는 프로그램을 마련해 실시하고 있다. 그들은 그 프로그램을 통해 주말마다 몇 시간 동안 외출을 허가받고, 지원 가족들과 함께 예배에 참석한다. 나는 '헌금'에 관해 말할 때마다 다음과 같은 내용의 쪽지와 함께 5달러를 헌금한 어느 죄수의 이야기를 들려주곤 한다.

'많은 돈은 아니지만 제가 가진 돈의 10퍼센트입니다. 저는 갇힌 몸인지라 아직 목사님 교회의 등록 교인은 아니지만 이미 등록 교인과 같은 심정을 느끼고 있습니다. 저는 지난 18개월 동안 구원의 은혜를 체험했습니다. 하나님께서 저의 삶을 변화시키고 계십니다. 목사님의 설교는 강단에서 전한다는 점만 다를 뿐, 래퍼 투팍(Tupac)의 랩처럼 가공되지 않은 생생한 진리를 전하고 있습니다.'

물론 나는 "빌리 그레이엄 목사처럼 설교한다"는 말을 들을 만한 수준이 못 된다. 솔직히 인정하지만 그것은 내게 너무 과분한 칭찬이다. 그러나 그리스도인들은 이웃과 국가를 진심으로 사랑한다는 평판을 들어야 한다. 그리스도인들의 은혜가 지역 사회에 분명하게 나타난 때가 있었다. 그런 시기에 전해지는 교회의 증언은 큰 효력을 발휘했다. 로마 황제 율리우스(Julius)는 4세기 당시의 그리스도인들이 너무 사랑이 많다며 불평을 토로했다.

어떻게 하면 이 꼴사나운 갈릴리인들의 성장을 막을 수 있을까? 그들은 그들 자신의 가난은 물론 우리의 가난까지 보살피고 있다.

복음의 은혜가 없는 복음의 교리는 세상은 물론 복음을 전하는 교회에 치명적인 해를 끼친다.

지금 이 시대 사람들이 우리에 대해 이런 불평을 토로한다면 어떻게 될까? 세상 사람들이 우리가 자기들까지 사랑한다는 이유로 우리를 미워한다면 참으로 멋진 일 아닌가? 시 행정관이 시장의 집무실에 뛰어들어 와서 "정말 못해 먹겠습니다. 그리스도인들이 이미 그 필요를 충족시켜 주었기 때문에 시 정부의 계획을 또다시 취소하게 생겼습니다."라고 말한다면 얼마나 좋겠는가?

이런 말이 우습게 들린다면 그것은 곧 우리가 복음으로부터 많이 벗어났다는 증거일지도 모른다.

레이 오틀런드(Ray Ortlund) 목사는 『복음』(The Gospel)이라는 책에서 은혜의 문화는 자연스럽게 복음의 교리를 동반한다고 말했다. 만일 그렇지 않으면 신조를 통해 아무리 올바른 말을 하더라도 무엇인가 크게 잘못된 것이 틀림없다.

교회가 복음의 진리에 근거한 신학을 주장하면서도 실천 차원에서는 얼마든지 복음과 정반대로 행동할 수 있다. 부활하신 주님은 자신의 교회 가운데 한 곳을 향해 "네가 말하기를 나는 부자라. 부요하여 부족한 것이 없다 하나 네 곤고한 것과 가련한 것과 가난한 것과 눈먼 것과 벌거벗은 것을 알지 못하는도다"(계 3:17)라고 말씀하셨다. 문제는 그들이 믿는 교리가 아니라 그들의 행위였지만 그들은 그 사실을 깨닫지 못했다. 그러나 주님은 "내가 네 행위를 아노니"(계 3:15)라고 분명하게 말씀하셨다. 그들은 다시금 솔직하고, 겸손하고, 정직한 태도로 그리스도께 나가야 했다.[1]

오틀런드는 계속해서 "교리가 없으면 문화는 무력해지고, 문화가 없으면 교리는 적절성을 잃는다"고 날카롭게 덧붙였다.[2]

만일 "내게 계시는 예수님"이 내가 원하는 모든 것이라고 말하면서 "다른 사람들이 있는 곳에 예수님의 사랑을 전하자"고 말하지 않는다면 믿을 만한 더 나은 이야기와 참여하고 싶은 더 나은 공동체를 찾는 세상 사람들에게 아무런 설득력을 지니지 못할 것이 분명하다.

복음의 은혜가 없는 복음의 교리는 세상은 물론 복음을 전하는 교회에 치명적인 해를 끼친다.

신자들이 먼저 은혜로 충만해야 한다

복음의 사랑이 거리로 흘러나가려면 신자들이 먼저 사랑으로 충만해야 한다. 그런데 현실은 그렇지 못한 것 같아서 안타깝다.

작고한 프랜시스 쉐퍼(Francis Schaeffer)는 사랑을 나타내는 것이 회의적인 세상을 향한 그리스도의 "마지막 변증"이라고 말하곤 했다. 이 말은 흔히 세상 사람들에게 넘치는 사랑을 보여 줌으로써 복음의 정당성을 입증해야 한다는 의미로 해석된다. 그러나 쉐퍼의 말은 구체적으로 신자들 상호 간의 사랑을 가리킨다. 예수님도 그런 말씀을 하신 적이 있다(요 13:35). 그분은 우리가 서로 사랑하면 세상이 우리가 그분의 제자인 것을 알게 될 것이라고 말씀하셨다.

세상을 사랑하는 것이 아니라 우리가 서로를 사랑하는 것이 먼저다. 세상 사람들에게 복음의 사랑을 보여 주려는 열정이 매우 큰 사람들 가운데 가족을 먼저 사랑해야 한다는 이 중요한 복음을 간과하는 사람이 적지 않다.

전에 갈라디아서를 공부하는 모임에 참석한 적이 있다. 참석자들이 차례로 돌아가면서 공부를 이끌었다. 갈라디아서 6장을 가르치는 과제를 담당했던 형제가 10절("모든 이에게 착한 일을 하되 더욱 믿음의 가정들에게 할지니라")을 설명하면서 "나는 이 말씀에 동의하지 않습니다. 우리는 이미 그리스도인이 된 사람들이 아닌 외부 사람들에게 착한 일을 해야 합니다."라고 말했다.

복음 전도에 대한 그의 열정은 존중해야 하겠지만 그는 많은 그리스도인이 저지르는 실수(헌신적인 사랑을 먼저 교회 안에서 표현하고 실천해야 한다는 사실을 간과하는 것)를 똑같이 저질렀다. 성경의 가르침을 고쳐 가면서까지 그렇게 말한 것은 도무지 납득하기가 어려웠다.

사랑이 믿음으로 한 가족이 된 그리스도인들 사이에서 먼저 실천되지 않는다면 어떻게 바깥세상에까지 전해질 수 있겠는가? 하나님의 백성인 교회 안에서 먼저 은혜가 흘러넘쳐야만 거리에까지 흘러나갈 수 있다. 교회는 그런 사랑의 기적을 이루기 위해 창조되었다. 세상 사람들이 우리가 서로 관계 맺는 방식을 보고, 거기에서 그리스도의 형상을 발견할 수 있어야 한다. 워싱턴에서 활동하고 있는 마크 데버(Mark Dever) 목사는 이것을 보이지 않는 그리스도를 "보이게 만드는 것"으로 일컬었다.[3]

마음에 깊이 와 닿는 말이다. 이 말은 초인적인 영웅들에게 한껏 매료되었던 나의 어린 시절이 생각나게 한다. 그런 감정은 성인이 된 후에도 완전히 사라지지 않았다.

나는 어렸을 때 항상 초인적인 영웅들의 복장을 하고 놀았다. 나는 배트맨도 되고, 슈퍼맨도 되고, 스파이더맨도 될 수 있었지만 투명 인간은 될 수 없었다. 그를 가장 잘 흉내 낼 수 있는 방법은 누나가 없을 때 누나 방에 몰래 들어가서 물건들을 온통 어지럽혀 놓고는 나중에 투명 인간이 한 일이라고 둘러대는 것이었다(물론 누나는 그 말에 속을 만큼 어리석지 않았다).

그런데 텔레비전에서 어떤 사람이 투명 인간을 보이게 만들고 싶다고 말하니까 사람들은 그에게 페인트를 부으면 된다고 대답했다. 그렇게 하니까 그의 형태를 보고, 움직임을 추적할 수 있었다.

이것이 교회가 예수님을 위해 해야 할 일이다.

우리는 교회의 삶을 통하여 보이지 않는 그리스도를 보이게 만들어야 한다. 교회는 성도의 교제, 거룩한 삶, 문화적 다양성, 사심 없는 사랑의 행위, 용서와 담대한 용기를 통해 우리 안에 거하시는 아름답고, 거룩하고, 영원하신 그리스도의 모습을 보여 주어야 한다.

간단히 말해 복음을 믿는 사람은 복음을 닮아야 한다. 복음을 닮는 첫 단계는 믿음의 형제자매들과 관계를 맺는 방식에서부터 시작된다.

안타까운 것은 그리스도인들이 공공생활이나 소셜미디어를 통해 서로를 대하는 방식이 "은혜와 진리로 충만하다"고 표현할 만큼 충분하지가 못하다는 것이다.

사실 이 주제를 다루려면 또 한 권의 책이 필요할 것이다. 그러나 이번 장을 마무리하기 전에 나는 복음의 은혜와 사랑에 근거해 신자들 상호 간의 관계를 형성하는 데 도움이 될 만한 다섯 가지 방법을 제시하고 싶다. 이 방법들은 특히 서로 의견이 일치하지 않는 상황에서 유익하게 활용할 수 있을 것이다.

1. 의심스럽더라도 일단 상대방의 말을 믿어 주라

나는 교회 직원들에게 항상 이 말을 기억하라고 강조한다. 이 말이 교회 직원들의 입에서 무의식적으로 튀어나올 수 있기를 바란다. 나는 교회 직원들에게 내가 새벽 3시에 그들의 집에 몰래 들어가서 곤히 잠든 그들을 흔들어 깨울 때 그들의 입에서 나온 첫마디가 이 말이어야 한다고 강조한다.

다른 사람들을 대할 땐 상대방의 말을 일단 믿어 주거나 믿지 않게 되는 상황이 발생한다. 만일 우리의 관계가 복음으로 형성되기를 바란다면 믿지 않는 것보다 믿어 주는 것이 더 많아야 한다.

나는 우리 교회 교역자들에게 종종 아마존 사장 제프 베조스(Jeff Bezos)에게서 들었던 말을 한다.

갈등이 발생할 때는 동료들에 관하여 두 가지를 생각해야 한다. 하나는 그들이 현명하다는 것이고, 다른 하나는 그들이 선한 의도를 지녔다는 것이다. 이 두 가지 생각을 자주 떠올린다면 갈등의 90퍼센트가 시작되기도 전에 흔적도 없이 사라지게 될 것이다.

물론 그런 생각이 자연스럽게 떠오르는 것은 결코 아니다. 나의 경우만 해도 갈등이 시작될 때는 본능적으로 그와 정반대되는 생각을 하게 된다(즉 상대방이 어리석거나 악하다고 생각한다).

누군가가 새로운 아이디어를 내놓으면 우리는 그것이 형편없다고 생각한다.

예를 들면 누군가가 제시한 새로운 인사 정책은 할 일이 더 많아진다는 의미일 뿐이다. 그런데도 내가 제시한 멋진 아이디어는 고려조차 되지 않는다. 그런 상황에 직면할 때마다 우리는 다른 사람들은 바보이거나 악인이거나 둘 중에 하나, 혹은 둘 다라고 생각하고픈 유혹을 느낀다.

그러나 복음은 그와 정반대의 생각을 하라고 가르친다. 사랑은 "모든 것을 참으며 모든 것을 믿는다." 사랑은 상대방의 말을 일단 믿어 주는 데서부터 시작한다.

우리끼리 서로 다투고 비난을 일삼는다면 세상 사람들에게 뭐라고 말할 수 있겠는가? 우리는 그보다는 좀 더 나은 태도를 보여 주어야 한다.

2. 다른 사람들을 좋게 생각하라

이 말은 앞의 말과 거의 비슷하다. 매우 중요하기 때문에 표현을 달리해서 한 번 더 강조하는 것이 필요하다는 생각이 들었다. 학습의 비결은 반복과 중복, 곧 같은 것을 거듭 되풀이하는 것이다.

다른 사람들을 좋게 생각한다는 것은 그들과 그들의 동기를 가능한 한 가장 좋게 받아들이는 것을 의미한다. 내가 아는 어느 성경 교사는 "좋게 생각한다"는 것은 "신뢰로 간극을 메우는 것"을 의미한다고 말했다. 그의 말을 좀 더 자세히 설명하면 다음과 같다.

우리는 기대와 현실의 간극에 부딪히는 것이 어떤 의미인지 알고 있다. 아들이 집에 10시까지 들어와야 하는데(기대) 10시 20분이 지났는데도 들어오지 않는다(현실). 직장에서 중요한 프로젝트가 시작되는데(현실) 조언을 요청하는 사람이 아무도 없다(기대).

그런 간극에 부딪힐 때 우리는 선택을 해야 한다. 그런 간극을 우리는 의심으로 메우려는 성향이 있다.

예를 들어 '아들이 늦은 이유는 나를 존중하지 않기 때문이야.'라거나 '그녀가 내게 조언을 구하지 않는 이유는 내게 배울 것이 없다고 생각하기 때문이야.'라거나 '그가 그런 말을 하는 이유는 편협하기 때문이야.'라는 식으로 생각한다.

신뢰의 문화를 형성한다는 것은 그런 간극을 신뢰로 메우기로 결정했다는 뜻이다. 우리의 삶 속에서 이미 그런 식의 신뢰를 부여하고 있는 사람이 존재한다는 사실을 기억한다면 이 말을 이해하는 것이 그리 어렵지 않을 것이다. 그 사람은 바로 우리 자신이다. 우리는 우리 자신에 대해서는 항상 "신뢰로 간극을 메운다"(심지어 그러지 말아야 할 때도 그렇게 한다). 우리는 그와 같은 친절을 다른 사람들에게도 똑같이 베풀어야 한다.

다른 사람을 좋게 생각한다는 것은 무조건 모든 것을 낙관적으로 생각하거나 쉽게 속아 넘어가 준다는 의미가 아니다. 신뢰의 태도를 지닌다는 것은 상대방을 비난하기보다 필요한 질문을 던지며 대화를 나누는 것을 의미한다. 다시 말해 우리가 알지 못하는 다른 정보가 있다고 생각해야 한다. 우리는 "당신은 대체로 이러지 않는데 혹시 무슨 일이 있나요?"라는 식으로 말해야 한다.[4]

3. 은혜의 문화를 조성하라

여기에서 중요한 용어는 '문화'다. 이 말은 우리가 주변 세상과 관계를 맺고 있다는 것을 의미한다. 세상 사람들은 진리에 대한 우리의 굳센 신념뿐 아니라 자기들을 인정하고 받아 주는 따뜻한 사랑을 기억한다. 기독교적인 삶은 우리와 동의하는 사람들과만 어울리는 폐쇄적인 삶과 거리가 멀다. 사람들의 기억에 가장 오래 남는 것은 우리가 그들에게 믿는다고 주장하는 진리뿐 아니라 그들을 사랑하는 우리의 태도다.

우리의 모든 관계가 은혜에 근거해야 하는 이유는 무엇일까? 그래야만 문화 전쟁의 판도가 바뀔 수 있기 때문이다.

은혜는 은혜를 낳는다. 은혜가 어떻게 은혜를 낳고 문화의 판도를 바꿔 모든 사람에게 최선의 결과를 가져다주는지 보여주는 좋은 사례가 민디 캘링(Mindy Kaling, 미국의 시트콤 드라마 〈더 오피스〉에서 켈리 역을 맡은 배우)의 『민디 프로젝트』(Is Everyone Hanging Out without

Me?)에서 발견된다. 그녀는 그 책에서 〈더 오피스〉에서 배우로 활동하면서 느낀 점을 이야기했다. 스티브 카렐(Steve Carell, 마이클 스콧 역을 맡은 배우)을 충동해 다른 배역을 맡은 사람들을 나쁘게 말하게 하려고 애썼지만 그렇게 하기가 너무 어렵다며 불평했다. 그녀는 그가 놀라우리만큼 친절하고 온화한 성품을 지녔다고 말했다.

캘링의 말에 따르면 그녀의 목표는 스티브 카렐이 다른 사람을 나쁘게 말하게 만드는 것이었다. 출연 배우들은 이따금 함께 모여 카렐을 불러 놓고 "우리는 지금 배우들끼리의 긴밀한 관계 형성을 위해 아무개를 헐뜯으려고 해."라는 식의 표정으로 대화를 나누려고 시도하곤 했다.[5]

그러나 그는 그들에게 조금도 동조하지 않았다. 미소를 지으며 정중하게 거절했다. 캘링은 어떻게 그토록 화가 날 만큼 세련된 사람이 있을 수 있는지 도무지 이해할 수가 없었다.

나는 마이클 스콧이 결국에는 자신의 소원을 이루었다고 생각한다.

나는 그들이 나를 두려워하기를 원할까, 사랑하기를 원할까?
나는 그들이 자기들이 나를 얼마나 많이 사랑하는지 알고 놀라기를 원해.

카렐의 태도는 은혜의 문화를 조성해 배우들의 사기와 촬영장의 분위기에 영향을 미쳤다. 그 결과 드라마의 질이 높아져 역대 가장 성공적인 시트콤 가운데 하나가 되었다.

복음을 믿는 우리는 우리 자신을 모든 관계 속에서 은혜의 문화를 창조하는 사명을 수행하는 대리자로 간주해야 한다.

예를 들어 어떤 신자가 다른 신자를 헐뜯는 소리를 들었다면 그냥 무시하고 지나가서는 안 된다. 그럴 때는 동료 신자들에게 "신뢰로 간극을 메우라"고 권고해야 한다. 설령 그 갈등이 우리가 모르는 사람과 관련된 일일지라도 험담이 나오지 않도록 서둘러 차단해야 한다. 듣는 사람이 못마땅해하더라도 될 수 있는 한 "그 사람이 현명하고 좋은 의도를 지니고 있다고 생각하기로 해요."라는 식으로 말해야 한다.

물론 너무 지나치면 역효과를 일으킬 수도 있다. 다시 말해 역겨운 신뢰 정책을 남발하는 사람이라는 소리를 들을 수도 있다. 그러나 그런 정도까지 나아가는 경우는 매우 드물 것이다. 의심의 문화는 저절로 이루어진다. 그러나 신뢰의 문화는 의도적인 노력이 필요하다.

4. 정직하고 직접적인 대화를 나누라

팀 챌리스(Tim Challies)는 "그 점에 대해 그 사람에게 직접 말한 적이 있습니까?"라는 말이 목회자들이 누군가로부터 다른 사람에 대해 불평하는 말을 듣게 되었을 때 해 주어야 할 가장 보편적인 조언 가운데 하나가 되어야 한다고 말했다. 어떤 사람이 나를 믿고 다른 사람에 대한 비밀을 털어놓으면 내가 중요한 사람인 것 같은 기분이 들기 마련이다. 그러나 만일 그가 그 사람에게 먼저 직접 그런 말을 하지 않았다면 그런 신뢰는 득보다 해가 될 때가 많다.

신뢰와 직접적인 충고는 상충되지 않는다. 오히려 둘은 서로를 필요로 한다.

그러나 직접적인 충고는 올바른 태도로 이루어져야 한다. 구체적으로 말해 귀를 활짝 열고, 직접 상대를 마주한 채 겸손한 마음으로 성경에 근거한 조언을 건네야 한다. 이런 일이 올바로 이루어진다면 개인적인 관계 속에서 발생하는 갈등 대부분이 쉽게 해소될 수 있을 것이다.

5. 서로 먼저 은혜를 베풀라

잠언 19장 11절은 "허물을 용서하는 것이 자기의 영광이니라"고 말씀한다. 바울은 로마의 신자들에게 "존경하기를 서로 먼저 하라"고 했다(롬 12:10). 이 말로 바울은 건전한 복음의 경쟁을 독려했다. 동료 신자들보다 먼저 은혜를 베풀려고 노력하는 것이 좋다고 말했다.

앞에서 말한 대로 직접적인 충고가 필요한 때도 있지만 〈겨울왕국〉(Frozen)의 엘사처럼 그냥 잊어야 할 때도 있다. 어떤 것이 필요한지는 지혜롭게 판단해야 한다.

직접적인 충고가 필요한데도 사람이 두려워서 그렇게 하기를 꺼리는 사람들도 있고, 그냥 묵과하고 넘어갈 일인데도 교만에 이끌려 쓸데없이 나서는 사람들도 있다. 모든 싸움이 다 가치 있는 것은 아니다.

내가 좋아하는 에이브러햄 링컨(Abraham Lincoln)의 조언 가운데 하나를 소개하면 다음과 같다. 그는 갈등을 해소하고, 단합을 독려하는 능력이 뛰어났던 인물이다.

자신의 역량을 최대한 발휘하기로 결심한 사람은 사사로운 다툼에 시간을 낭비하지 않는다. 그런 사람은 자신의 감정을 해치고 자제력을 잃는 등 그로 인해 발생하는 모든 결과를 감당할 여유가 없다. 단지 동등한 권리를 주장하는 것뿐이라면 큰 것도 양보하고, 자신의 권리인 것이 분명하더라도 작은 것까지 양보하라. 길에서 개와 마주쳤을 때 권리를 놓고 다투다가 물리기보다는 차라리 길을 양보하는 것이 더 낫다. 일단 물리면 개를 죽이더라도 물린 상처를 낫게 할 수 없다.[6]

개에게 물린 상태로 집에 돌아오는 것보다는 잠시 비켜섰다가 가는 편이 더 낫다. 아이러니하게 들릴지 몰라도 때에 따라서는 은혜를 베푸는 것이 사람들을 더 나아지게 독려할 수 있는 가장 좋은 방법이 될 수 있다. 대다수 사람은 우리가 그들에게 거는 높은 기대에 부응하려고 노력할 것이다. 물론 관계를 끊거나 단념하는 것이 필요한 때도 있다. 그러나 어떤 경우는 그들에게 필요한 것이 복음의 은혜일 수 있다.

하나님께서 우리를 어떻게 변화시키셨는지 생각해 보라. 그분은 우리에게 은혜를 베풀어 주셨다. 우리에게 은혜를 "나타내심으로써" "경건하지 않은 것과 이 세상 정욕을 다 버리도록" 가르치셨다 (딛 2:8-11).

우리는 사람들이 마땅히 비난받을 만한 일을 저지른 탓에 도무지 은혜를 받을 만한 자격이 없더라도 그들을 비판하기에 앞서 은혜를 베풂으로써 그들에게 선을 독려할 수 있다.

버밍햄(Birmingham) 감옥으로부터의 행군 명령

은혜와 진리를 잘 조화시켜야만 기독교가 능력과 활력을 지닐 수 있다. 마틴 루터 킹 주니어는 '버밍햄 감옥으로부터의 편지'에서 이렇게 말했다.

교회가 매우 강력했던 때가 있었다. 초기 그리스도인들은 믿음을 위해 고난받는 일에 합당한 자로 여겨지는 것을 기뻐했다. 당시의 교회는 대중적인 견해에 근거한 생각과 원리를 나타내는 온도계와 같은 역할은 물론 사회를 … 변화시키는 온도조절장치와 같은 역할을 감당했다. … 그들의 수는 적었지만 놀랍도록 헌신적이었다. 그들은 하나님께 온전히 매료되었기 때문에 수적으로 조금도 위축되지 않았다. 그들은 큰 노력과 모범적인 삶으로 유아 살해와 격투기 같은 고대의 악습을 제거했다.

지금은 그때와 상황이 다르다. … 그러나 오늘날의 교회가 초기 교회의 희생적인 정신을 본받지 않으면 그 진실성과 수많은 사람의 충성심을 상실한 채 20세기에 아무런 영향도 미치지 못하는 부적절한 사교 클럽으로 전락하고 말 것이다. 나는 날마다 교회에 실망하여 노골적인 혐오감을 드러내는 젊은이들을 만나고 있다.[7]

참으로 아이러니하다. 우리는 우리가 세상을 닮을수록 그들이 우리를 더 잘 받아 줄 것이라고 생각한다. 그러나 우리가 세상을 닮을수록 그들에게는 더 부적절하고, 예수님께는 더 가증스러운 존재가 된다.

오늘날의 교회가 복음적인 방식을 버리고 종파주의와 세력 과시에 초점을 맞춘다면 불행한 결과를 피할 수 없을 것이다. 은혜가 없는 진리는 비판적인 근본주의를 낳고, 진리 없는 은혜는 감정주의로 기울기 마련이다.

이 둘을 결합해야만 예수님처럼 되어 사람들의 이목을 사로잡을 수 있다. 그렇게 해야만 로사리아 버터필드 같은 사람들을 구원으로 인도할 수 있다.

마지막으로 개인적인 이야기를 하나 말하겠다. 최근에 레즈비언 부부가 우리 교회에 나오기 시작했다. 한 친구의 초대로 캐롤라인이 먼저 몇 주 동안 혼자 교회에 나왔다. 하나님이 그녀의 삶 속에서 역사하기 시작하셨다. 그 결과 그녀는 자신의 아내 제니에게 함께 교회에 나가자고 제안했다.

제니는 우리 교회에 대해 약간의 뒷조사를 했다. 그녀는 동성애에 관한 우리 교회의 입장을 알고, 캐롤라인에게 "당신이 교회에 나가고 싶으면 나가도 좋아. 나도 함께 나갈게. 그러나 그 교회는 가지 않을 거야."라고 말했다.

그들은 우리 지역에 대한 정보를 좀 더 수집한 뒤 동성애를 비롯한 여러 가지 문제에 좀 더 '긍정적인 입장'을 취하는 교회, 곧 신학적인 자유주의를 추구하는 교회를 발견했다. 그리고 3주 동안 그 교회에 나갔다. 그때 캐롤라인은 제니에게 "제니, 잘 들어. 이 교회에는 하나님이 계시지 않아. 그분은 서미트교회에 계셔. 우리는 선택을 해야 해. 우리를 받아 주지만 하나님은 계시지 않은 이 교회에 다니든지, 아니면 우리의 생활 방식은 인정하지 않지만 하나님이 계시는 서미트교회에 다니든지 둘 중 하나를 택해야 해. 당신은 당신이 원하는 대로 해. 그러나 나는 하나님이 계시는 곳이 좋아."라고 말했다.

그로부터 몇 주 뒤 캐롤라인은 그리스도를 영접했다. 제니는 몇 달 동안 캐롤라인의 결정에 대해 고심했지만 팟캐스트를 통해 설교를 듣기 시작했고, 나중에는 용기를 내어 교회에 나오기로 결정했다. 그녀는 캐롤라인이 출타 중인 어느 날 혼자 교회에 나와 교인석 둘째 줄에 앉아 예배를 드렸다.

나라면 첫 주일에는 그 자리에 앉지 않았을 것이다. 아마 제니도 일부러 그 자리를 선택한 것은 아니었을 것이다. 아무튼 당시에 나는 '관계'를 주제로 시리즈 설교를 하는 중이었다. 그 주일의 설교 주제는 동성애와 성소수자에 대한 성경의 가르침이었다. 내가 서미트교회에서 지난 2년 동안 동성애에 대한 설교를 몇 번이나 했을 것 같은가? 단 한 번뿐이다.

그녀가 서미트교회에 처음 나와서 그 설교를 들은 것은 전적으로 하나님의 섭리였다. 그녀는 나중에 이렇게 말했다. "교인석에 앉아 있는데 화가 부글부글 끓어올랐어요. 설교를 종이에 받아 적어 꼭꼭 구겨서 캐롤라인의 면상에 집어던지며 '정말 웃기는 곳이네.'라고 말하고 싶었어요. 하지만 약 10분 동안 아무것도 적을 수가 없었습니다. '젠장! 내가 지금까지 들어 본 동성애 설교 중에서 가장 괜찮은데?'라는 생각이 들었기 때문이죠."

그로부터 몇 주 뒤 제니는 내 집무실에 찾아와 눈물을 흘렸다. 그녀는 "그 말이 사실이라는 것을 잘 알고 있어요. 성경이 가르친 것이 옳다는 것을 알아요. 그러나 어떻게 해야 할지 모르겠어요. 캐롤라인처럼 예수님을 따르고 싶어요. 그분이 이끄는 곳이면 어디든 따라갈 각오가 되어 있습니다."라고 말했다.

캐롤라인과 제니는 지금도 믿음에 충실하려고 열심히 노력 중이다. 그들의 이야기는 내가 20년 동안 목회 사역을 하면서 목격한 가장 강력한 은혜의 역사 가운데 하나다.

이것이 복음의 능력이다. 우리가 복음을 모든 사역의 중심이자 초점으로 삼아야 할 이유가 여기에 있다. 우리 교회를 통해 믿음을 갖게 된 캐롤라인과 제니 같은 사람들이 더 많이 나타나려면 다른 무엇보다 복음을 중시해야 한다.

그렇다면 복음을 무엇보다 더 중시해야 할까?

지금부터 이어지는 몇 장의 내용은 듣기 거북할 수도 있다. 옛날에 내가 다니던 교회의 목회자는 "지금부터는 설교가 아니라 참견을 해 보겠습니다."라고 말하곤 했다.

7

복음이 문화보다 더 중요하다

선의를 지닌 사람들의 피상적인 이해가 악의를 지닌 사람들의 완전한 오해보다 더 큰 실망감을 느끼게 한다. 미온적인 인정이 노골적인 배척보다 훨씬 더 큰 당혹감을 안겨 준다. … 결국 우리는 원수들의 말이 아닌 친구들의 침묵을 기억하게 될 것이다.
— 마틴 루터 킹 주니어, 미국 공민권 운동(1865-1950)

나는 '백인 우월주의'가 21세기의 주요 뉴스거리가 될 것이라고는 꿈에도 생각하지 못했다. 그것은 어쩌면 내가 너무 순진하다는 증거인지도 모른다. 나는 아직도 확고하면서도 노골적인 인종차별과 씨름하고 있는 국가에서 나의 자녀들을 키울 것이라고는 전혀 예상하지 못했다.

그러나 2017년 8월에[1] 가장 강경하고 폭력적인 형태로 백인 우월주의를 대놓고 주장하는 현상이 목격되고 있다.

백인 민족주의자들이 버지니아대학교에서 집회를 열었다. 그로 인해 세 명이 사망하고, 온 나라가 공포감에 휩싸였다. 조 헤임(Joe Heim)은 〈워싱턴 포스트〉(Washington Post)에 다음의 기사를 올렸다.

금요일 오전 8시 45분경, 대부분 젊은 백인들로 구성된 약 250명의 사람들이 줄지어 몰려와서 '이름 없는 벌판'에 넓게 늘어서기 시작했다. 많은 사람이 군복 바지와 흰색 폴로셔츠를 입고 있었다. 그곳은 버지니아대학교의 체육관 뒤편에 있는 넓은 공터였다. 근처의 한 탁자에서 봉사자들이 그들이 들고 있는 횃불에 기름을 흠뻑 묻혀 주었다. 횃불들은 아직 불이 붙지 않은 상태였다.
집회 주관자가 확성기로 "둘씩 대형을 유지하라"고 소리쳤다. 그들은 몇 분 동안 횃불에 불을 붙였다. 이어폰을 끼고, 무전기를 손에 든 다른 집회 요원들이 위아래로 뛰어다니면서 지시를 했다. "지금이야, 지금, 어서 가!"[2]

나의 아내는 버지니아대학교를 졸업했다. 그래서 나는 그곳을 수십 번 방문했다.
뉴스 기사를 읽으면서 나는 샬러츠빌 거리를 떠올렸다. 커피를 마시고, 식사를 하고, 캠퍼스와 도심을 거닐며 아내와 내가 그곳에서 가졌던 행복한 순간이 생각났다.
그러나 내가 뉴스에서 읽은 내용은 그런 감정을 불러일으키지 않았다. 나는 망연자실한 심정으로 성난 인종 차별주의자들이 나의 평화로운 기억이 간직된 장소를 어떻게 침입했는지 상상해 보려고 애썼다. 도무지 이해가 되지 않는 일이었다. 사실 그것은 이해가 되어서도 안 되는 일이다. 샬러츠빌과 같은 비극적인 사건에 관한 소식을 듣게 되었을 때 '백인 우월주의 정신은 복음에 정면으로 위배된다'는 확고한 신념을 가지고 대응해야 마땅하다.

이런 말을 해야 할 필요가 있다는 사실 자체가 충격적이다. 그러나 세상에 문제가 있는 한, 우리는 그 해답을 구해야 한다. 복음을 믿는 우리는 항상 다른 사람들을 인간 이하로 격하시키는 신념을 배격해야 한다. 인종은 오직 하나, 인간뿐이다. 인간의 원형도 오직 하나, 하나님의 형상뿐이다.

> 복음을 믿는 우리는 항상 다른 사람들을 인간 이하로 격하시키는 신념을 배격해야 한다.

복음을 믿는다면 항상 모든 형태의 인종차별에 단호히 맞서야 한다. 그렇게 하지 않는 것은 복음의 배후에 계시는 하나님을 공격하는 것이다.

그러나 우리 앞에는 좀 더 미묘한 위험이 도사리고 있다.

우리는 인종 차별주의만 반대하면 안전할 거라 생각한다. 구체적으로 말하면 '내가 손에 횃불을 들고 백인 우월주의를 외치는 집회에 참석한 적이 있었나? 한 번도 없다. 인종차별적인 언어를 사용한 적이 있었나? 한 번도 없다. 그렇다면 나는 아무 문제가 없다.'라는 식이다.

하지만 우리가 뉴스에서 보는 것보다 문제가 더 심각하다면 어떻게 될까?

어쩌면 우리의 문제는 노골적인 인종차별보다 더 심각할지도 모른다. 우리의 진정한 문제는 무감각한 마음으로 다른 그리스도인들이 짊어진 짐에 대해 아무런 관심도 기울이지 않는 것이다. 우리는 관대하지 못한 탓에 다른 사람들의 동기를 의심하고, 다른 사람들을 신뢰하지 않는 탓에 그들의 감정을 하찮게 여긴다. 다른 사람들이 환대받는다는 느낌을 갖게 하려면 우리의 특권과 취향을 기꺼이 포기해야 하지만 우리는 이기심에 사로잡힌 탓에 그렇게 하기를 거부한다.

스코틀랜드 설교자 로버트 머레이 맥체인(Robert Murray McCheyne)은 "모든 죄의 씨앗은 모든 인간의 마음속에 있다"고 말했다. 교만이 인종차별로 이어지고, 의심이 적대감으로 발전하고, 이기심이 특권을 나누는 것을 거부한다. 나는 그런 교만과 의심과 이기심이 나의 마음을 지배한다는 전제 아래 이 문제를 살펴보고 싶다.

오늘날의 시대 풍조를 거스르는 가장 강력한 복음의 능력 가운데 하나는 교회 안에서 이루어지는 다문화적인 일체감이다. 미국은 인종적 일치가 절실히 필요하다. 오직 복음만이 그런 일치를 이루는 능력이 있다(물론 문화적 다양성을 추구하는 일은 영국계 미국인과 아프리카계 미국인의 조화라는 차원을 훨씬 뛰어넘는다. 그러나 나는 여기에서 특별히 백인과 흑인의 관계에 초점을 맞출 생각이다. 북미 원주민, 라틴계 미국인, 동아시아계 미국인, 아랍계 미국인 등의 인종적 다양성을 다룬 유익한 글과 책이 많다. 그러나 미국과 내가 사는 도시에서는 백인과 흑인의 인종 갈등이 가장 구체적으로 느껴진다. 이것이 우리 교회가 가장 크게 관심을 기울여 대처하고 있는 문제다. 따라서 나의 논의는 주로 이 문제를 중심으로 전개될 것이다).

대선을 통해 드러난 사실

이론상으로는 미국 교회 안에 인종적 화해나 문화적 다양성을 반대하는 사람이 거의 없다. 그러나 실제 경험에 비춰 보면 이 문제가 좋은 방향으로 계속 발전해 나갈 것이라고 확신하기 어렵다. 사실 최근의 기사들 중에는 앞으로 훨씬 더 어려운 상황이 전개될 것이라고 경고하는 것이 많다.

예를 들어 2018년 〈뉴욕타임스〉(New York Times)에 실린 기사는 "한때는 인종 화해의 전망이 매우 희망적이었지만 유색인 신자들, 곧 개척자처럼 담대하게 '백인 교회'에 발을 들여놓았던 흑인 신자들은 차츰 아무런 진전이 없는 것에 실망한 나머지 자기들에게 더 편안한 교회로 조용히 빠져나가고 있다"는 취지의 내용을 전했다.[3]

개중에는 아예 교회를 떠난 사람들도 있다. 〈뉴욕타임스〉 기사를 쓴 사람을 비롯해 그들 가운데 많은 사람이 2016년 미국 대통령 선거를 새로운 이정표를 세운 사건으로 간주한다.

대다수 흑인 그리스도인들은 복음주의자들이 도덕적으로 건전하지 못하고, 인종 문제에 대해서도 논란의 여지가 있는 발언을 서슴지 않은 트럼프(Donald Trump)를 지지한 것에 크게 실망했다. 최근의 많은 총선에서 알 수 있는 대로 백인 그리스도인들과 흑인 그리스도인들의 투표 성향은 뚜렷한 차이를 드러낸다. 종종 인용되는 통계에 따르면 백인 복음주의자 81퍼센트는 트럼프에게 표를 던졌고, 흑인 그리스도인 88퍼센트는 힐러리 클린턴(Hillary Clinton)에게 표를 던졌다.

2016년에 내가 들은 여러 가지 대화를 살펴보면 양측이 모두 상대방을 이해하지 못하는 것으로 드러났다. 양측의 정서는 종종 "스스로 그리스도인을 자처하면서 어떻게 그런 사람을 지지할 수가 있는가?"라는 말로 간단하게 요약된다.

이번 장의 목적은 어느 쪽의 주장이 더 설득력이 있는지 분석하는 것이 아니다.

조금 전에 말한 대로 2016년의 정치적인 선택은 유례가 없을 만큼 엉망이었다. 많은 사람이 도널드 트럼프의 도덕적인 결함을 개탄했지만 다른 대안은 더 심각한 문제를 일으킬 수 있다고 생각했다. 그와 대조적으로 어떤 사람들은 트럼프를 지지하는 것은 마지못해 그렇게 했더라도 마귀와 거래를 한 것과 다름없다고, 즉 도덕성을 권력과 맞바꾸는 행위였다고 생각했다.

이것은 중요한 논의이지만 이번 장에서 내가 말하려는 요점은 누가 옳고 그른지를 따지자는 것이 아니다. 나는 2016년 대선이 한 가지 분명한 사실을 드러냈다는 점을 지적하고 싶다. 즉 2016년 대선은 수 세대를 이어 온 분열의 현실을 드러냈다. 이 분열은 대선에 의해 생겨난 것이 아니다. 대선은 단지 그것을 드러냈을 뿐이다.

백인 복음주의자들이 먼저 흑인 형제자매들의 두려움과 실망감에 관심을 기울여야 마땅하다. 흑인 복음주의자들도 백인 형제자매들이 의심스럽더라도 할 수 있는 한 기꺼이 믿어 주어야 한다.

그러나 교회는 세상 사람들에게 '좀 더 나은 길'을 보여 주기보다 사회가 불러일으킨 정치적, 인종적 싸움에 휘말리는 잘못을 저질렀다.

크리스천 스미스(Christian Smith)와 마이클 에머슨(Michael Emerson)은 흑인들과 백인들이 사회에서 이루어지는 개인적인 성취의 불공평한 차이가 누구에게 책임이 있다고 생각하는지 알아보기 위해 그들을 대상으로 설문 조사를 실시한 내용을 『신앙에 의한 분열』(Divided by Faith)이라는 책에 실었다. 그것은 '우리 사회에서 누군가가 성공하지 못했다면 그 책임의 소재가 무엇, 혹은 누구에게 있는가?'라는 질문이었다.

한편으로는 개인적인 책임에서부터 다른 한편으로는 구조적인 불균형에 이르기까지 다양한 대답이 가능하다. 다음의 도표는 문제를 지나치게 단순화시킨 측면이 있지만 내가 이 개념을 간단히 정리할 수 있도록 도와주었다.

개인적인 책임 —X—Y—Z— 구조적인 불균형

'x'라는 사람은 빈곤의 원인이 개인의 선택 때문이라고 말할 가능성이 높다. 이것은 '**학교에서 공부를 열심히 하지 않았고, 직장을 무단결근하고, 돈을 함부로 사용했기 때문**'이라는 논리다. 이 사람은 구조적인 인종차별이 주된 원인이 아니라고 생각하며, 해결책은 가난한 사람들이 열심히 일하는 길밖에 없다고 믿는다.

그러나 'z'의 생각은 다르다. 그는 강력한 구조적인 힘이 작용하고 있다고 생각한다. 이것은 '**개인의 근면하고 성실한 노력보다는 구조적인 불균형의 유불리가 개인의 발전에 더 큰 영향을 미친다**'는 논리다.

다시 말해 이 사람은 '재산이 대물림되고, 배경과 인종이 같은 사람들 사이에서만 공유되기 때문에 노동 윤리와 상관없이 가난한 자가 아닌 부자에게만 재물이 집중된다. 대부업자들도 자기와 인종이 같은 사람들에게 돈을 더 잘 빌려 준다'고 생각한다.

'y'라는 사람은 중간 입장이다. 그는 개인적인 요인과 구조적인 요인이 똑같이 작용하고 있다고 생각한다.

설문 조사의 결과는 명백했다. 즉 백인들은 가난에서 벗어나지 못하는 이유가 개인적인 책임에 있다고 생각하는 경향이 있고, 흑인들은 그 이유가 구조적인 문제 때문이라고 믿는 것으로 나타났다. 생각의 차이는 뚜렷했지만 우리가 생각하는 것만큼 극단적이지는 않았다. 다음의 도표에서 'W'는 '백인계 미국인'을, 'B'는 '흑인계 미국인'을 나타낸다.

개인적인 책임 —W — B — **구조적인 불균형**

교회 안에서는 생각의 차이가 훨씬 더 뚜렷했다. 아래의 도표에서 'WC'는 '백인 그리스도인'을, 'BC'는 '흑인 그리스도인'을 나타낸다.

개인적인 책임 —WC —W — B —BC — **구조적인 불균형**

여기에서 말하려는 요점은 앞의 도표에 표시된 것 가운데 어느 입장이 옳은지를 지적하는 것이 아니다. 물론 그것도 중요하지만 나의 목적은 많은 흑인 그리스도인과 백인 그리스도인 사이의 괴리를 상기시켜 주는 데 있다. 우리의 현재 상황에 대한 인식, 우리가 그런 상황에 이르게 된 경위, 우리가 그런 상황에 도달하게 된 이유에 대해서는 백인과 흑인 그리스도인들의 생각이 다르다. 그들의 생각이 그토록 큰 차이가 있고, 그 차이를 메우는 것이 중요하다고 생각한다면 해결책은 한 가지, 서로의 입장에 귀를 기울이는 것이다.

예를 들어 백인 그리스도인은 흑인 형제자매들이 그들의 방식으로 문제를 생각하고 해결하려는 이유를 알기 위해 노력해야 한다.

물론 그들이 하는 모든 말에 맹목적으로 동의하라는 뜻은 결코 아니다. 그들도 백인 그리스도인들이 하는 모든 말에 동의하지 않을 것이 분명하다. 그러나 바울 사도는 "너희가 짐을 서로 지라. 그리하여 그리스도의 법을 성취하라"(갈 6:2)고 말했다. 그리스도 안에서 한 몸이 된 지체들은 다른 지체들이 겪고 있는 고통을 느끼고 이해하려는 노력을 기울여야 마땅하다.

첫 시작은 듣는 것이다. 유명한 심리학자 스콧 펙(Scott Peck)은 "누군가의 말을 듣는다는 것은 그를 사랑한다는 것이다."라고 말했다.[4]

누군가를 깊이 알려면 그를 가장 해롭게 하는 것이 무엇인지 알아야 한다. 서로의 짐을 짊어지는 것은 듣는 것에서부터 시작하여 우리 자신이나 우리의 자녀들이 불의를 겪을 때와 똑같은 열정으로 그리스도 안에서 형제와 자매 된 사람들이 겪고 있는 불의에 맞서 싸우는 것으로 끝난다.

과거에 자행된 불의

나는 항상 미국이라는 나라에 깊이 매료되었다. 미국은 인종적 정체성이 아닌 신조에 근거해 설립되었다. 미국의 설립 이념은 만인의 평등이다. 미국에서 향유되는 자유와 기회는 많은 점에서 전례가 없는 일이다.

그러나 불행히도 미국에서 그런 자유와 기회를 오랫동안 박탈당한 사람들이 많았다. '만인의 평등'이 서로 다른 사람들에게 서로 다른 의미로 적용되었던 것으로 드러났다. 미국의 설립자들은 만인의 평등을 주장하면서도 다른 사람들을 재산으로 보유했다.

마틴 루터 킹 주니어가 지적한 대로 미국의 역사는 스스로 확립한 신조에 부합한 삶을 살지 못한 까닭에 온갖 끔찍한 결과가 발생했다는 사실을 분명하게 보여 준다. 그런 결과 중 몇 가지를 나열하면 다음과 같다.

- 노예제도 - 그리 멀지 않은 과거에 인간을 합법적인 재산으로 간주했던 끔찍한 시기가 있었다. 미국의 노예제도는 1619년부터 1865년까지 무려 246년 동안이나 지속되었다.
- 5분의 3 타협 - 정치적인 권력을 확보하기 위해 흑인 노예들을 이용했던 타협안(실제로는 흑인들에게 어떤 정치적 권력도 용인하지 않았다).
- 분익소작 제도 - 남북전쟁이 끝난 후 흑인 농부들을 부유한 백인들에게 빚을 진 소작인으로 전락시킨 제도.
- 짐 크로우(Jim Crow) 법 - 아프리카계 미국인들이 질 낮은 학교와 식당과 교통수단을 이용하도록 조처한 인종차별법.
- 폭력적인 사적 제재 - 정부 관리들과 지자체 법률의 승인을 받아 흑인들을 살해했던 관습. 이 관습 때문에 수천 명이 목숨을 잃었고, 흑인들은 공포에 떨어야 했다.
- 레드라이닝(Redlining) - 흑인들을 조직적으로 차별하고, 그들의 거주지를 도시 빈민가로 만들었던 행위.

- 미국 가족계획 연맹(Planned Parenthood) - 소수 인종을 '인간 잡초'로 간주하고, 낙태를 독려해 통제하려고 했던 기관.

소수 인종에 속하는 형제자매들의 목소리를 들으려면 미국의 과거 역사 속에 나타난 인종적 불의에 대한 이해가 반드시 필요하다. 윌리엄 포크너(William Faulkner)는 "과거는 결코 죽지 않았다. 심지어 지나가지도 않았다."라고 말했다. 과거의 정신적 충격은 오늘날의 긴장 속에 여전히 존재한다.

역사에 나타난 교회의 역할

역사를 되짚다 보니 교회가 대개 '선인'이나 '악인'처럼 묘사되는 사실을 발견할 수 있었다. 어떤 사람들은 교회가 저지른 모든 잘못을 용서하고 싶어 하고, 어떤 사람들은 항상 교회를 비판하려고 열을 올린다.

현실은 이 두 극단의 중간에 있다. 기독교의 교리와 열정적인 기독교 설교자들이 노예제도 폐지와 공민권 운동을 지지했다. 그러나 다른 한편으로는 우리의 선조들 가운데 특권을 누리며 불의를 묵과한 사람들이 많았다. 개중에는 그런 운동을 적극적으로 방해한 사람도 적지 않았다.

악을 묵인하는 것은 악을 공모하는 것과 같다. 우리의 과거를 더

럽히고, 우리의 현재에 영향을 미치는 죄를 극복하려면 그것을 옳게 직시해야 한다.

남침례회에 속한 교회에게는 미국의 불의한 과거가 더욱 특별한 의미로 다가온다. 남침례회는 미국의 침례교가 둘로 갈라진 1845년에 형성되었다. 한쪽(남부)은 노예 소유주들을 선교사로 임명하기를 주저하지 않았고, 다른 한쪽(북부)은 그렇게 하는 것을 거부했다. 그들이 서로 합의에 도달할 수 없었기에 결국 서로 갈 길을 달리했다.

남침례회가 노예제도를 옹호하기 위해 만들어졌다고 말하는 것은 문제를 지나치게 단순화시킨 측면이 없지 않지만 노예제도 때문에 교단이 둘로 나뉘었다는 것은 그 누구도 부인하지 못할 사실이다.

불행히도 남침례회의 초기 지도자들 중에는 심지어 성경을 내세워 남부의 노예제도와 인종차별 정책을 옹호하려고 애쓴 사람들이 많았다. 남침례교신학교 학장 앨버트 몰러는 이렇게 말했다.

노예제도를 언급하지 않고는 남침례회의 이야기를 시작할 수 없다. 남침례회는 노예 소유주들이 설립했다. 인종적인 우월성을 주장하고, 그런 이데올로기를 수치스러운 신학적 논증으로 감싼 사람들이 남침례회의 설립자들이다.[5]

감사하게도 남침례회는 20세기 초부터 다양한 공식 성명을 통해 노예제도와 인종차별을 비롯한 모든 형태의 차별을 단호히 반대한다는 입장을 개진해 왔다. 1995년에는 노예제도와 인종차별 정책을 지지했던 과거의 잘못을 공식적으로 사과했다. 그런 성명과 발표는 중요한 시작이다. 하지만 그런 악을 그토록 오랫동안 저질러 온 것은 부끄럽게 여겨 마땅한 일이 아닐 수 없다. 그러한 과거의 잘못을 서둘러 인정하지 않은 탓에 아직도 남침례회를 못마땅하게 생각하는 아프리카계 미국인이 많다. 그들이 그런 감정을 느끼는 것은 당연하다.

우리는 그와 같은 인종차별 역사가 단지 초창기에만 머물지 않았다는 사실을 기억해야 한다. 남침례회는 20세기를 지나는 동안 공민권 운동과도 상당한 갈등을 빚었다. 물론 많은 그리스도인이 공민권 운동을 지지했다. 1960년대에 인종적 불의의 종식을 요구하는 남침례회의 결의서가 많이 발표되었다. 그러나 전반적인 차원에서 보면 교회의 지지가 미온적일 때가 많았다. 심지어 적대적인 태도를 보이는 경우도 적지 않았다. 보수적인 백인 그리스도인들, 특히 남부에 사는 백인 그리스도인들은 아무런 목소리도 내지 않았다. 남침례회의 대부라고 할 수 있는 크리스웰(W. A. Criswell)과 같은 일부 지도자들은 '브라운 대 교육위원회 소송 사건'에 대한 법원의 판결을 강경하게 반대했다(그는 나중에 그런 자신의 행동을 살아오면서 저지른 가장 부끄러운 잘못 가운데 하나라고 고백했다). 믿음의 선조들 대다수가 "정치에 관여하지 맙시다."라거나 "복음에만 열중합시다."라는 식으로 말하며 뒷짐을 진 채 물러섰다. 공민권 운동을 지지하든 안 하든 상관없이 그들 대부분이 소극적인 태도를 보였다.

나는 그런 소극적인 태도가 우리의 유색인 형제자매들에게 얼마나 큰 고통을 안겨 주었는지를 조금씩 더 깊이 깨닫게 되었다. 에드먼드 버크(Edmund Burke)는 악의 승리를 보장하는 유일한 조건은 선한 사람들이 아무것도 하지 않는 것이라고 말했다. 50년 전의 백인 그리스도인들이 대체로 그런 태도를 취했다.

마틴 루터 킹 주니어는 '버밍햄 감옥으로부터의 편지'에서 당시의 상황을 다음과 같이 개탄했다.

> 미온적인 인정이 노골적인 배척보다 훨씬 더 큰 당혹감을 안겨 준다.

지난 몇 년 동안 나는 백인 온건주의자들에 대해 크게 실망하지 않을 수 없었다(백인 온건주의자들이란 공민권 운동에 참여하지 않은 백인들을 가리킨다). 참으로 유감스럽지만 자유를 향해 나가는 흑인들의 행보를 가로막는 가장 큰 걸림돌은 '케이케이케이단'(Ku Klux Klanner)이 아니라 정의보다 '질서'를 더 중시하는 백인 온건주의자들이라고 결론짓지 않을 수 없다. 이들은 정의가 존재하는 긍정적인 평화보다 갈등이 없는 부정적인 평화를 선호할 뿐 아니라 "당신들이 추구하는 목표에는 동의하지만 직접적인 행동이라는 방법에는 동의할 수 없다"고 말하기를 좋아하며, 온정주의적인 태도로 스스로가 다른 사람의 자유를 위한 일정을 결정할 수 있다고 믿고, 신비로운 시간의 개념에 따라 살면서 흑인들에게 '상황이 좀 더 좋아질 때까지' 기다리라고 조언한다.[6]

선의를 지닌 사람들의 피상적인 이해가 악의를 지닌 사람들의 전적인 오해보다 더 큰 실망감을 느끼게 한다. 미온적인 인정이 노골적인 배척보다 훨씬 더 큰 당혹감을 안겨 준다.

찰리 데이츠(Charlie Dates) 목사가 2018년에 'MLK50 콘퍼런스: 산상 복음 성찰'에서 말한 대로 유색인 신자들은 백인 형제자매들이 자신들에 대한 불의를 퇴치하는 데 도움이 되어 주기를 바랐다. 그들 모두 하나가 되어 불의한 문화에 맞서 싸우기를 원했다.

그러나 그들은 침묵과 문화적 순응을 발견했을 뿐이다. 찰리 목사의 말은 "결국 우리는 원수들의 말이 아닌 친구들의 침묵을 기억하게 될 것이다."라는 킹 목사의 잊지 못할 말을 상기시켜 주었다.

남침례회가 분리되어 독자적으로 교단을 형성했을 때 아무도 나서는 사람이 없었다. 1950년대와 60년대에 남침례회가 인종적 불의에 침묵을 지켰을 때도 마찬가지였다.

그들 대신 회개할 수는 없지만 그들의 침묵을 용납하지 않는 것은 가능하다. 우리는 이런 기억으로 야기된 고통을 안타깝게 여기며, 그들의 잘못된 전철을 밟지 않도록 노력해야 한다. 유색인 형제자매들과 함께 그런 잘못을 옳게 바로잡을 방법을 모색해야 한다. 신자로서 최선의 노력을 다해 과거의 죄로 야기된 불공평한 현실을 남김없이 제거해야 한다.

차별적인 사회에서의 교회의 역할

많은 사람이 미국의 과거 역사에 나타난 인종적 불의에 관한 말을 들으면 "참으로 잔악한 행위였군. 감사하게도 그런 일이 과거와 함께 사라져서 정말 다행이야. 하지만 그런 일을 곱씹는 것은 유익하지 않아. 이제는 앞으로 나아가야 할 때야."라는 식으로 반응한다.

다수의 문화에 속하는 사람들은 그렇게 말하기 쉽다. 우리의 선조들은 유색인 형제자매들에게 많은 해를 끼쳤지만 정작 본인들은 그런 죄에 영향을 받지 않았다. 더욱이 역사 속에 나타난 인종차별의 긴 그림자는 미국의 현재에 깊은 영향을 미치고 있다. 특히 이것은 다수의 백인 공동체가 아닌 소수의 유색인 공동체에 더욱 불리한 영향을 미치고 있다.

인종차별의 망령은 그렇게 쉽게 축출되지 않는다. 그런 영향은 때로는 직접적으로, 때로는 간접적으로 여전히 계속된다. 과거의 행위와 개념이 우리의 현재에 지속적인 영향을 미치고 있다.

노스텍사스대학교 사회학 교수이자 아프리카계 미국인 그리스도인인 조지 얀시(George Yancey)가 오늘날의 인종 문제를 생각할 때 가장 유익하다고 생각되는 말 중 하나를 남겼다. 그는 인종 문제에 많은 진보가 이루어졌지만 우리는 여전히 '인종차별적인' 사회에 살고 있다고 지적했다. 즉 인종적 요인이 우리 삶의 많은 측면에 여전히 주된 영향을 미치고 있다는 뜻이다.

얀시 박사는 사람들이 사는 동네를 그 증거로 들었다. 미국의 어떤 동네는 다른 동네에 비해 더 다양한 인종으로 구성되어 있다. 그러나 여전히 놀랍게도 흑인 동네나 라틴계 미국인 동네를 비롯한 여타 소수 인종만 모여 사는 동네가 따로 존재하고 있다.

이런 현실을 대수롭지 않게 생각할 수 있다. 그러나 모든 사회인구학적인 현실이 다 그런 결과를 낳는 것은 아니다.

예를 들어 키가 큰 사람만 사는 동네나 마른 사람만 사는 동네나 똑똑한 사람만 모여 사는 동네는 존재하지 않는다. 그런 인구학적인 구별은 인종적인 구별만큼 사회에 큰 영향을 미치지 않는다. 우리 삶의 구도가 이 점을 분명하게 보여 준다.

그렇다면 복음이 그 무엇보다 중요하다는 것은 무슨 의미일까?

우리 사회가 여전히 인종 문제에 크게 영향을 받고 있는 것은 사실이다(미국은 여전히 '인종차별적인' 사회다). 따라서 인종차별이 존재하는 것은 그리 놀랄 만한 일이 아니다.

이 말에 반론을 제기하는 사람이 많다. 그들은 미국의 법률이 백 년 전, 혹은 한 세대 이전과 많이 달라졌다는 사실을 지적한다.

인종차별은 완전히 근절되지 않았지만 대부분의 문제는 해결되었다. 그렇지 않은가? 인종차별을 사회적인 오점으로 여기는 기류가 강하다. 어떤 사람을 "인종차별주의자"로 일컫는 것보다 더 큰 치욕은 없을 것이다. 인종차별을 척결하는 과정이 거의 완성되어 가고 있는 것 같다. 이제는 옛 상처를 헤집지 말고, 앞으로 나아가야 할 때다.

여기에서 역사에 대한 이해를 통해 도움을 얻을 수 있다. 과거의 인종차별에서 야기된 광범위한 폐해를 살펴보면 인종차별이 가정, 정부, 학교와 같은 사회적 현실에 어떻게 영향을 미쳐 왔는지 알 수 있다.

사회적 현실은 서서히 변한다. 법률이 정의롭다고 해서 수 세대에 걸친 불의한 관습이 즉시 극복되는 것은 아니다. 백인 경찰관이 흑인을 총으로 쏴 죽였다는 뉴스가 전해지는 순간, 그런 사실을 분명하게 확인할 수 있다. 아프리카계 미국인들은 미국 역사에 나타난 인종적 불의를 생생하게 의식하고 있기 때문에 이 특별한 사건을 통해 또다시 불의가 재현되고 있다는 사실을 즉각 알아차린다. 이 사건은 오랫동안 자행되었던 공개 처형을 비롯한 인종차별적 폭력 행위의 사례는 물론 개인적으로 인종차별적인 대우를 받았던 경험을 상기시킨다. 이것은 타당한 생각이다.

한편 백인 해설자들은 대개 인내를 권유한다. 역사적인 현실은 불안한 행동 양식을 조장할 수 있다. 그러나 흑인이든 백인이든 정의로운 사법 체계가 사실을 파악하도록 허용하지 않고, 개인의 범죄 행위를 당연시하는 것은 정당하지 않다. 이것도 타당한 생각이기는 마찬가지다. '무죄추정의 원칙'은 정의의 개념을 이해하는 데 꼭 필요한, 매우 귀중한 근본 원칙에 해당한다.

나는 얀시 박사에게 이런 상황에 관해 몇 가지를 물어보았다. "박사님이라면 이런 상황에서 어떻게 하실 건가요? 마치 두 가지 반응 가운데 하나를 선택해야 하는 것처럼 보입니다. 둘 다 강력한, 그러면서도 언뜻 상반된 관점을 전제하고 있습니다. 사법 체계를 뒤엎지 않고 동정심을 표하려면 어떻게 해야 합니까? 저는 한 가지 불의를 바로잡기 위해 또 다른 불의(경찰관이 무죄라는 가정 아래 정당한 법적 절차를 수행하게 하는 기회를 박탈하는 것)를 저지르고 싶지 않습니다."

얀시 박사는 이렇게 대답했다. "희생자를 보면 즉시 동정심이 우러날 수밖에 없습니다. 당연히 그래야 합니다. 누군가가 총에 맞아 죽는 것은 분명 불행한 일입니다. 그러나 우리는 거기에서 한 걸음 더 나아가 우리가 여전히 인종차별적인 사회에 살고 있다는 사실을 안타깝게 여겨야 합니다. 과거를 생각하면 오늘날에도 여전히 이와 같은 문제의식이 필요하다는 것을 알 수 있습니다. 경찰관의 총격 사건에 인종 문제가 연루된다는 것은 상상할 수 없는 일입니다. 그러나 현실은 그렇습니다. 이것은 큰 비극입니다."[7]

얀시 박사의 말은 옳다. 그럴 일은 없겠지만 만일 나의 백인 아들이 그 경찰관이 쏜 총에 맞아 죽었다면 나는 아들의 죽음이 그의 피부색과 관련이 있는지를 절대 따지지 않을 것이다. 아프리카계 미국인들도 똑같은 특권을 누려야 마땅하다.

이제는 이런 문제를 보수적인 관점이나 진보적인 관점에서 다루려는 시도를 당장 중단해야 할 때가 되었다. 이 문제에서 보수주의자들과 진보주의자들이 갈라지면 안 된다. 단지 문제에 관심을 기울이는 사람들과 그렇지 않은 사람들만이 존재할 뿐이다.

복음을 다른 어떤 것보다 중시한다면, 공동체의 다양성을 반영하고 하늘나라의 다양성을 선언하는 교회를 세워야 한다. 우리에게 복음이 가장 중요하다면 이런 논의에 관심을 기울여야 마땅하다.

하늘나라의 다양성을 선언하라

복음을 통해 이 모든 것을 극복하고 앞으로 나아가려면 어떻게 해야 할까?

나는 화해와 다양성을 추구하는 데 가장 필요한 것을 복음 안에서 발견할 수 있다고 확신한다. 우리는 복음의 자원이 묻혀 있는 깊은 동굴을 파헤쳐 나가야 한다.

하나님은 다양성이 교회를 향한 그분의 뜻이라고 선언하시고, 반드시 그렇게 되게 하겠다는 약속과 함께 성령을 허락하셨다(엡 3:1-13, 4:4, 5). 사회가 격렬하게 요동치더라도 우리는 이 약속을 굳게 붙잡아야 한다.

물론 인종적 다양성이 우리가 우선적으로 추구해야 할 가치 있는 목표는 아니다. 그것은 하나님이 그리스도 안에서 우리에게 선언하신 현실이다.

다문화적 조화는 고대 세계에 이루어진 복음 선포의 뚜렷한 특징 가운데 하나였다. 그런 복음의 통합적인 능력은 결코 사라지지 않았다.

우리 교회는 '교회는 공동체의 다양성을 반영하고, 하늘나라의 다양성을 선언해야 한다'는 원칙에 따라 많은 노력을 기울여 왔다. 인종과 종족을 뛰어넘는 일치는 복음의 특징 중 하나다. 그것은 복음이 진정한 능력을 지녔다는 것을 입증하는 증거다(엡 2장). 교회는 인종적, 문화적, 사회정치적인 전통을 초월한 일치를 입증해 보여야 한다.

> 다양성이 우리가 우선적으로 추구해야 할 가치 있는 목표는 아니다. 그것은 하나님이 그리스도 안에서 우리에게 선언하신 현실이다.

복음은 유대인을 위한 것이다.
복음은 헬라인을 위한 것이다.
복음은 다수 문화를 위한 것이다.
복음은 소수 문화를 위한 것이다.
복음은 거룩한 일치를 요구한다. 왜냐하면 우리 모두가 똑같은 문제를 안고 있기 때문이다.

우리는 죄인들이다. 그러나 바울이 로마서에서 말한 대로 그리스도께서는 경건하지 않은 사람들을 위해 자신을 내주셨다. 우리는 모두 죄인이지만 그리스도 안에서 모두 똑같이 구원받았다.

복음의 일치는 장차 임할 하늘나라의 전조다. 이는 모든 종족과 방언과 언어와 나라가 눈부신 문화적 특징을 지닌 모습으로 그리스도의 보좌 주위에 모일 것을 암시한다(계 5장). 그리스도가 없으면 아무도, 단 한 사람도 의롭게 될 수 없다. 피부색이 아닌 피로 물든 갈보리 십자가를 통해 하나님의 가족이 된다.

예수님은 새로운 혈통의 인류, 곧 자신의 희생적인 죽음과 생명을 회복하는 부활을 통해 하나로 연관된 새로운 가족을 만들기 위해 세상에 오셨다. 그것이 바로 우리, 곧 그분의 교회다.

예수님은 우리에게 양자의 은혜를 베풀기 위해 우리 대신 희생하셨고, 그로써 하나님의 자녀들의 정체성을 새롭게 확립하셨다. 예수님은 우리를 한 가족으로 만드셨다. 우리 스스로는 결코 이룰 수 없는 일이다. 우리의 새로운 가족은 조상들의 혈통과 아무런 관련이 없다. 이것은 십자가에서 시작된 새로운 혈통과 관련이 있다. 이것이 하나님의 가족 안에 흐르는 피다. 이것이 교회의 연합이다.

그러나 이를 향한 우리의 여정은 쉽지 않았다. 참된 다양성은 아직 이루어지지 않았다. 우리가 깨달은 대로 다양성은 선택받은 소수를 위한 특정 '프로젝트'가 아니다. 예수님을 믿는 모든 신자의 책임이자 제자도의 필수 요소다.

다수 문화에 속한 우리는 이 과정을 말이 아닌 듣는 것에서부터 시작해야 한다. 맹점이란 우리에게 맹점이 있다는 것을 알지 못하는 약점을 가리킨다고 정의할 수 있다.

우리는 그 약점을 볼 수 없다.

역사적으로 가장 음험한 맹점은 특권과 권력을 쥔 사람들에게서 나왔다. 그것은 '흰 피부'가 아닌 사람과 관련된 문제다.

그런 맹점을 발견하는 데 진지한 관심을 기울인다면 불편한 대화일지라도 기꺼이 감수하면서 **이해받기보다는 이해하려고 노력해야 한다.**

우리는 듣는 경험을 불편하게 생각할 뿐 아니라 그리스도의 몸의 다양성을 반영하는 데 그런 변화가 필요하다는 것을 거북하게 생각하는 경향이 있다.

교회를 백인들만의 동질적 운동의 중추기관으로 생각한다면 문화적인 패권을 주장해도 문제가 되지 않을 것이다. 그러나 미국 전역에서 공동체의 다양성을 달성하기 원한다면 현재의 문화 구조와 리더십 구조를 기꺼이 변화시킬 준비를 해야 할 것이다.

물론 이것은 **우리의 교리나 핵심적인 임무를 변화시켜야 한다는 의미는 결코 아니다.** 그렇다면 무슨 의미일까?

이것은 그런 목표를 향해 매진하는 것이 필요하다는 뜻이다. 즉 단순한 말을 넘어 다양성을 추구하려는 강한 열정이 필요하다. 우리는 복음이 교회 안에서 진정으로 뿌리를 내리고 있는지 깊이 살펴야 한다. 다양성 때문에 초래되는 불편을 기꺼이 감수해야 한다. 또한 우리와 다른 사람들에게 나가기 위해 우리가 선호하는 것을 양보하고, 그 목표를 이루는 데 필요한 것들을 추구해야 한다.

내 친구 밴스 핏먼(Vance Pitman)은 라스베이거스에 있는 교회에서 이 문제에 관한 좋은 본을 보여 주고 있다. 그는 이렇게 말했다.

종종 불편함을 느낀다면 그것은 우리가 다문화적인 운동에 참여하고 있다는 증거다. 교회에서 항상 편안함만을 느낀다면 그것은 다양한 문화가 아닌 다양한 피부색만을 용인한다는 의미일 수 있다. 즉 그것은 다양한 배경을 지닌 사람들이 백인 중심의 남부 문화를 나타내 보이기를 기대하는 남부 백인들의 문화만을 고집하는 것이다. 대다수 남침례교 신자들은 다양한 문화가 아닌 다양한 피부색만을 인정하는 교단의 일원이 되고 싶어 하는 것처럼 보인다.[8]

아프리카계 미국인 형제자매들은 오랜 세월 동안 문화적 차이에서 비롯하는 불편을 감수하며 살아왔다. 이제는 다수 문화에 속한 사람들이 그런 노력을 기울일 때가 되었다.

나는 교인들에게 항상 "불편함을 편안하게 여길 수 있도록" 노력하라고 당부한다. 하나님의 은혜로 이 문제에 많은 진보가 있었다. 현재 교회 출석자 가운데 유색인이 약 20퍼센트에 달한다(10년 전에는 5퍼센트도 안 되었다). 대학 선교 담당 사역자들과 예배 인도자도 유색인이 3분의 1을 차지하고 있다. 물론 아직도 갈 길이 멀지만 다수 문화가 지배하는 교회에서도 다양성을 추구하는 것이 얼마든지 가능하다는 것을 보여 주고 있다. 구체적인 내용은 각 교회가 처한 인구학적인 상황에 따라 달라지겠지만 어느 교회나 긍정적인 변화가 가능하다.

나는 하나님의 은혜로 교회가 다양성과 화해를 향해 나아갈 수 있다는 확신을 갖게 되었다. 우리 교회에서 일어나고 있는 현상이 우리가 할 수 있다는 것을 보여 주는 증거다.

성부 하나님도 그렇게 되기를 원하신다. 왜냐하면 성자께서 그렇게 약속하셨기 때문이다. 성령께서 그 약속을 꼭 이루실 것이다.

참된 복음 공동체를 지향하라

지난 몇 년 동안에 배운 가장 큰 교훈 중 하나는 우리 사회가 인종차별적이라는 사실을 의식하는 것만으로는(물론 이것은 반드시 필요하다) 다양성을 현실화시키기에 충분하지 않다는 것이다.

이 점을 구체적으로 예시하기 위해 아프리카계 미국인 목사 가운데 한 사람인 크리스 그린(Chris Green) 목사가 유익한 도표를 만들어 교회가 인종적, 문화적으로 다양하게 변해가는 과정을 간단히 요약했다.

무지 — 각성 — 지향성 — 복음 공동체

우리 대부분은 우리와 모습과 생각이 비슷한 사람들이 모여 사는 공동체에서 살아간다. 우리는 고집스럽게 악의적인 태도를 취하지 않는다. 단지 배경이 다른 사람이나 그들이 겪은 경험에 대해 많이 알지 못할 뿐이다. 우리는 여러 가지 선입견과 고정 관념으로 그 간극을 메우려 하는 경향이 있다. 모든 사람이 우리가 경험하는 것과 똑같은 사회를 경험한다고 생각한다. 그러나 모든 사람이 우리가 경험하는 것과 똑같은 사회를 경험하지 않는다는 사실을 알아야만 도표의 두 번째 단계인 각성에 도달할 수 있다.

이런 발전은 뉴스에서 어떤 것을 보거나 개인적인 경험을 통해 이전의 고정 관념이나 세계관이 깨질 때 이루어질 수도 있지만, 대개는 관계를 통해 이루어진다. 동남아시아에서 지난 몇 년 동안 나는 두려움 때문에 생겨나는 부당한 고정 관념으로 주위를 바라보는 것이 어떤 속성을 지니는지 깨달았다. 나중에 유색인 형제자매들과 친밀해지기 시작하자 그들 중 많은 사람이 나의 고향에서 벌어졌던 일들, 내가 두 번 다시 생각하고 싶지 않은 일들을 경험했다는 사실을 알게 되었다. 각성은 마음을 불안하게 하지만 우리가 '정상'이라고 전제하는 많은 것을 다시 생각하게 만든다.

우리는 성공했다고 섣불리 속단하지 말아야 한다. 우리 중에는 '사다리와 미끄럼틀 보드게임'처럼 일단 각성하기만 하면 저절로 미끄러지듯 복음 공동체로 곧장 나아갈 수 있다고 생각하는 사람이 많다.

각성에서 복음 공동체로 나가려면 '지향성'이라는 단계를 거쳐야 한다.

7. 복음이 문화보다 더 중요하다

새로운 각성에 도달했다고 생각하고, 그 소식을 소셜미디어를 통해 다른 사람들에게 전달함으로써 자신이 '좋은 사람들'의 편에 섰다는 것을 알리는 것만으로는 충분하지 않다.

각성에서 복음 공동체로 나가려면 '지향성'이라는 단계를 거쳐야 한다. 변화는 인종과 배경이 다른 사람들과 인격적인 관계를 맺고, 그들을 이해하려고 노력하며, 그들을 존중하는 법을 깨우치고, 그들로부터 배우고자 할 때 비로소 이루어진다. 이것이 복음 공동체를 향한 전 과정을 이끄는 첫 단계다.

이 점은 아무리 강조해도 지나치지 않다. 다문화적인 복음 공동체는 관계에서부터 시작되어야 한다.

우리 교회는 다문화적인 행사들을 마련하는 대신 다문화적인 삶을 사는 것을 목표로 하라고 가르친다. 다문화적인 삶을 살면 다문화적인 행사는 자연스럽고 확실하게 이루어진다.

이것은 실천적인 차원에서 우리 자신을 향해 **'나와 다른 친구들을 사귀고 있는가? 다른 문화를 포용하고, 그것으로부터 배우려고 노력하는가? 세상에 우리를 갈라놓는 요인들이 그토록 많은데도 여전히 서로 친구가 되어 지내는 이유를 궁금해할 만큼 관계를 충실하게 유지하고 있는가?'**라고 묻는 것을 의미한다. 그리스도 안에서 하나로 연합한 우리는 '동일성'이 아닌 '일체성'에 근거한 언약 공동체를 추구한다.

마틴 루터 킹 주니어는 "주일 오전 11시가 미국에서 가장 인종차별적인 시간"이라는 유명한 말을 남겼다. 그런 시간이 하나 더 있다. 매일 저녁 6시, 저녁 식사를 하는 시간이다.

우리 집 식탁에도 교회 모임만큼이나 다양성이 필요하다. 그렇게 되기 전에는 설혹 우리의 모임에 다양성이 존재하더라도 한갓 쇼에 지나지 않을 것이다.

베드로여, 다시 시작하라!

초대교회에도 나름의 차별과 특권에 관한 문제가 있었다. 초대교회의 가장 중요한 지도자였던 베드로조차 문화가 다른 이방인 신자들을 차별하는 잘못을 저질렀다. 갈라디아서에서 보듯 바울은 그런 베드로를 엄하게 책망했다.

베드로가 모든 사람 앞에서 바울에게 책망받는 광경을 상상할 수 있겠는가? 베드로에게는 결코 유쾌하지 않은 경험이었을 것이 틀림없다. 바울은 베드로에게 "당신은 복음을 잊었소."라고 말했다. 3년 동안 예수님께 직접 배운 교회의 지도자를 대담하게 꾸짖었다. 바울은 베드로에게 우리가 가진 모든 것이 은혜의 선물이라는 복음을 새롭게 상기시켜 주었다. 하나님 앞에서 우리가 다른 사람들보다 더 나은 것은 아무것도 없다. 바울은 "우리가 외인이었을 때 하나님께서 우리를 받아 주셨는데 어떻게 감히 다른 사람들을 배제할 수 있는가?"라고 물었다. "베드로여, 스스로를 대단한 존재로 생각하는가? 하나님께서 어떤 처지에 있는 당신을 구원하셨는지 기억하지 못하는가?"

우리는 수치와 흠과 더러움이 가득한 상태로 예수님 앞에 나와 복음을 믿음으로써 흠 없고, 깨끗해지고, 온전한 상태로 하나님께 받아들여졌다. 복음은 예수님이 세상에 오셔서 우리를 구원하기 위해 자신의 특권을 모두 포기하셨다고 가르친다. 그런데 우리는 왜 다른 사람들에게 그렇게 하지 않는가? 예수님께서 자신의 고향으로 삼으신, 더럽고 비천한 나사렛이라는 동네와 하늘나라의 문화적 차이를 상상이나 할 수 있겠는가? 예수님은 하늘의 안락함보다 우리의 구원을 "더 중요하게" 생각하셨기 때문에 그 모든 것을 버리고 종의 형체를 취하셨다(빌 2:5-11). 복음 안에는 일치를 이루는 데 필요한 모든 능력이 포함되어 있다.

이것이 우리 그리스도인들이 사회가 단지 열망하는 것에 그치는 일을 실제로 제공할 수 있는 이유다. 사회는 우리가 각성하기 원한다. 사회는 국가적인 불행이 닥친 중요한 순간에 우리가 행동해 주기를 바라며, 우리와 협력하기를 원한다. 그러나 사회는 우리가 가족처럼 서로를 사랑하는 방법을 가르쳐 줄 수 없다.

"십자가 밑에서 모든 땅이 평평해진다"는 말이 있다. 교회 지도자 관점에서 복음 공동체를 추구한다는 것은 모든 교인이 백인일 때와 다른 사역을 계획하고 실행해 나가는 것을 의미한다(이 점에 대해서는 다음 장에서 좀 더 자세히 살펴볼 것이다). 다시 말해 교회 지도자들은 다양성에 우선적으로 초점을 맞추고, 인종의 차이와 그로 인해 발생하는 문제들을 편안하게 논의할 수 있는 대화의 장을 마련해 나가야 하며, 정치적인 협력보다 복음의 일치를 더 중시해야 한다(이 점에 대해서도 다음 장에서 좀 더 자세히 살펴볼 것이다). 교회 지도자들은 교인들이 다문화적인 관계를 추구하도록 이끌어야 한다.

> 예수님은 단지 새로운 종교가 아닌 새로운 인류를 창조하셨다

이러한 가족적 일치는 기독교가 1세기에 처음 모습을 드러냈을 때 큰 관심을 불러일으켰다. 그러한 기독교의 모습은 사람들에게 예수님이 단지 새로운 종교가 아닌 새로운 인류를 창조하셨다는 사실을 분명하게 일깨워 주었다. 만일 우리가 복음으로 변화되어 다문화적인 삶을 살아간다면 오늘날에도 세인의 관심을 사로잡을 수 있을 것이다.

'카이로스'의 순간

미국 교회는 인종 문제와 관련해 '카이로스'(Kairos)의 순간에 직면했다. '카이로스'는 특별하게 정해진 역사적 순간을 뜻하는 헬라어다. 나는 하나님이 교회를 통해 세상이 갈망하는 일치가 그리스도 안에서 이루어지고, 또 나타나게 하시기 위해 이 순간을 정하셨다고 믿는다.

하나님은 우리 사회가 법률로 이룰 수 없는 것을 복음으로 이루신다. 복음은 그만큼 강력하다. 복음은 하나님의 능력이다. 이것이 복음을 그 어떤 것보다 중시해야 하는 이유다.

성경은 모든 인류가 세 가지의 큰 공통점을 가지고 있다고 가르친다.

첫째, 모든 사람은 동등하게 창조되었다. 그 이유는 모두가 하나님의 형상으로 창조되었기 때문이다.

둘째, 모든 인류는 한 가지 공통된 문제(죄)로 고통받는다.

셋째, 우리 모두는 한 가지 공통된 희망(예수님)을 바라본다.

복음은 예수 그리스도의 형상을 지닌 새 인류, 곧 다양한 인종의 구원받은 인류를 창조한다.

복음에 대한 바울의 가장 긴 설명을 담고 있는 로마서에 관해 잘 알려지지 않은 사실이 하나 있다. 로마서는 유대인과 이방인이라는 인종적 갈등을 겪고 있던 교회를 위해 기록되었다. 바울은 로마의 신자들에게 하나님께서 그들이 사회에서 경험하는 모든 분열과 갈등을 초월하는 새로운 인류를 창조하셨다고 말했다. 따라서 교회에서 인종적 갈등이 발생하는 이유는 인종의 차이가 커서가 아니라 복음의 가르침을 온전히 이해하지 못했기 때문이다.

하나님은 다채로운 빛을 뿜어내는 다이아몬드처럼 자신의 영광을 드러내기 위해 다양한 인종을 창조하셨다. 그 영광이 교회 안에서 먼저 나타나야 한다.

우리는 본래 한 인류로 창조되었을 뿐 아니라 요한계시록이 가르치는 대로 장차 모든 종족과 방언과 나라에서 온 사람들로 구성된 구원받은 새 인류로서 그리스도의 보좌 앞에 모여 부활하신 주님을 예배하게 될 것이다. 하나님은 세상을 구원하기 위해 교회를 세우시고, 그들이 복음을 충실히 전하게 하셨다. 따라서 교회는 피부색과 상관없이 모든 사람이 안전하게 거할 수 있는 피난처와 장차 올 하늘나라를 비추는 빛이 되어야 한다.

공동체의 다양성을 반영하고, 하늘나라의 다양성을 선포하라. 우리는 주일에 모일 때마다 다음과 같은 사실을 분명하게 선언해야 한다.

우리는 한 인류다.

우리는 한 가지 문제(죄)를 안고 있다.

우리는 한 분인 구원자(예수 그리스도) 안에서 하나가 되었다.

우리는 오직 한 가지 색깔(심홍색)만을 사랑한다.

우리는 한 가지 희망(부활)만을 바라본다.

복음은 그 무엇보다 중요하다.

8

복음이 개인의 취향보다 더 중요하다

나의 청중이 회심하지 않는다면 시간만 낭비했다는 생각이 들 것이다. 그렇게 되면 지력과 마음을 헛되이 쏟아부은 셈이 된다. 주님을 위해 그분이 피로 값 주고 사신 사람들을 조금이라도 발견하지 못한다면 나의 희망과 목숨을 잃은 것 같은 생각이 들 수밖에 없다. … 나는 거룩한 말씀의 모든 비밀을 파헤치기보다 차라리 한 사람의 죄인을 예수 그리스도께로 인도하겠다. 왜냐하면 구원이 곧 우리가 살아가는 이유이기 때문이다.

―찰스 스펄전

한 여인이 우물가에서 예수님을 예배 전쟁으로 끌어들이려고 시도했다. 그녀는 "저희 사마리아인들은 예배를 이렇게 드려야 한다고 믿습니다."라고 말했다. 그러나 예수님은 미끼에 걸려들지 않으셨다. 미끼에 걸려드는 척하다가 오히려 그것으로 그녀를 낚으셨다. 그분은 그녀에게 성부께서는 영과 진리로 예배하는 자들을 찾으신다고 말씀하셨다. 하지만 그녀는 그런 가르침을 한 번도 들어 본 적이 없었다.

"진리로 예배하는 것"은 하나님에 관해 올바르게 생각하는 것을 의미하고, "영으로"는 예배를 단지 머리로만 드려서는 안 된다는 의미를 담고 있다. 예배는 성령의 인도를 받는 영의 활동이다. 지식만이 아니라 친밀한 관계를 요구한다.

하나님은 우리가 예배를 드릴 때 복음에 관해 올바로 생각하고, 우리의 영으로 그것에 올바로 반응하기를 바라신다. 그것이 하나님께서 실제로 관심을 기울이시는 것이다. 그런데 왜 우리는 예배 형태를 둘러싸고 이토록 많은 논쟁을 벌이는 것일까?

예수님의 대답에 따르면 예배는 기타, 드럼, 핸드벨 같은 악기의 사용, 손뼉을 치는 것, 연무기나 말이나 찬송가집의 사용 여부, 악보를 보고 부르는 4부 합창, 예배를 한 시간 드릴 것인지 세 시간 드릴 것인지 등의 문제와는 아무런 상관이 없는 것처럼 보인다. 예배는 하나님에 관해 올바로 생각하고, 복음에 올바로 반응하는 것을 의미한다.

나는 다양한 배경을 지닌 교인들이 참석하는 교회를 목양하는 특권을 누리고 있다. 배경이 다양하기 때문에 예배에 대한 기대도 제각각 다르다. 우리 교회는 전통적인 남침례교 요소를 많이 갖고 있다. 남침례교는 예배 중에 많은 동작을 하지 않지만 목소리는 우렁차게 내지른다. 옛 찬송가를 부를 때는 특히 그렇다. 교인들은 예배에 몰두하면 마치 질문이 있다는 표시를 하듯 잠시 한쪽 팔을 위로 쳐들기도 한다. 그러다가 영적 부흥을 경험하면 마치 보이지 않는 텔레비전 수상기를 옮기듯 양팔의 팔꿈치를 90도 각도로 꺾어 앞뒤로 흔든다. 물론 교인들은 찬송가에 적힌 가사대로 노래 부른다.

내가 설교의 요점을 강조할 때면 교인들은 구두점을 찍듯 짧게 "아멘!"이라고 소리친다. 그들 중에는 아프리카계 미국인이 상당수 섞여 있다.

청중 일부는 설교를 들으면서 말을 좀 많이 한다. 그들은 내가 설교할 때 온전한 문장을 말할 수 있도록 동사, 부사, 종속절 따위를 덧붙이거나 이따금 질문을 던져 "나를 돕는 것"(그들이 하는 말이다)을 좋아한다. 나는 잠시 설교를 멈추고 그들의 질문에 곧바로 대답할 것인지, 아니면 마음에 담아 두었다가 나중에 대답할 것인지 고민한 적이 여러 번 있다.

아프리카계 미국인 교인들은 예배 중에 백인 교인들 못지않게 목소리를 크게 낼 뿐 아니라 리듬에 맞춰 손뼉을 치기도 하고, 고함을 지르고, 펄쩍펄쩍 뛰기까지 한다. 그것은 '올드 홀러 제1침례교회'(First Baptist of Old Holler)에서 성장한 교인들에게서는 흔히 볼 수 없는 현상이다. 더욱이 그들 중 일부는 찬송가에 적힌 가사와 다른 말로 찬양을 부르기도 한다.

라틴계 교인들은 이 거룩한 열정에 초자연적인 인내심을 더한다. 그들은 우리가 한 시간 15분 동안 예배드리는 것을 보고 몹시 혼란스러워한다. 히스패닉계 담당 목사 말에 따르면 그들은 광고 시간이 될 때까지 간신히 버틴다고 한다. 그들은 찬양을 두 시간 정도 부르지 않으면 제대로 된 '예배'로 인정할 수 없다고 생각한다. 이것은 사실이다. 내가 '서미트교회의 스페인어 모임'에 처음 참석해서 함께 예배를 드렸을 때 가족과 점심 먹는 시간을 걸러야 했다. 저녁도 걸렀던 것으로 기억한다.

이렇게 활기차고 떠들썩한 예배 상황에서 한국인 교인들은 매우 특유한 면모를 보여 준다. 한동안 한 무리의 한국인 학생들이 예배당 두 번째 줄에 앉아 예배를 드렸다. 나는 그들이 예배드리는 모습을 처음 보았을 때 솔직히 누군가가 다칠 것 같은 생각이 들었다. 그들은 단순히 찬송가를 '노래하지' 않았다. 찬송가를 힘껏 외쳤다. 때로는 발을 굴러 박자를 맞추기도 했다. 그들 가운데 몇 사람은 하늘에 계신 하나님과 손바닥을 마주치려고 하는 것처럼 보였다. 그러나 내가 설교를 시작하자 마치 누군가가 스위치를 꺼 버린 듯한 현상이 일어났다. 그들의 모든 동작이 일시에 중단되었다. 그토록 열정적인 예배자들이 설교하는 동안에는 심지어 은혜로운 말씀이 전달될 때조차 마치 돌처럼 잠잠했다. 그런 일이 몇 주 동안 계속되자 약간의 실망감이 느껴졌다. 나의 설교가 그들에게 아무런 감동도 주지 못하는 것처럼 생각되었다.

그래서 나는 그들 중 한 사람에게 물어보았다. "형제는 찬양할 때는 그토록 열정적이면서 왜 설교 시간에는…"이라고 말끝을 흐린 뒤 적절한 질문을 생각해 내려고 고민하다가 "내 설교가 형제에게 아무 의미가 없나요?"라고 물었다. 그러자 그 형제는 잠시 어리둥절한 표정을 짓더니 곧 "아닙니다, 목사님. 우리는 찬송가만큼이나 목사님의 설교를 좋아합니다. 그러나 우리 문화에서는 목사님이 말씀을 전하실 때 말하는 것을 예의에 벗어난 행동으로 간주합니다. 우리는 목사님과 목사님이 전하시는 말씀에 존경심을 표하기 위해 조용히 경청하는 것입니다."라고 대답했다.

여기에서 '이런 예배 방식 가운데 어느 것이 가장 정확하고 성경적인 예배 방식일까?'라는 문제가 제기된다. 한마디로 이런 질문은 "예"와 "아멘"을 구별하려는 것과 같다. 물론 나는 백인, 아프리카계 미국인, 라틴계 미국인, 한국인 신자들에 관한 것을 일반화했다. 앞에 언급한 것 외에도 예외적인 것이 많을 것이다. 나의 요점은 교회가 서로 다른 예배 방식을 선호하는 이유는 교인들의 문화적 배경과 밀접한 관련이 있다는 것이다.

유대인에게는 유대인이 돼라

바울 사도가 생각했던 문제는 '어떤 예배 방식이 더 나은가'가 아니라 '사람들에게 복음을 전하는 데 가장 도움이 되는 방법이 무엇인가'였다. 그는 그 목적을 달성하기 위해 자신이 기꺼이 변화를 감수하겠다는 놀라운 말을 했다.

내가 모든 사람에게서 자유로우나 스스로 모든 사람에게 종이 된 것은 더 많은 사람을 얻고자 함이라. 유대인들에게 내가 유대인과 같이 된 것은 유대인들을 얻고자 함이요 율법 아래에 있는 자들에게는 내가 율법 아래에 있지 아니하나 율법 아래에 있는 자같이 된 것은 율법 아래에 있는 자들을 얻고자 함이요 율법 없는 자에게는 내가 하나님께는 율법 없는 자가 아니요 도리어 그리스도의 율법 아래에 있는 자이나 율법 없는 자와 같이 된 것은 율법 없는 자들을 얻고자 함이라. 약한 자들에게 내가 약한 자와 같이 된 것은 약한 자들을 얻고자 함이요 내가 여러 사람에게 여러 모습이 된 것은 아무쪼록 몇 사람이라도 구원하고자 함이니(고전 9:19-22).

이 구절에서 내가 가장 흥미롭게 생각하는 것은 "유대인들에게 내가 유대인과 같이 된 것은"이라는 문구다. 바울은 유대인이었다. 그런데 어떻게 유대인이 유대인에게 복음을 전하기 위해 유대인이 된다는 것일까? 유대인이 유대인이 아닌 때가 있을 수 있다는 말인가?

이 문구는 바울이 유대 문화를 느슨하게 따르고 있다가 다른 유대인들에게 다가가기 위해 그것을 다시 채택했다는 의미를 지닌다. 다시 말해 그는 유대 문화를 마치 의복처럼 벗었다가 다시 입었다. 복음을 진정으로 사랑하는 그리스도인이라면 그런 일을 기꺼이 감당할 것이 틀림없다.

예를 들어 나는 다른 남부 사람들에게 복음을 전하기 위해 다시 남부 사람처럼 되어야 한다. 그렇게 하는 이유는 내가 나의 문화를 경멸해서 그것을 멀리하려고 애쓰기 때문이 아니다. 그리스도 안에서 획득한 새로운 정체성은 나의 문화를 말살하지 않는다. 다만 그것을 상대화시킬 뿐이다(나의 존재와 관련된 다른 모든 측면도 마찬가지다). 이 점을 잠시 머릿속에 기억해 두라.

음악이 중요한 이유

그 유명한 '예배 전쟁'이 시작된 지 몇 년이 지났다. 그런데도 여전히 예배 음악의 취향을 둘러싼 논란이 일고 있으니 참으로 놀랍다. 서구 세계의 신자들은 중요한 교리적 문제와 관련해서는 교회의 견해를 기꺼이 수용하면서도 예배 음악이 시원찮으면 자기와 맞지 않는다고 생각하고, 다른 교회를 찾아 떠나는 경향이 있다. 안타깝게도 이것이 사람들이 우리 교회를 떠나 다른 교회를 찾거나 다른 교회를 떠나 우리 교회로 오는 주된 이유 가운데 하나다. 그 이유는 음악과 문화가 서로 밀접하게 연관되어 있기 때문이다.

사실 우리의 음악적 취향은 모든 종류의 문화적 취향이 결집된 축소판과 다름없다. 음악적 취향은 우리가 다문화의 다양성을 기꺼이 받아들이고 있는지 아닌지를 판별하는 '시금석'이라고 말할 수 있다.

우리 대부분은 스스로가 생각하는 것만큼 유연하지 못하다. 사역 초기에 한 백인 대학생과 대화를 나눈 적이 있다. 그는 내게 소수집단들을 교회에 받아들이는 것이 좋다고 권유했다. 나는 그가 말한 모든 것에 동의했다. 그런데 어느 주일날 그는 예배를 마치고 나서 나에게 불평을 토로했다. 나는 깜짝 놀라지 않을 수 없었다. 우리가 시도한 예배의 변화 중 일부를 탐탁하게 여기지 않는 눈치가 역력했다. 그는 우리가 부르는 새로운 찬송가를 좋아하지 않았고, 예배 인도자가 사람들에게 손뼉을 치고 손을 들라고 권유하는 것을 못마땅해했다.

아마도 그 대학생은 스스로 생각했던 것만큼 다문화적인 예배를 열망했던 것은 아닌 듯했다. 그가 진정으로 원했던 것은 다양한 피부색을 지닌 사람들로 구성된 예배 모임이었다. 그는 다양한 인종이 자기가 좋아하는 방식대로 예배를 드리기 원했다.

다양한 피부색과 다양한 문화는 똑같은 것이 아니다. 내가 그와 달랐다면 그도 나를 받아들이기 어려웠을 것이다.

앞 장에서 말한 대로 밴스 핏먼은 때로 불편함을 느끼는 것이 우리가 다문화적인 운동에 참여하고 있다는 증거라고 말했다. 가장 먼저 불편함이 느껴질 수 있는 분야 가운데 하나가 음악이다. 나는 교회의 음악이 전혀 불편하게 느껴지지 않아도 다른 누군가는 그렇게 느낄 수 있다.

우리의 문제는 다른 사람들이 우리처럼 예배를 드리면서 스스로를 표현하지 못하는 이유를 이해하지 못한다는 것이다. 우리는 그들이 우리처럼 예배드리기를 꺼리는 이유가 그들의 타고난 영적 결함에 있다고 생각하는 경향이 있다.

예를 들어 우리 교회에서 '감정 표현이 풍부한' 교인들은 감정 표현이 덜 풍부한 교인들에게 실망감을 느끼며, 위대하신 하나님의 임재 앞에서 어떻게 그토록 무감각하게 반응할 수 있는지 의아해한다. 그들은 "농구를 볼 때는 열광하고 소리를 지르면서 우주의 하나님께는 왜 그렇게 하지 않는 것입니까? 킹 제임스(King James) 같은 농구 선수가 왕이신 예수님보다 더 큰 환성을 받을 자격이 있다는 것인가요?"라고 주장한다.

그와 달리 어떤 신자들은 예배 도중에 감정적인 표현을 하는 것을 군중 심리를 이용하는 것으로 생각한다. 그들은 그런 요란한 소동을 '성령의 역사'로 간주하는 것을 탐탁지 않게 여긴다. 서구 사회에는 신자와 불신자를 막론하고 그와 같이 강제적인 감정적 순간을 회의적으로 바라보는 사람이 많다. 그들은 그런 순간을 '성령의 역사'로 간주하는 것을 미덥지 않게 생각한다.

그렇다면 어떤 문화적 관심이 더 타당할까? 앞서 말한 대로 이것은 "예"와 "아멘"을 구별하려는 것과 같다. 양쪽 모두 예배에 관한 대화와 관련해 주의를 기울여야 할 진리를 내포하고 있다.

예배를 드리면서 기만적으로 감정적인 분위기를 조장하는 것이 가능할까? 물론이다.

그렇다면 예배가 아닌 다른 것에 대해서는 자유롭게 열정을 표현하면서 예배드릴 때는 적절하게 열정을 표현하지 않고 활력 없는 태도를 취하는 것이 가능할까? 물론이다.

우리는 예배와 관련해 서로 정반대되는 극단 사이에서 '이것이냐, 저것이냐'를 선택하려는 시도를 중단해야 한다. 다른 많은 사역 분야와 마찬가지로 우리는 이 문제에서도 갈등을 겪고 있다.

우리는 생각과 마음, 지혜와 열정을 균형 있게 유지해야 한다. 성경을 공부하고, 주어진 상황을 분석하고, 열린 마음으로 우리와 다른 방식으로 자신을 표현하는 사람들과 더불어 예배를 드려야 한다.

복음은 우리와 똑같은 사람들뿐 아니라 우리와 다른 사람들과도 서로 화합하라고 요구한다. 이것은 불편함을 편안하게 여길 수 있어야 한다는 뜻이다. 그 과정에서 우리의 맹점이 발견될 수 있다. 그것이 하나님의 다문화적인 몸이 지닌 많은 아름다움 가운데 하나다. 우리는 서로 떨어져 있을 때보다 함께 있을 때 더 온전해질 수 있다.

용인할 것과 고수할 것

이 논의의 초점은 '문화적 취향'과 '성경적 가치'를 분리하는 법을 발견하는 데 있다. 이 두 개념을 구별하지 못하는 사람들에게 성경의 가장 호된 비난이 주어졌다. 예수님은 하나님의 율법을 왜곡하는 전통을 고집하던 당시의 바리새인들을 호되게 비판하셨다.

> 너희는 어찌하여 너희의 전통으로 하나님의 계명을 범하느냐? 하나님이 이르셨으되 네 부모를 공경하라 하시고 또 아버지나 어머니를 비방하는 자는 반드시 죽임을 당하리라 하셨거늘 너희는 이르되 누구든지 아버지에게나 어머니에게 말하기를 내가 드려 유익하게 할 것이 하나님께 드림이 되었다고 하기만 하면 그 부모를 공경할 것이 없다 하여 너희의 전통으로 하나님의 말씀을 폐하는도다. 외식하는 자들아 이사야가 너희에 관하여 잘 예언하였도다. 일렀으되 이 백성이 입술로는 나를 공경하되 마음은 내게서 멀도다. 사람의 계명으로 교훈을 삼아 가르치니 나를 헛되이 경배하는도다 하였느니라(마 15:3-9).

앞서 말한 대로 바울은 복음의 일치보다 문화적 관습을 우선시하는 베드로를 책망했다(갈 2:11-14). 하나님께서 말씀하지 않으셨는데 우리의 취향에 대해 "하나님께서 이렇게 말씀하시기를"이라고 말한다면 우리에게 화가 있을 것이다.

학자들은 구약성경 안에 신약성경의 짝이 되는 책이 많다고 이야기한다. 예를 들어 구약의 묵시서인 다니엘서는 요한계시록과 짝을 이루고, 출애굽기와 사무엘서 같은 역사서는 복음서와 사도행전과 짝을 이룬다. 또한 잠언과 같은 지혜서는 야고보서와 많은 점에서 비슷하다. 그러나 고대 이스라엘의 예배 찬송이었던 시편의 짝은 어디에도 없다. 나는 이것이 우연이 아니라고 생각한다. 신약 시대의 교회도 이스라엘 백성처럼 나름대로 찬송가를 가지고 있었다. 나는 한편으로는 그런 찬송가가 대대로 보존되어 왔으면 좋았을 것이라고 생각하면서도 사도들이 신약 시대 예배의 예전을 작성하지 않은 것을 무척이나 다행스럽게 여긴다. 만일 그랬다면 하나의 문화로 형성된 음악적 표현이 마치 복음처럼 선포되었을 것이다. 고대의 시편을 현대 음악에 맞춘다 하더라도 그것은 본래 유대 문화를 위해 기록된 것이다. 시편은 히브리 박자와 운율을 갖추고 있다. 모든 음악이 다 문화의 영향을 받는다. 따라서 신약성경에 시편이 존재했다면 예배의 문화적 방식이 하나로 통일되어 규범화되었을 것이다.

예배는 하나의 문화로 형성되지 않는다. 신약성경이 하나의 음악적 취향만 고집하지 않은 것은 하나님의 의도적인 결정이었다. 문화적 취향은 유연하게 다루어야 한다. 언제나 사역에 따라 그것을 변경하거나 제거할 준비가 되어 있어야 한다.

그러나 반드시 고수해야 할 것도 있다. 복음은 타협하지 말아야 한다. 근본 교리와 윤리와 순결함과 순전함과 겸손과 성경에 대한 복종도 마찬가지다. 그런 것은 문화적 압력이 아무리 강하더라도 절대로 변경하지 말고 굳게 고수해야 한다.

모든 사역의 접근 방식은 성경에 근거해야 한다. 신약성경에는 하나님께서 예배를 통해 무엇을 원하시는지 보여 주는 내용이 많다. 우리는 제멋대로 하나님을 예배할 수 없다. 구약 시대의 사람들은 그렇게 하다가 목숨을 잃기도 했다(레 10:1-3). 예를 들어 집단 예배를 드리려면 언제나 회중이 한자리에 모여야 한다. 각자 따로 떨어진 상태에서 정기적으로 실시간 방송을 통해 예배를 드리는 것은 온당하지 않다. 설교가 모든 교회에서 중심을 차지해야 한다. 설교는 성경의 권위와 무오성에 근거해야 한다. 기도도 예배의 본질적인 요소 가운데 하나로 간주해야 한다. 아울러 신자들이 영적 은사를 활용할 수 있는 기회도 주어져야 한다. 성찬과 세례라는 두 가지 성례를 정기적으로 거행해야 한다. 이 외에도 많다. 이런 요소들은 교회마다 그 형태가 약간씩 다를 수 있지만 그중 어느 하나도 무시해서는 안 된다. 이 요소들은 굳게 고수해야 한다.

이와 대조적으로 유연하게 다루어야 할 요소들, 곧 변화시킬 수 있는 예배 요소들이 있다. 바울은 이를 "유대인에게는 유대인이 된다"는 말로 표현했다 복음적인 교회의 비극 중 하나는 바꿔야 할 것은 바꾸지 않고, 바꾸면 안 되는 것을 바꾸는 것이다.

어떤 교회들은 말씀의 중심적 역할과 성경의 무오성은 이미 오래전에 무시해 버리고, 예배당에서 오르간을 제거하려고 시도하는 목회자들을 파면하는 우를 범하기도 했다. 그런 결정은 매우 잘못되었다.

예수님께서 분노하신 이유

복음서에 보면 예수님께서 이스라엘 백성을 위한 편의 시설로 이방인의 뜰을 더럽힌 유대 지도자들에게 크게 분노하신 사실을 알 수 있다. 그분은 그 뜰이 성전 예배에 사용되는 희생제물을 파는 상인들에 의해 더럽혀지는 것을 보셨다.

예수님이 분노하신 이유는 그들이 하나님을 구하게 할 목적으로 이방인들에게 주어진 공간을 점유했기 때문이다. 예수님은 채찍을 휘두르시며 "기록된 바 내 집은 만민이 기도하는 집이라 칭함을 받으리라고 하지 아니하였느냐? 너희는 강도의 소굴을 만들었도다"(막 11:17)라고 소리치셨다.

어떤 사람들은 예수님께서 분노하신 이유가 사람들이 성전에서 돈벌이를 했기 때문이라고 생각하여, 교회 로비에서 CD나 책이나 셔츠를 팔 때는 너무 비싸게 팔면 안 된다는 의미로 이 사실을 적용하려 들 것이다.

그런 점도 응당 고려해야 할 문제지만 예수님께서 분노하신 진짜 이유는 따로 있다. 그 이유는 그분이 하신 말씀의 첫마디에서 발견된다. "내 집은 만민이 기도하는 집이라 칭함을 받으리라."

예수님이 분노하신 진정한 이유는 교회 로비에서 가격을 과도하게 인상한 티셔츠를 파는 것이 아니다. 예수님은 그들이 하는 일에 대해서도 분노를 느끼셨지만 무엇보다 그들의 관습이 다른 사람들이 하려는 일을 방해한 것에 분노하셨다. 그들은 이방인들이 하나님께 나아갈 수 있는 유일한 장소를 이미 구원받은 사람들에게 편리함과 편의를 제공하는 장소로 변질시켰다.

제단과 가까운 장소에서 돈을 바꿔 주고 희생제물을 파는 것은 하나님을 믿는 유대인들에게 편의를 제공했다. 문제는 그것이 외부인들을 예배의 아름다움을 지켜볼 수 있는 장소로부터 몰아내는 결과를 낳았다는 것이다.

아마도 유대인들 가운데 일부는 '그러나 예수님, 이 성전은 우선적으로 이방인이 아닌 유대인을 위한 것입니다. 성전 예배는 구원받지 못한 사람들이 아닌 구원받은 사람들을 위한 것입니다.'라고 생각했을 것이다.

엄밀히 따지면 그들의 생각은 틀리지 않다. 그러나 하나님은 유대인들에게 이방인들이 나아와 진리를 듣고 알게 하는 것을 예배의 일부로 간주하라고 명령하셨다. 예수님이 분노하신 이유는 그들이 그런 명령을 지키지 않았기 때문이다. 그들은 외부인들을 위한 장소를 내부인들에게 편의를 제공하는 장소로 바꾸었다.

오늘날에도 예수님은 교회의 설교와 음악과 언어와 취향과 전통과 어린아이를 위한 프로그램은 물론, 심지어 주차 장소나 표지판 같은 것까지도 외부인들

> 만일 교회가 다음 세대에 복음을 전하기 위해 전통을 바꿀 필요성을 고려하지 않는다면 예수님께서 어떻게 생각하실까?

이 복음에 쉽게 접근할 수 있는 방식으로 적용하지 않으면 똑같이 분노하실 것이 분명하다.

만일 우리가 우리의 예배를 통해 하나님께서 부르시는 '외부인'을 고려하지 않는다면 예수님 당시의 유대인들처럼 '이방인들'을 가로막는 장애물을 만들고 있다고 말할 수 있지 않겠는가?

많은 교회가 다음 세대에 복음을 전하는 것보다 전통을 고수하는 데 더 많은 관심을 기울이는 것처럼 보인다. 만일 교회가 다음 세대에 복음을 전하기 위해 전통을 바꿀 필요성을 고려하지 않는다면 예수님께서 어떻게 생각하실까?

다음 세대보다 전통을 더 중시하는 것

이런 말을 하면 마치 내가 전통을 싫어하는 것처럼 느껴질지 모른다. 그렇지 않다. 전통은 지혜의 수호자일 수 있다. 체스터턴(G. K. Chesterton)은 도로에 문이 가로질러 놓여 있는 것을 발견하고, 그것이 왜 거기에 있는지 확실하게 알지 못할 땐 그것을 서둘러 치우기 전에 누가 그것을 거기에 가져다 놓았고, 왜 그것이 지혜로운 행동이 아닌지를 곰곰이 따져 봐야 한다고 말했다.[1]

전통을 지키는 것이 지혜에 이르는 지름길이 될 수 있다. 그것은 많은 시행착오를 거쳐 터득한 지혜의 축복을 우리에게 물려주기 원했던 조상들을 겸손하게 인정하는 태도다.

그러나 이미 살펴본 대로 성경은 우리의 문화적 관습을 본질적인 복음의 진리와 구별하지 않음으로써 복음을 가로막는 장애를 초래한다면 죄를 면하지 못할 것이라고 가르친다.

우리는 우리의 전통 가운데 복음과 아무 관계가 없는 것이 많다는 사실을 솔직하게 인정해야 한다. 그것들은 우리나 우리 부모나 우리 조부모의 취향을 반영한다. 우리가 조부모를 사랑한다면 우리의 손자들도 그와 똑같이 사랑하여 그들에게 복음을 전하려고 노력해야 마땅하다.

앞서 말한 대로 바울은 고린도전서 9장에서 복음을 전하기 위해 자신이 기꺼이 하고자 하는 일을 설명했다. 그는 그 모든 과정을 경주에 비유했다(고전 9:24). 경주를 할 땐 그것이 100미터 단거리든 42.195미터 마라톤이든 거추장스러운 것들을 달고 달리면 안 된다. 나는 마르틴 루터의 전집 55권을 모두 소장하고 있지만 내가 경주하는 동안 루터가 나와 함께 달려 주는 것은 아니다(루터 전집은 내가 가장 자랑하는 소장품 가운데 하나다). 경주에서 승리하는 것을 방해하는 것은 무엇이든 다 내버려야 한다.

이처럼 실제 경주에서는 충분한 의미를 지니고도 남는 것이 교회생활에서는 왜 그토록 실천하기가 어려운 것일까? 사람들의 영혼을 구하는 경주가 가장 긴급한 경주가 아니고 무엇인가?

나는 그 이유 중 하나가 우리가 잃는 것에만 지나치게 집착한 나머지 얻는 것을 생각하지 않기 때문이라고 생각한다. 취향과 전통을 포기하는 것은 어렵다. 분명한 사실이다. 그러나 희생은 단지 잃는 것으로 끝나지 않는다. 희생은 우리가 더 사랑해야 할 것을 위해 우리가 사랑하는 것을 버리는 것을 의미한다.

나는 나의 문화적 취향과 전통을 사랑하지만 잃어버린 이웃들을 더 많이 사랑한다. 그래서 나는 더 많은 이웃을 구하기 위해 기꺼이 그런 것들을 포기할 수 있다.

예수님은 죄인들을 구원하는 것이 하늘나라를 포기할 만한 가치를 지녔다고 생각하셨다. 나에게도 잃어버린 이웃들을 구원하는 것은 나의 취향을 포기할 만한 가치를 지닌다.

변화하고자 하는 열의는 잃어버린 자들에 대한 열정이 있어야만 계속 유지될 수 있다. 잃어버린 자들을 깊이 염려하면, 바울처럼 그들을 위해서라면 지옥도 마다하지 않을 것이고, 스스로의 소중한 전통을 포기하는 것을 희생으로 여기지 않을 것이 틀림없다 (롬 9:1-3).

약 20년 전에 서미트교회에서 그런 변화가 일어나는 것을 목격했다. 내가 목사로 사역한 지 한 달이 지날 무렵 보관 창고에서 핸드벨 세트를 한 벌 발견했다. 너무 오랫동안 사용하지 않았기 때문에 그것을 마지막으로 사용한 것이 언제인지 기억하는 사람도 없었다. 아마 지금 이 글을 읽고 있는 사람들은 '도대체 핸드벨이 뭐지?'라고 생각할 것이다. 유투브에서 찾아 보라. 참으로 놀라운 악기다.

아무튼 우리는 새로운 예배 장비가 필요했고, 핸드벨 세트는 귀한 물건이었다. 그것을 팔아서 새로운 물건을 사는 데 활용하면 좋을 것 같았다.

몇 주 후 한 여성이 나를 찾아와서 핸드벨에 대한 계획을 들었다고 말하며, 왜 그런 일을 하려는 거냐고 물었다(그녀의 가족은 오랫동안 우리 교회에 다니고 있었다). 내가 설명하려고 하자 그녀는 공손하게 내 말을 끊고 "몇 년 전에 돌아가신 나의 어머니께서 돈을 남길 테니 교회에 핸드벨을 사서 기증하라고 유언하셨습니다."라고 말했다.

긴 침묵이 흘렀다. 나는 크게 당황했다. 우리의 계획은 핸드벨을 판 돈으로 전자 기타 두 대를 사는 것이었다. 뭐라고 말해야 할지 알 수 없었다. 나는 고개를 떨군 채 조용히 하나님께 기도하기 시작했다. 멀리서 개 짖는 소리가 들렸다.

나는 겨우 힘을 내서 우리의 계획을 상세히 말해 주었다. 그녀는 "나의 어머니가 기증한 것으로 전자 기타를 살 거라고요?"라고 말했다. 나는 잠시 대답할 말을 찾으며 "하늘나라에 계시는 어머니께서도 손자들과 그의 친구들을 비롯한 다음 세대에 복음을 전하는 일에 악기가 사용되는 것을 보시면 기뻐하시지 않을까요?"라고 말했다. 그녀는 잠시 생각하더니 미소를 띠고 "네, 그래요. 어머니도 행복해하실 것 같아요. 생각해 보니 좋은 방법이 있네요."라고 말했다. 그녀는 핸드벨을 팔지 말고 다른 교회에 기증하라고 요구했다. 나는 그 타협안을 기꺼이 받아들였다. 그녀는 핸드벨을 처리하는 것을 가로막지도 않았고, 다음 세대와 새로운 공동체를 위한 사역을 위해 여러 번 예배 방식을 수정했는데도 우리 교회를 떠나지도 않았다. 그녀는 지금도 우리 교회에 다닌다. 자신이 소중히 여겼던 핸드벨 대신 기타와 키보드의 인도에 맞춰 주일마다 손을 높이 들고 찬양한다. 수천 명의 대학생이 그녀와 함께 그렇게 찬양한다. 그녀의 사심 없는 결단 덕분에 우리 교회는 다음 세대에 활력 있게 복음을 전하고 있다.

그렇다면 꼭 기타가 있어야만 다음 세대에 복음을 전할 수 있을까? 그렇지는 않다. 일부 교회에서는 예전에 근거한 전통적인 예배를 통해 젊은 사람들의 마음을 사로잡고 있다. 교회마다 상황이 다를 것이다. 그러나 요점은 분명하다. 즉 우리의 손자들과 우리의 전통 가운데 하나를 선택해서 예배 방식을 결정해야 한다면 나는 항상 전자를 중시할 것이다.

그 무렵 나는 앤트웨인이라는 젊은이에게 세례를 주는 특권을 누렸다. 앤트웨인은 우리 교회에서 세례를 받은 첫 번째 아프리카계 미국인이다. 그의 이야기는 참으로 놀랍다. 그의 과거는 매우 힘들었다. 우리는 교회 체육관에서 열린 운동회에서 만났다. 그의 별명은 "에어"(Air)였다. 점프 실력이 매우 뛰어났기 때문이다(모두가 하나씩 별명이 있었다. 한 학생은 3점 슛을 놓치는 법이 거의 없었기 때문에 "머니"[Money]라고 불렸고, 또 한 학생은 공을 드리블하는 솜씨가 뛰어났기 때문에 "버터"[Butter]로 불렸다. 나의 별명은 "안 돼. 슛 하지 마."였다. 사실이다).

앤트웨인과 몇 달 동안 친밀하게 지내면서 오랫동안 대화도 하고, 저녁도 함께 먹고, 성경도 공부하다 보니 마침내 은혜의 빛이 비치기 시작했다. 그가 그리스도를 영접하는 기도를 드릴 때 나는 그의 곁에 있었다.

몇 주 후 그는 세례식에서 그리스도의 능력을 증언했다. 내가 들어 본 가장 뜻 깊은 간증 가운데 하나였다. 참으로 놀라운 이야기였다. 그의 간증이 끝나자 세례식에 참석한 거의 모든 사람이 눈시울을 붉혔다. 잠시 후 나는 그에게 세례를 주었다. 예배가 끝난 뒤 나이 든 교인 한 사람이 내게 다가왔다. "목사님, 제가 목사님이 우리 교회에서 시도하는 이 모든 변화를 좋아하지 않는다는 것을 아시죠?"라고 말했다. 나는 어떤 대화가 펼쳐질지 걱정하며 조용히 서 있었다. 멀리서 다시 개 짖는 소리가 들렸다. 잠시 후 그는 목멘 소리로 "그러나 저것이 우리가 원하는 목표라면 그 모든 일에 나도 끼워 주세요."라고 말했다. 이것이 자신의 취향보다 복음을 더 중시하는 사람의 마음이다.

이방인들이 하나님께 돌아오는 것을 어렵게 만들지 말라

몇 년 전 사도행전을 설교할 때의 일이다. 갑작스레 성경 한 구절이 눈에 확 들어왔다. 그것은 '유대의 전통 가운데 어떤 것을 새로운 이방인 신자들에게 지키라고 요구해야만 교회 안에 화합이 이루어질 수 있을까?'라는 어려운 논의를 결론지은 야고보의 말이었다.

> 그러므로 내 의견에는 이방인 중에서 하나님께로 돌아오는 자들을 괴롭게 하지 말고(행 15:19).

어느 성경 교사는 이 구절에 대해 다음과 같이 말했다.

할 수만 있다면 이 구절을 미국의 모든 교회의 강단과 주춧돌에 새겨 놓고 싶다.

나는 설교할 때 이따금 이 구절을 생각한다. 어떤 예배 방식을 적용할 것인지, 어떤 행사를 준비할 것인지, 어떤 규칙이나 기준을 요구할 것인지를 논의할 때도 생각한다. 심지어 선거철이나 마당에 표지판을 세울 때나 내 차에 범퍼스티커를 붙일 때도 이 구절을 생각한다.

나는 성경의 진리는 단 한 가지도 빼놓지 않고 설교하기 원하지만, 기독교에 익숙하지 않은 사람들이 하나님께로 돌아오는 것을 어렵게 만드는 일이 없도록 주의한다. 나는 하나님이 우리 안에서 역사하고 계신다는 소식을 듣고 우리 교회를 찾아온 사람들을 힘들게 하고 싶지 않다. 사실 그들이 우리 교회에 나와서 자동차를 주차하는 일은 매우 힘들다. 어린아이들을 위한 방은 초만원이고, 예배당 주위는 너저분하다. 그래서 그들을 맞이할 봉사자들을 충분히 확보해 놓지 못하면 그들이 그냥 되돌아갈 가능성이 크다. 나는 그런 일이 일어나기를 원하지 않는다.

또한 나는 제자 훈련 과정을 이해하기 어렵게 만들어 훈련을 받으려는 사람들을 힘들게 만들고 싶지 않다. 불신자들에게 말씀을 전하거나 그들에 대해 언급할 때, 그들을 존중하지 않고 특수한 기독교 용어를 사용해 그들을 그릇 풍자하거나 묘사함으로써 교회에 등을 돌린 사람들이 하나님께로 돌아오는 것을 방해할 마음이 없다. 마당에 어떤 사람들이 싫어하는 정치인을 지지하는 표지판을 세워 그들이 하나님께로 돌아오는 것을 어렵게 만들고 싶지도 않다. 우리 교회 지도자들을 다문화적인 형태로 구성하지 않거나 인종이 다른 사람들의 관심사를 무시함으로써 그들이 하나님께로 돌아오는 것을 방해하고 싶은 생각도 없다. 내가 동성애자들과 다르다는 이유로 동성애를 무작정 비난하거나 그들을 하나님의 형상으로 창조된 사람으로 대우하지 않음으로써 동성애 문제로 고민하는 사람들이 하나님께로 돌아오는 것을 어렵게 만들고 싶지 않다. 그들은 상처를 받고 혼란스러워할 때가 많다.

내 친구 하나는 동성애 문제로 교회를 떠난 십대 청소년들이 하나님께 동성애에 매력을 느끼는 성적 성향을 없애 달라고 열심히 기도했는데도 응답이 없는 이유를 이해하지 못해 고심하고 있다고 말했다. 나는 이 문제에 대해 명확하게 말하고 싶다. 동성애는 죄이지만 이해심과 동정심을 가지고 대해야 한다. 게이와 레즈비언과 성전환자들도 하나님의 형상으로 창조된 사람들이다. 그들을 규정하는 것은 그들의 성적 정체성이 아니라 그들이 지닌 하나님의 형상이다. 그들이 내가 자신들을 이해하고 존중한다는 느낌을 받을 수 있어야 한다. 그들은 나의 조소나 멸시의 대상이 아니고, 무시해도 좋은 유권자 집단도 아니다.

기독교가 거치는 돌과 같다면 나는 내가 아닌 복음이 그러기를 바란다. 은혜와 진리의 균형이 필요하다. 아무 공로 없이 주어지는 복음의 은혜를 맛본 사람이라면 이웃과 하나님 사이에 놓여 있는 장애 요인들을 제거하기 위해 최선을 다해야 마땅하지 않겠는가? 우리를 구원하기 위해 모든 것을 버리신 구원자를 예배하는 우리가 어떻게 다른 사람들을 위해 우리의 취향과 편리를 기꺼이 포기하지 않을 수 있단 말인가?

구령의 열정

몇 년 전 캘리포니아에서 발생한 지진 이야기를 들은 적이 있다. 깊은 밤중, 좀 더 정확히 말하면 새벽 3시경에 자동차를 몰고 가다가 지진을 만난 한 남자를 인터뷰한 이야기였다. 그는 급히 차를 세우고 지진이 멈추기를 기다렸다가 다시 차를 움직여 도로로 진입했다. 갑작스러운 지진에 조금도 놀라지 않고 침착하게 대처했다. 그러나 그는 곧 그보다 앞서가던 자동차의 후미등이 사라지는 것을 보았다. 그는 속도를 늦춰 후미등이 사라진 장소에 천천히 접근하다가 황급히 브레이크를 밟았다. 후미등이 사라진 이유는 앞서가던 자동차가 절벽 아래로 추락했기 때문이었다. 지진으로 인해 고속도로의 작은 교량이 종적을 감춘 것이었다.

절벽 아래를 내려다본 그의 눈에 골짜기에 처박힌 자동차가 보였다. 어떻게 도와주어야 할지 생각하며 몸을 돌리는 순간, 그는 더 많은 차들이 자신을 향해 달려오는 것을 발견했다. 그는 맨 앞에 있는 자동차를 멈추기 위해 손을 흔들며 크게 소리를 질렀다. 그러나 운전자는 그를 무시했다(새벽 3시에 낯선 사람이 도로 옆에서 소리를 지르는 것을 보고 선뜻 차를 세울 사람이 누가 있겠는가?) 두려움에 질린 그 앞에서 차는 절벽 아래로 사라지고 말았다. 두 번째 차도 그를 무시하고 골짜기 아래로 떨어졌다. 바로 그때 그는 모퉁이를 돌아 오는 버스 한 대를 발견했다.

"그 순간 저는 버스가 절벽 아래로 추락하지 않게 하는 방법은 단 하나, 버스에 치여 함께 절벽으로 떨어지더라도 제가 그 버스에 부딪치는 것밖에는 그것을 멈춰 세울 방법이 없다는 생각이 들었습니다."라고 말했다.

그는 도로 한복판으로 걸어갔다. 그리고 미친 사람처럼 셔츠를 벗어 흔들며 "멈춰요! 멈춰요! 멈춰요!"라고 소리를 질렀다. 다행히 버스가 멈추었다. 버스 운전사는 처음에 화가 잔뜩 난 표정으로 버스에서 내렸지만 상황을 확인한 뒤에는 많은 생명을 구한 그 사람에게 진정으로 고마워했다.

그 이야기를 들으며 '내가 거기에 있었다면 그렇게 할 수 있었을까?' 생각했다. 나도 그 사람처럼 설혹 미치광이 취급을 받더라도 사람들의 목숨을 구할 수 있는 사람이 되고 싶었다. 자동차를 몰고 지나가는 사람들이 나를 미치광이로 생각할지 모른다고 걱정해야 할까? 당연히 아니다. 왜냐하면 나는 그들이 보지 못한 것을 보았기 때문이다.

그렇다면 복음 전도와 관련해서 우리는 더욱더 그래야 하지 않겠는가? 바울 사도의 말처럼 그리스도를 위해서라면 기꺼이 미치광이가 되어야 하지 않겠는가?(고후 5:13) "나는 여러분이 보지 못한 것을 보았습니다. 제발 좀 제 말을 들어 보세요."라고 말해야 하지 않겠는가? 복음 전도는 긴급 구조 작업과 같다. 그것은 사람을 가득 태운 버스가 절벽 아래로 추락하기 직전의 상황보다 더 긴급한 일이다.

이제는 안일한 신앙생활에서 벗어나 진정 중요한 것이 무엇인지 깨달을 때가 되었다. 매일 수많은 사람이 하나님 없이 영원한 내세를 향해 달려가고 있다. 그것은 골짜기에 처박히는 것보다 무한히 더 위급한 일이다. 이것이 믿음을 가진 우리가 긴급하게 서둘러야 하는 이유다. 우리가 우리의 취향은 물론 문화까지도 기꺼이 포기해야 하는 이유는 바로 이런 긴박성 때문이다. 이웃들을 위해 그 모든 것을 더운 날에 겉옷을 벗어 던지듯 과감하게 포기하자.

핸드벨이나 전자 기타를 사람들이 복음을 듣는 것보다 중요하게 여긴다면 어떻게 우리 자신을 복음의 사람들이라고 일컬을 수 있겠는가? 만일 우리가 우리의 취향을 고집함으로써 많은 '이방인'이 예수님에 관한 좋은 소식을 듣지 못하게 방해한다면 어떻게 우리가 복음의 사람들이라고 말할 수 있겠는가?

우리가 복음을 전하는 태도에서 긴박감이 조금도 느껴지지 않는다면, 우리 자신의 개인적인 취향과 견해를 사람들의 영원한 운명보다 더 중요시한다면 어떻게 그들이 복음을 믿는 것을 긴급한 일로 생각할 수 있겠는가?

우리 모두 도로 한복판에 서서 사람들에게 그리스도께 나아가 구원을 받으라고 셔츠를 흔들며 외치는 사람이 되어야 마땅하지 않겠는가?

9

복음이 정치보다 더 중요하다

그리스도인의 정치 참여는 끊임없는 논란을 야기하는 어려운 문제다. 주님은 가이사의 것은 가이사에게, 하나님의 것은 하나님께 바치라고 말씀하셨지만 우리의 편리함을 위해 세부적인 내용을 자세히 밝히지는 않으셨다. 그리스도인들은 2천 년이 넘도록 그 두 가지를 옳게 조화시켰다고 생각했지만 그 결과는 번번이 헛된 수포가 되고 말았다. 우리는 항상 일종의 제도판, 곧 처음의 것으로 되돌아가야 한다. 우리가 싸움에 깊이 열중하고 있을 때조차 처음의 것을 먼저 생각해야 한다. … 우리의 영혼을 잃는다면 정치적인 싸움에서 그 어떤 승리를 거둔다 해도 우리에게 아무런 유익이 없다.

—리처드 존 노이하우스(Richard John Neuhaus)

"당신이 암에 걸려 죽었으면 좋겠군. 당신은 ×××야."

나는 내 기억력이 평균은 된다고 생각한다. 물론 평균 이하일 수도 있다. 그러나 그 날카로운 말을 평생 절대로 잊지 못할 듯하다.

그렇게 신랄한 말을 들은 적은 그리 많지 않다. 대개는 내가 한 말을 정치적인 의미로 오해하는 순간에 주로 그런 말을 듣게 될 때가 많다. 아마도 누구든 공감할 것이다. 예를 들어 저녁 밥상에 차려진 음식을 찍은 사진을 페이스북에 게재하면 많은 사람의 심기를 건드릴 일이 별로 없을 것이다. 그러나 정치에 관한 견해를 피력하면 아무리 신중한 태도로 균형 있게 말하거나 은근슬쩍 스쳐 지나듯 말해도 화장실 벽에 적힌 속된 낙서를 디지털 버전으로 옮겨 놓은 것처럼 온갖 댓글이 난무할 가능성이 크다. 개인의 정치적 입장을 글로 피력하는 것은 마치 진흙 속에 뒹구는 돼지와 씨름하는 것과 같다. 결국에는 둘 다 더러워지지만 돼지는 그렇게 되는 것을 좋아한다.

정치가 마음을 따뜻하게 해 준 적은 별로 없다. 오늘날에는 특별히 더 기만적인 주제가 된 것처럼 보인다. 그것은 마치 스컹크와 같다. 한 번 만지면 한 달 동안 고약한 냄새를 풍길 것이다.

만일 내가 설교 백 번 중 단 한 번이라도 정치적 입장을 피력한다면 나는 그 일로 대중의 입에 널리 오르내릴 가능성이 높다. 내가 다른 설교를 얼마나 많이 했는지는 전혀 고려되지 않는다.

나로서는 정치 문제가 항상 어려운 주제였다. 나는 법학대학원을 졸업해 정치인이 되기 위해 학부 때 정치학을 전공했다. 나는 기독교 진리가 삶의 전 영역에 영향을 미친다고 믿는다. 20세기 초에 네덜란드 수상을 지낸 아브라함 카이퍼(Abraham Kuyper)는

"인간의 존재 영역 가운데 만물을 다스리는 주권자이신 그리스도께서 '나의 것'이 아니라고 말씀하실 영역은 단 한 곳도 없다"고 말했다.[1]

그 말은 그리스도인들이 성경을 통해 얻은 지혜를 세금, 의료, 인종적 정의, 지구 온난화를 비롯해 공공 생활의 모든 영역에 적용해야 한다는 의미를 담고 있다. 예를 들어 우리가 지금 언론의 자유와 종교의 자유를 비롯해 수많은 정치적 축복을 누리는 이유는 그리스도인들이 미국 역사 초창기에 지대한 영향을 미쳤기 때문이다. 그들에 대해 하나님께 감사드린다.

그러나 1960년대에는 그리스도인들이 적절하게 참여하지 않은 까닭에 공민권 운동이 필요 이상으로 힘들고 더디게 진행되었다.

다른 한편으로 생각하면 '스컹크를 만지는 것'은 많은 사람의 코에 복음의 향기가 제대로 느껴지지 못하게 만들 수 있다.

사실 그리스도인들이 정치를 외면하기는 쉽다. 최근에는 특히 더 그렇다. 오늘날에는 복음을 올바로 유지하면서 사회에 적절히 영향을 미치는 것이 그 어느 때보다 어렵고, 필요한 일이 되었다.

복음이 그 무엇보다 중요한 것이 정치 참여 문제와는 어떤 관련이 있을까?

예수님께서 우리에게 세상의 빛과 소금이 되라고 명령하셨고, 가이사의 것은 가이사에게 바치며, 진리와 정의와 동정심을 위해 싸우는 것을 멈추지 말고, 우리가 사는 지역에서 축복을 전하는 존재가 되라고 가르치셨다고 해서 정치 참여를 아예 중단하는 것은 옳지 않다. 그분의 가르침은 정치 참여를 요구한다.

그렇다면 하나의 정당이나 이데올로기만을 고집하지 않고, 복음에 우선적으로 충실하면서 정치에 참여하려면 어떻게 해야 할까? 어떻게 해야 구원이 나귀나 코끼리를 타고 나타나지 않고, 말구유를 통해 나타났다고 믿는다는 것을 궁극적으로 보여 줄 수 있는 방식으로 정치에 참여할 수 있을까? 우리가 지지하는 정치적 입장이 우리가 예배하는 구원자만큼 중요하지 않다는 것을 어떻게 보여 줄 수 있을까? 구원이 한 나라의 국기가 아닌 구원자의 상처와 채찍 자국에 근거한다는 것을 보여 주는 방식으로 정치에 참여하려면 어떻게 해야 할까?

네 가지 통념

내가 관찰한 바에 따르면 그리스도인들은 흔히 복음과 정치와 관련해 크게 네 가지 통념을 지니고 있다. 복음을 무엇보다 중시하려면 이 네 가지 통념을 지양해야 한다.

통념 1. "복음은 정치와 무관하다."

앞서 말한 대로 오늘날 우리가 누리는 자유는 현실과 무관한 이상이 아니다. 이것은 많은 신자가 성경의 진리를 공공 생활에 적용한 결과다. 그리스도인들이 많은 이상을 시민적 이상으로 제시하기 전까지는 그런 이상들이 존재하지 않았다. 그러나 지금은 그런 것들이 널리 받아들여지고 있는 까닭에 그런 사실을 아예 기억조차 못한 채 살아가는 사람들이 많다. 미국의 최초 대학이나 병원이나 교육 체계는 모두 그리스도인들이 설립했다. 간호사나 사회복지사와 같이 다른 사람들을 '돕는 직업'도 거의 대부분 그리스도인들이 개척했다. 유아 살해와 아동 학대 같은 문화적 악습을 반대한 사람들도 그리스도인들이었다. 그들은 모든 사람이 인간의 존엄성과 가치를 지니고 있다고 주장했다. 간단히 말해 기독교가 공적 영역에서 많은 결실을 맺은 것은 너무나도 분명하고 확실한 사실이다.

아직도 우리가 사회를 위해 할 수 있는 일이 많다. 스탠퍼드대학교의 아프리카계 미국인 경제학자 토마스 소웰(Thomas Sowell)은 기독교의 세계관이 인간의 본성, 삶의 가치, 정의의 원리, 권력의 위험과 같은 것에 독특한 진리를 일깨워 주었다고 말했다. 물론 다른 세계관들도 공적 생활에 관한 나름의 이상과 비전을 제시한다. 그러나 비전이 다르면 현실도 달라진다.[2] 심지어 미국의 헌법은 개인의 권리와 자유가 인간의 뜻이 아닌 하나님의 뜻에 근거하고 있다고 선언한다. 우리가 자주 들어 온 대로 "민주주의란 두 마리의 늑대와 한 마리의 양이 점심으로 무엇을 먹을지 투표로 결정하는 것을 의미하고, 자유란 양이 하나님 앞에서 그 문제를 투표로 겨뤄 결정할 수 있는 권리를 지니는 것을 뜻한다."

물론 다수의 목소리 외에 또 다른 목소리가 존재한다. 그것은 피조 세계와 성경을 통해 말씀하시는 하나님의 목소리다(시 19편 참조). 이것이 마틴 루터 킹 주니어가 용기 있게 나서서 인종차별을 법제화하여 흑인 남녀를 다루는 방식이 잘못이라고 주장할 수 있었던 이유다. 킹 목사는 그런 법률이 상위법, 곧 창조주 하나님의 법을 위반하는 것이라고 질타했다. 그리고 그것을 근거로 미국인들에게 회개를 촉구했다.

우리 사회는 우리에게 기독교적 확신을 공적 영역에 적용하지 말라고 요구하지만 우리는 그런 요구를 절대로 받아들여서는 안 된다. 만일 우리보다 앞서 살다 간 그리스도인들이 그렇게 했다면 세상은 지금보다 훨씬 더 자유가 없었을 것이다. 복음을 통해 창조된 새로운 인간성은 삶의 모든 영역에 영향을 미친다. 따라서 우리는 삶의 모든 영역에 복음을 적용해야 한다.

그러나 우리는 특별한 정책 규정이 하나님의 권위를 지니고 있다고 주장하지 않도록 조심해야 한다.

예를 들어 성경은 가난한 자들을 돌보라고 가르친다. 그와 동시에 개인의 존엄성을 강조하고, 모든 사람이 먼저 자기 자신을 돌볼 권리를 지니고 있다고 인정한다. 우리는 이 두 가지 원리를 모두 가르쳐야 한다.

다만 특정한 복지 정책이 이 두 가지 원리를 얼마나 균형 있게 다루고 있는지를 평가하는 것은 교회의 책임 한계를 벗어난 문제다. 즉 이것은 분명한 성경적 가르침을 적용해야 하는 문제가 아니라 실천적 지혜를 활용해야 하는 문제다.

우리는 강단에서 공적 생활에 영향을 미칠 성경적인 이상들을 제시할 수 있고, 또 제시해야 한다. 그러나 교회 지도자들은 특정한 정책이나 정치인을 지지하는 일을 삼가야 한다. 우리는 특정한 정책이 아닌 이상, 곧 파생 원리가 아닌 근본 원리를 다룬다.

하나님의 말씀은 오류가 없다. 그분이 선하다고 말씀하신 것은 모두 선하다. 그분이 불의하다고 말씀하신 것은 모두 불의하다. 성경은 경제, 가정생활, 교육, 환경 등 모든 문제에 적용할 수 있는 지혜를 제시하지만 어떻게 해야 그런 문제를 가장 잘 다룰 수 있고, 공공복지를 가장 잘 증대시킬 수 있는지에 대해서는 자세하게 밝히지 않는다. 성경이 경제 정책과 관련해 적절성을 지니고 있다고 말하는 것과 성경이 21세기의 경제 문제에 대해 충분하고 완전한 가르침을 전하고 있다고 말하는 것은 그 의미가 완전히 다르다.

가난한 사람들을 보살피는 일이나, 인종적 불의를 극복하기 위한 가장 좋은 전략이나, 환경을 청지기처럼 책임 있게 잘 보존할 수 있는 방법에 대해서

> 우리는 상황을 다르게 이해하는 사람들의 영성을 비난하거나 의심하지 않는 상태에서 여러 가지 문제에 대해 서로 이견을 말할 수 있어야 한다.

는 같은 교회에 다니는 그리스도인들은 물론 같은 소그룹에 참여하고 있는 그리스도인들조차 서로 의견이 다를 수 있다. 그러나 그

들은 여전히 그리스도 안에서 일치를 이룬다. 이것은 모든 견해가 똑같이 다 옳다는 말이 아니다. 파괴적인 결과를 낳는 정책이 많다. 불의한 관심사를 보호하는 정책이 많다. 공동선을 거스르는 정책이 많다.

이러한 모든 문제에 관해 우리는 우리의 신념을 자유롭게 주장해야 한다. 그러나 교회의 권위를 빌려 개인의 신념을 피력하는 것은 곤란하다. 우리는 상황을 다르게 이해하는 사람들의 영성을 비난하거나 의심하지 않는 상태에서 여러 가지 문제에 대해 서로 이견을 말할 수 있어야 한다. 교회 안에서는 공화당과 민주당으로 나뉘면 안 된다. 교회 안에서는 정의와 의와 평등과 사랑에 관심을 기울이는 사람들과 그렇지 않은 사람들이 나뉠 뿐이다. 어떤 사람이 공공복지를 증대시키는 방법과 관련해 우리가 결정한 특별한 정책에 동의하지 않는다고 해서 그 사람이 빈곤 문제 해결에 무관심하다고 속단해서는 안 된다.

통념 2. "이차적인 이상이 가장 중요하다."

복음이 정치와 무관하다는 그릇된 통념과 대척 관계를 이루는 그릇된 통념은 이차적인 정치적 이상이 가장 중요하다는 것이다. 이런 통념에 근거해 정치 문제를 생각하는 사람들이 많다. 그들은 '이 문제에 나와 의견이 같지 않으면 우리는 서로 교제할 수 없다'고 생각한다. 그들은 믿음이 같은 사람들보다 정치적 성향이 같은 사람들과 더 잘 어울리는 경향이 있다. 만일 그런 생각을 지니고 있다면 그것은 우리가 복음을 그 무엇보다 중요시하고 있지 않다는 증거다. 그리스도인들은 정치 문제와 관련해 서로 의견이 다르더라도 그리스도 안에서의 일치를 더 소중하게 여겨야 한다.

우리가 정치적 신념을 완강하게 고집하지 않아야 하는 이유 중 하나는 우리의 신념이 잘못될 수 있기 때문이다. 정책은 어느 순간 매우 명확하게 보일 수 있다. 그러나 몇 년이 흘러 조금 더 많은 정보를 알게 되면 우리가 가장 열정적으로 주장했던 입장 가운데 일부가 잘못되었다는 것이 드러날 가능성이 있다.

예전에 교회들의 연결망과 관련된 중대한 문제로 공적 진술문을 작성했던 위원회에 참석한 적이 있다. 당시는 2003년, 그러니까 조지 부시(George W. Bush) 대통령이 거의 만장일치에 가까운 의회의 지지를 얻어 이라크 전쟁을 선포한 직후였다. 당시에 거의 모든 사람이 전쟁을 지지했다. 공화당과 민주당 모두가 그랬다.

우리 위원회의 일부 위원들이 전쟁을 지지하는 공식적인 성명서를 발표하고 싶어 했다. 나도 당시에는 개인적으로 전쟁을 지지했다. 왜냐하면 정당한 전쟁이라고 믿었기 때문이다. 그러나 나는 교회의 이름으로 전쟁을 지지하는 성명서를 발표하는 것은 바람직하지 않다고 말했다. 그보다는 국가 지도자들이 이라크 전쟁이 정의로운 전쟁인지 옳게 분별해 지혜롭게 잘 처리해 나갈 수 있도록 돕기 위해 정의로운 전쟁의 본질을 규명하고, 그들을 위해 기도하겠다는 취지의 성명서를 발표하는 것이 더 낫다고 생각했다. 하지만 위원들은 그런 성명서는 무기력하고 소심한 인상을 주게 될 것이라고 말했다. 결국 그들은 투표로 이라크 전쟁을 지지하기로 결정했다. 결과는 찬성 9표, 기권 1표였다. 기권자는 전쟁을 공식적으로 지지하기에는 심적 갈등이 너무 컸으며, 위원회에 맞서 반대표를 던지기에는 너무 겁이 많은 사람이었다. 그렇다. 기권자는 바로 나였다.

그로부터 15년이 지난 지금, 우리가 좀 더 자제력을 발휘해야 했다는 것이 명확해졌다. 당시에는 우리가 알지 못한 일이 많았지만 모든 사람이 보기에 전쟁의 정당성이 의심의 여지가 없을 만큼 분명해 보였다.

이것이 문제다. 교회는 정책의 세부 내용을 판단할 책임이나 권한이 없다. 그런 일에 교회의 권위와 평판을 결부시키는 것은 매우 안타까운 일이 아닐 수 없다. 어떤 전쟁이 의로운 전쟁이고, 어떤 경제 정책이 가장 효과적인지에 대한 우리의 견해는 언제든 그릇될 수 있다. 그러나 복음에 대한 우리의 견해는 결코 그릇될 수 없다. 따라서 우리가 정치 문제에 성경과 동등한 권위를 부여한다면 복음의 능력이 축소될 수밖에 없다.

우리는 우리 자신의 정치적 견해가 잘못되었다고 생각하지 않는다. 만일 그렇게 생각한다면 그런 견해를 바르게 고칠 것이 분명하다. 사실 우리는 우리의 정치적 견해가 완전하지 않다는 것을 겸손히 인정해야 한다. 그러나 복음만큼은 분명하게 알고 있다고 확신한다.

내가 종종 교인들에게 말하는 것처럼, 지구 온난화에 대한 나의 견해는 얼마든지 잘못될 수 있다. 그러나 복음에 관해서는 절대 잘못되지 않았다. 나는 지구 온난화에 대한 나의 견해가 사람들이 복음을 듣는 일을 방해하기를 원하지 않는다.

사실 더 큰 문제는 우리가 옳거나 그를 수 있다는 것이 아니다. 가장 큰 문제는 어떤 문제에 대한 우리의 견해가 옳다 해도 그런 정치적 견해가 복음만큼 중요하지는 않다는 것이다. 교회가 어떤 교회로 알려지기를 원하는가? 정치적인 정책을 다루는 곳으로 알려지기를 원하는가, 아니면 복음을 전하는 곳으로 알려지기를 원하는가?

나는 내가 어떤 일에 올바른 견해를 가지고 있더라도 그것이 사람들이 복음에 관한 나의 설교를 듣는 일을 방해하지 않기를 바란다. 내가 전할 가장 중요한 메시지는 복음이다. 복음이 다른 무엇보다 중요시되어야 한다.

최근에 우리 교회에 출석한 여성으로부터 편지를 받은 적이 있다. 그녀는 나의 신념 중에 자신이 동의할 수 없는 것들을 트위터를 통해 여러 차례 비판했다고 말했다. 그녀의 트위터 주소에는 '좌파'라는 용어가 포함되어 있었다. 우리는 대화를 시작했고, 나는 그녀에게 우리 교회가 복음으로 유명한 교회가 되기를 바란다고 강조했다. 우리는 거의 모든 정치적 문제에서 의견이 달랐지만 나는 그녀에게 우리 교회가 그런 문제로 유명해지기를 원하지 않는다고 말했다. 그런 다음 나는 성경이 가르치는 것에 대해서는 항상 분명한 입장을 제시할 것이며, 정치가 우리 교회를 규정하는 특징이 되는 것은 절대로 원하지 않는다고 덧붙였다.

그로부터 몇 달 후, 나는 메일로 사진 한 장을 받았다. 그 사진에는 그녀가 우리 교회에서 세례를 받는 모습이 담겨 있었다. 그녀는 계속 교회에 출석해 복음에 귀를 기울였고, 마침내 그리스도에 대한 믿음을 고백했다. 그녀는 그리스도 안에서 새 자매가 되어 우리 교회에 합류했다.

나는 그녀와 그녀의 남편과 함께 점심을 먹었다. 그녀는 자신의 삶 속에서 많은 것이 변하고 있다고 말했다. 그날 나는 정치가 우리 교회를 규정하는 특징이었다면, 곧 우리 교회가 공화당 지지자들이 출석하고 있을 뿐 아니라 공화당 지지 목사가 기회가 있을 때마다 은근히 공화당을 선전하는 말을 하는 곳이라는 평판을 듣게 되었다면 그녀에게 복음을 전할 수 없었을 것이라는 사실을 깨달았다.

나는 지금도 나의 정치적 신념과 그 배후에 있는 원리들을 주장하고 지지하지만 복음을 그 무엇보다 중시하려고 노력한다. 교회는 사람들이 정치적인 문제에 서로 이견이 있더라도 여전히 그리스도 안에서 일치를 이루는 곳이 되어야 한다.

예수님이 선택하신 열두 제자도 정치적인 견해가 달랐다. 그 대표적인 사례가 '열심당 시몬'(Fox News)과 '세리 마태'(MSNBC)다. 물론 우리의 정치적 상황과 그들의 정치적 상황은 전혀 다르다(Fox News와 MSNBC를 거론한 것은 농담이다). 그러나 그 두 집단에 속한 사람들의 정치적 견해는 극과 극이었다. 열심당은 유대인들이 로마를 상대로 혁명을 일으켜 로마의 영향력을 남김없이 제거해야 한다고 생각했던 사람들이고, 세리들은 로마를 위해 일한 로마의 대리자였다. 전자는 로마와 전쟁을 하는 것이 최선이라고 믿었고, 후자는 로마에 순응하는 것이 더 지혜로운 일이라고 믿었다. 전자는 로마에 저항하기를 원했고, 후자는 그 저항의 대상자였다.

아마도 시몬과 마태는 저녁에 모닥불 곁에 앉아서 흥미롭고 선동적인 정치적 대화를 나누었을 것이다. 예수님은 그들이 이야기를 주고받는 모습을 가만히 지켜보고 계셨을 것이다. 그러나 그들은 서로를 갈라놓은 정치적 문제보다 예수님을 사랑하는 마음으로 일치를 이루는 것을 더 중요하게 생각했다.

주님, 지금도 그렇게 될 수 있도록 도와주소서.

통념 3. "정치적인 문제로 논란을 벌일 시간이 없다."

우리는 지금 점점 더 물속으로 깊이 들어가고 있다. 그러니 단단히 붙잡기 바란다. 기독교적인 세계관은 우리의 삶과 관련된 모든 문제를 바라보는 관점에 영향을 미친다(통념 1 참조). 여기에는 위정

자들을 어떻게 바라보는 것이 가장 유익하고 정당한가, 하는 문제도 포함된다. 기독교적인 복종은 진리와 정의와 사랑을 위해 나설 것을 요구한다. 따라서 사회에서 부당하게 고통당하는 사람들을 보면 우리는 분명한 목소리를 내야 한다.

한편, 교회에는 특별한 사명이 부여되었다. 이차적인 문제에 관심을 기울이는 것은 우리의 사명과 증언을 등한시하는 결과를 낳을 수 있다(통념 2 참조).

그렇다면 어떻게 해야 이 두 가지를 적절하게 조화시킬 수 있을까? 만일 그 대답을 알고 있다고 자신한다면 그것은 복음이 요구하는 긴장 속에서 살아가지 않는다는 증거일 수 있다.

나는 종종 공적인 성명서를 발표하고 다양한 청원서에 서명하라는 요구를 받는다. 때로는 좌파에서, 때로는 우파에서 그런 요청이 주어진다. 사람들이 내게 지지를 요구하는 문제들은 끊임없이 달라진다.

그렇다면 하나의 구체적인 문제를 거론하는 것이 어떤 경우에는 복음에 충실한 것이 되고, 또 어떤 경우에는 복음을 도외시하는 결과가 되는 이유는 무엇일까?

성경에는 하나님의 백성에게 악을 꾸짖으라고 가르치는 내용이 많다. 어떤 때는 그 내용이 매우 구체적이다. 선지자들의 글을 읽어 보라. 그러면 온갖 불의를 엄히 책망하시는 하나님의 음성을 들을 수 있을 것이다.

예를 들면 어린아이들에 대한 불의, 여성들에 대한 불의, 일꾼들에 대한 불의, 고용주들에 대한 불의, 소외된 사람과 가난한 자와 사회적 약자에 대한 불의 등이다. 거기에는 개인의 도덕적인 악도 포함된다.

선지자들은 이스라엘 백성이 성적 범죄를 저질렀을 때 그들을 호되게 질책했다. 하나님의 정의를 힘껏 외쳤다. 그들은 불의를 시정할 구체적인 방법을 알려 주기보다 정의를 외치는 데 초점을 맞추었다. 바꾸어 말하면 그들은 사람들의 정서에 호소했다. 윌리엄 윌버포스와 마틴 루터 킹 주니어 같은 사람들은 사회가 정의에 관심을 기울이도록 촉구하기 위해 아모스서 같은 선지서를 인용했다. 그러면서 정부를 향해 불의를 시정할 대책을 수립하라고 요구했다.

세례 요한은 '회개의 세례'를 전했다. 이스라엘 백성과 통치자들이 하나님의 율법을 어떻게 어겼는지를 구체적으로 열거했다. 그는 군인들이 권한을 남용해 저지른 죄와 헤롯이 자기 형제의 아내와 간통한 것을 엄히 꾸짖었다. 그것 때문에 결국 처형되고 말았다. 만일 요한이 지금 살아 있다면 그에게 성적 범죄에 대해 침묵하라고 강요할 그리스도인이 많을 것이 틀림없다. 아마도 그들은 "요한, 영적인 문제나 신경 쓰고, 성적인 문제는 언급하지 마세요."라고 말할 것이다. 그러나 예수님은 요한을 어떻게 평가하셨는가? 그분은 이렇게 말씀하셨다.

> 내가 진실로 너희에게 말하노니 여자가 낳은 자 중에 세례 요한보다 큰 이가 일어남이 없도다(마 11:11).

교회는 정치적 영역에서 불의와 도덕성에 관해 직접적이고 구체적으로 말해야 할 필요가 있는데도 그런 책임을 소홀히 할 때가 많다. 디트리히 본회퍼는 1930년대에 독일 교회의 그런 태도를 강하게 비판했다. 당시의 교회는 "차별은 잘못이다."라고 말하는 것에 만족했다(당시 나치당은 그렇게 말하는 것까지는 허용했다). 그러나 본회퍼와 독일 고백교회는 성경의 가르침에 진정으로 복종하려면 거기에서 한 걸음 더 나아가 "우리는 나치를 반대해야 한다."라고 말해야 한다고 주장했다. 본회퍼도 세례 요한처럼 그런 비판을 제기한 결과로 목숨을 잃어야 했다.

1850년대에는 개인적으로는 노예제도를 반대하면서도 그것에 대해 구체적으로 말하기를 꺼리는 신자들이 많았다. 1960년대에도 많은 신자가 공민권 운동에 힘을 보태야 하는데도 묵묵히 침묵을 지켰다. 이런 사례들은 오늘날의 교회를 당혹스럽게 만든다. 당연히 그래야 한다.

오늘날에도 낙태의 사악함, 결혼생활의 신성함, 사법 체계의 불공정성, 약탈적 대출의 해악 등 많은 불의에 침묵하는 신자들이 너무나 많다. 그러나 앞서 지적한 대로 정치 문제를 경솔하게 너무 자주 언급하면 교회의 사명이 등한시되고 기독교적 증언이 희석되는 결과가 나타날 수 있다. 예수님의 사역은 이 둘의 긴장 관계를 적절하게 유지해 나갈 수 있는 본보기를 보여 준다. 예수님은 누가복음 12장 13-14절에서 사회 정의와 관련된 문제를 해결해 달라는 요청을 받으셨다. 어떤 사람이 "내 형이 장자권을 이용해 내게 돌아올 유산을 빼앗았습니다."라고 말했다. 그러나 예수님은 "누가 나를 너희의 재판장으로 세웠느냐?"라는 말씀으로 판결을 거부하셨다. 그런 다음 그 기회를 이용해 그들 형제에게 탐심의 위험성을 일깨워 주셨다(눅 12:15-21).

예수님이 그런 종류의 정의에 무관심했거나 지혜로운 조언을 제시할 수 없어서 그렇게 하신 것은 결코 아니다. 예수님은 즉석에서 가장 의로운 판결을 내리실 수 있었다. 그분은 단지 그런 구체적인 문제에 개입하면 복음 전파라는 가장 중요한 사명이 방해받을 것을 염려하셨을 뿐이다. 만일 그 요구를 들어주셨다면 많은 사람이 줄을 서서 자신의 문제에 대한 판결을 요구했을 것이고, 그분이 세상에 오신 목적, 곧 잃어버린 자들을 찾아 구원하시는 일에 지장이 초래되었을 것이다.

만일 예수님께서 개개인의 사건을 판결하기 시작하셨다면 청중은 '그분의 판결에 동의하는 사람'과 '동의하지 않는 사람'으로 나뉘게 되었을 것이 뻔하다. 예수님은 그런 문제로 사람들이 둘로 나뉘는 것을 원하지 않으셨다. 그분은 사람들이 자기와 함께하든, 자기에게서 등을 돌리든 그 이유가 복음 때문이기를 바라셨다.

예수님은 사역을 하는 동안 줄곧 정치적, 사회적 문제에 개입하는 것을 삼가셨다. 떡 다섯 덩이와 물고기 두 마리로 5천 명을 먹이시자 사람들은 예수님을 왕으로 삼으려 했다. 그들은 떡 다섯 덩이와 물고기 두 마리로 이런 기적을 일으켰으니 예수님께서 무엇이든 할 수 있을 것이라고 생각했다. 그들의 의도를 아신 예수님은 혼자 산속으로 몸을 숨기셨다가 나중에 다시 복음을 전하셨다(요 6:15, 22-28). 세상의 빈곤을 해결하는 일조차도 복음 전파에 비하면 이차적인 문제일 뿐이다.

사도들의 사역에서도 그와 똑같은 태도를 발견할 수 있다. 예를 들어 바울은 로마 제국을 괴롭혔던 온갖 사회악을 중재하는 데 거의 아무런 관심을 기울이지 않았다. 그는 복음을 전하고, 교회를 세우는 일에 전념했다. 그는 교회에 보낸 편지에서 특정한 정치 문제를 지지하라고 촉구하지 않았다. 그는 단지 차별, 불의, 고질적인 사회적 상하 질서와 같은 중요한 문제를 비판하며 교회 안에 그런 사회악을 궁극적으로 해결해 줄 씨앗을 뿌리는 데 초점을 맞추었다.

물론 바울 서신에 나오는 원리들은 공적 영역에 적용할 수 있다. 그러나 바울은 서신을 통해 교회에 하늘나라의 원리를 가르쳤을 뿐, 그것을 직접 공적 영역에 적용하지는 않았다. 그것을 적용하는 문제는 신자 개인에게 맡겼다. 그러한 신자들의 노력에 사도나 교회의 권위를 부여하지 않았다.

이 문제를 깊이 생각하면 할수록 교회가 세상에서 유기체이자 조직체로 존재한다는 사실을 인식하는 것이 도움이 된다. 유기체로서의 신자는 사회의 모든 영역에 널리 퍼져 가는 곳마다 성경과 복음에 근거한 지혜를 전해야 한다. 그리스도인은 사업, 교육, 보건, 복지, 환경, 세금 정책, 무역 등 모든 것에 영향을 미쳐야 한다. 그리스도인이 세상의 빛과 소금이라는 것은 바로 이런 의미다.

우리는 그리스도인들이 정치적 과정에 덜 참여하는 것이 아니라 더 많이 참여하기를 바란다. 사실 나는 많은 신자가 정치 참여에 열정을 갖고, 그것을 하나의 사명으로 인식했으면 하는 마음이다.

몇 년 전 어떤 사람이 내게 '꿈의 기도 제목'(죽기 전에 하나님께서 나를 통해 이루시기를 바라는 대담하고 거대한 일들)을 만들어 보라고 말한 적이 있다. 그때 생각한 기도 제목 가운데 하나는 하나님께서 우리 교회 교인 가운데서 대법원 판사를 일으켜 세우시는 것이었다. 그야말로 거창한 기도다. 이 말을 하는 이유는 내가 그리스도인들이 정치에 관심을 기울이지 않는 것을 옳게 생각하지 않는다는 것을 보여 주기 위해서다. 그러나 교회는 또한 조직체이기 때문에 정치에 집단적으로 참여하는 것을 제한해야 한다. 집단적인 교회, 곧 제도로서의 교회에 주어진 사명은 하나님의 말씀을 가르치고, 제자들을 양육하는 것이다. 조직적인 차원에서 사업 활동, 예술 개혁, 교육 문제, 의료 발전을 비롯해 특정한 정치 문제에 깊이 참여하면 할수록 교회의 사명이 희석될 소지가 있다. 선한 일을 하는 것이 오히려 가장 중요한 일을 약화시킬 수 있다. 나는 교회가 정치에 더 많이 참여하고, 또한 덜 참여하기를 바란다. 즉 유기체로서는 더 참여하고, 조직체로서는 덜 참여해야 한다.

교회가 예수님께서 제자들을 양육하시기 위해 세상에 남기신 유일한 기관이라는 사실은 아무리 자주 상기해도 지나치지 않다.

예를 하나 들어 보자. 응급 구조원이 지진이 일어난 곳에 도착했다. 다른 사람들을 도와 일을 하려면 소매를 걷어붙이고 파괴된 잔해물을 치우거나, 울고 있는 어린 소녀에게 잃어버린 강아지를 찾아 주는 일을 해야 한다. 그것은 매우 중요한 일이다. 응급 구조원으로 훈련을 받은 사람은 당연히 그래야 한다. 그것이 그가 사고 발생 현장에 투입된 이유다.

교회도 자신의 주된 목적, 곧 복음을 전하는 일을 항상 생각해야 한다. 교회가 참여하는 수많은 선행 가운데 지상 명령보다 더 중요한 것은 없다. 크리스토퍼 라이트(Christopher Wright)가 말한 대로 하나님은 교회에 잡다한 사명을 부여하지 않으셨다. 그분이 교회를 세우신 목적은 그분의 사역을 이루시기 위해서다.[3] 예수님은 마태복음 28장 18-20절에서 '제자 양육'이라는 한마디로 그 사역에 대한 우리의 책임을 간단하게 요약하셨다. 이것이 항상 일차적인 사역이 되어야 한다. 복음 전파를 선행이나 이웃에 대한 사랑과 따로 분리해야 한다는 말은 결코 아니다. 이 점은 앞 장에서 이미 충분히 설명했다. 내가 말하려는 요점은 제도적인 교회는 예수님의 지상 명령, 곧 제자 양육에 초점을 맞춰야 한다는 것이다.

조금 전에 뉴스를 보고, 지금 또다시 뉴스를 켜 볼 때마다 항상 세상이 곧 붕괴될 것 같은 생각이 든다. 전문가들은 의회의 결정이나 대통령의 발표문이나 법정의 판결이나 배심원들의 사면 결정이나 시장이 발표한 프로그램이나 〈뉴욕 타임스〉에 실린 기사에 대해 거친 비판을 쏟아 낸다. 소셜미디어에서는 어떤 문제에 찬반을 표하는 말과 '인간'이라면 어떻게 그런 것에 동의할 수 있는지를 따지는 말이 폭주한다. 내게도 어느 편인지 공개적으로 밝히라는 트위트와 이메일이 날아오기 시작한다.

어떤 문제든 가만히 생각해 보면 도덕적인 의미가 함축된 것이 많다. 중요하지 않은 문제는 별로 없다. 말을 해야 하나, 하지 말아야 하나 고민된다.

요즘에는 24시간 동안 뉴스가 계속된다. 뉴스로 수입을 유지하려면 자극적이고 선동적인 기사를 쏟아 내야 한다. 이런 이유로 앞에서 언급한 것과 같은 일이 최소한 일주일에 한 번씩은 일어난다.

나와 달리 직접 공식적인 입장을 표명하라고 요구받지 않는 사람도 많을 것이다. 그러나 누가 되었든 올바른 때에, 올바른 이유로 자신의 의견을 밝혀야 한다는 압박감을 느끼기는 마찬가지일 것이다. 그럴 때마다 지혜와 은혜와 복음에 초점을 맞춰 의견을 말하는 방법을 생각해 내기란 그리 쉽지 않다.

우리 교회의 사역팀은 어떤 결정을 내릴 때 큰 도움이 되는 두 가지 질문을 생각해 냈다. 그중 하나는 '사실이 너무 분명하고, 도덕적인 의무가 너무 명백해서 그리스도인의 선한 양심으로 동의하지 않을 수 없는 문제인가?'이다.

성경의 명령과 특정한 정책 규정을 확실하게 성경적으로 구분할 수 없을 때가 많다. 예를 들어 앞서 말한 대로 교회는 가난한 자들을 돌봐야 할 도덕적 책임이 있다. 그것은 명백한 사실이다. 그러나 우리 사회가 그 책임을 가장 잘 감당할 수 있는 방법에 대해서는 보수주의자들과 진보주의자들의 생각이 다르다.

또한 우리는 정부가 시민들을 보호해야 할 책임이 있다고 가르친다. 우리에게는 이민자들과 난민들을 비롯해 곤경에 처한 사람들에게 친절을 베풀어야 할 책임이 있다. 그러나 정부를 향해 매년 난민을 얼마만큼 받아들이라고 요구하거나 국경을 보호하는 가장 좋은 정책이 이것이라고 주장하는 것은 교회에 주어진 사명의 범위를 넘어서는 일이다.

내가 우리 교회에서 설명한 대로 우리는 도덕적인 책임을 일깨워 주어야 한다. 그러나 특정한 정책에 대해 성경 본문에서 직접적인 가르침을 끄집어낼 수 없는 경우에는 구체적인 방법을 제시하지 않도록 주의해야 한다. 물론 어떤 방법이 다른 방법보다 더 효과적일 수 있는지에 대해 의견을 제시할 수는 있다. 그러나 자신이 개인적으로 지지하는 정치적 방법만이 가난한 자들을 보살피는 유일한 방법이라고 주장하는 것은 결코 온당하지 않다.

매트 챈들러(Matt Chandler) 목사는 이 점과 관련해 유익한 비유를 한 가지 제시했다. 그는 가난한 자들에 대한 관심을 집에 빗대었다. 우리는 가난한 자들을 돌보는 것에 대한 성경적 근거(정의와 긍휼)에 동의해야 한다. 그와 마찬가지로 우리는 집의 뼈대를 이루는 벽(지지와 행동주의)에 동의해야 한다. 그러나 집 안에 어떤 종류의 '공적 정책 가구'를 들여놓아야 할지에 대해서는 의견이 다를 수 있다. 집에 들여놓을 '가구'를 결정하는 것은 기독교 지도자들의 권한도 아니고 소명도 아니다. 교회 지도자들은 특정한 정책에 교회의 권위를 부여하기보다 사람들이 복음을 해석하고 적용할 수 있는 여지를 남겨 두어야 한다.[4)]

집은 여러 세대 동안 계속 건재하게 서 있지만 가구는 세대가 바뀔 때마다 변할 수 있다. 낡은 안락의자는 고집하지 않는 것이 좋다. 우리의 입장이 옳다고 믿는 것과 우리의 입장만이 성경적이라고 주장하는 것은 큰 차이가 있다. 나는 목회자이자 남침례회 총회장이기 때문에 훨씬 더 많은 자제력을 발휘해야 한다. 만일 내가 특정한 정책을 공개적으로 지지하면 사람들은 그 말을 "나는 이 정책이 가장 지혜로운 것이라고 믿는다."가 아니라 "이것이 곧 기독교의 입장이다. 만일 동의하지 않으면 교회와 생각이 다르다는 증거다."라는 의미로 이해할 가능성이 크다.

물론 동의하지 않을 수 없는 특정한 문제가 있을 수 있다. 예를 들어 생명의 신성함, 종교적인 자유, 가정의 신성함, 법 앞에서의 평등과 같은 특정한 정책에 대해서는 기꺼이 동의하고 지지해야 한다. 그러나 대부분은 특정한 정책에 우리의 입장을 표명하기 전에 성경의 직접적인 가르침이 있는지 없는지를 신중히 살펴야 한다. 만일 성경에 충실한 그리스도인들이 어떤 정치적인 문제에 다른 입장을 표명한다면 그 문제는 옹호하지 않는 것이 좋다.

또 다른 하나는 '이것이 우리가 교회로서 지지하고 증언해야 할 사안인가?'이다. 특정한 문제가 도덕적 요소를 함축하고 있다 해도 때로는 그것을 지지하는 것이 우리의 사명과 제도적 기능을 훼손하는 것이 될 수 있다. 예수님은 누가복음 12장에서 형에게 속았다는 사람의 요청에 응하지 않으셨다. 예수님께서 그렇게 하신 이유는 그 문제를 판결하는 것이 자신에게 주어진 사명의 범위를 넘어선다고 생각하셨기 때문이다. 물론 때로는 교회가 분명한 입장을 표명하지 않는 것이 교회의 증언을 훼손하는 경우도 있다. 언제 입장을 표명하는 것이 우리의 증언에 도움이 되고, 언제 방해가 되는지를 판단할 수 있는 확실한 기준은 없다. 그런 판단을 내리려면 시대적 상황을 올바로 파악하고, 성령의 인도하심을 의지하며, 찬성이나 반대가 더 이상 도움이 되지 않는다고 생각할 때에는 기꺼이 입장을 바꿀 수 있는 태도가 필요하다.

역대서 저자는 "잇사갈의 자손 중에서 시세를 알고 이스라엘이 마땅히 행할 것을 아는 우두머리가 이백 명이니"(대상 12:32)라고 말했다. 이것은 그들이 눈앞의 상황이 앞으로 일어날 일에 어떤 영향을 미칠지 이해했다는 뜻이다. 우리도 기도를 한 뒤 사회의 흐름이나 정부의 정책 안에 어렴풋이 나타나는 위험을 감지했을 땐 분명한 입장을 표명하지 않으면 안 될 것 같은 심정을 느낄 수 있다.

그러나 어떤 문제에 대해 말을 할 때 혹시라도 문화 전쟁을 하는 양측 중 한쪽에서 다른 쪽을 물리치기 위해 우리를 도구로 활용하려고 시도한다면 말을 자제해야 한다. 내 경우에는 그런 일이 많았다. 정치적 좌파든 우파든, 교회를 자신들의 목적을 이루기 위한 손쉬운 도구로 생각할 때가 많다.

교회는 그 누구의 도구가 되어서는 안 된다. 도구로 이용되면 어리석은 바보가 되기 쉽다. 복음주의 교회가 공민권 운동이 전개되는 동안 "이것은 복음의 문제가 아닌 정치적 문제야."라고 말하면서 뒷짐을 진 채 한쪽에 물러서 있었던 것은 잘못이었다. 그렇다면 공민권 운동을 지지하는 것과 현재의 사법 체계의 변화, 교육을 위한 기금 마련, 지역 경계선을 결정하기 위한 투표 같은 문제에 지지를 표명하는 것은 서로 일맥상통할까? 때로는 그럴 수 있다. 그러나 때로는 그런 문제에 (조직으로서의 교회 차원에서) 너무 깊이 참여하면 우리의 소명을 넘어선 특정한 일에 얽매일 수 있다.

결혼의 신성함을 옹호하는 것이 동성애자의 결혼을 합법화한 법률을 지지한다는 의미인가? 성별에 대한 하나님의 계획을 옹호하는 것이 선천적으로 타고난 성별에 따라 화장실을 이용하도록 규정한 '화장실 사용 법안'을 지지한다는 의미인가? 생명의 신성함을 옹호하는 것이 모든 상황의 낙태를 불법으로 규정한 법을 지지한다는 의미인가? 하나님께서 사람들에게 스스로를 돌볼 책임과 존엄성을 부여하셨다고 믿는 것이 개인 사업에 대한 정부적인 접근 제한 방식을 옹호한다는 의미인가? 권력이 모든 사람을 부패하게 만든다고 믿는 것이 많은 견제와 균형에 입각한 작은 정부를 지지한다는 의미인가?

이 질문들 가운데 일부에 대해서는 분명하게 "그렇다"고 대답할 수 있다. 그러나 나머지 질문들에 대해서는 분명하게 대답하기가 어렵다. 만일 우리가 마땅히 말해야 할 때 말하지 않으면 다른 사람들이 우리의 침묵으로 인해 해를 입게 된다. 그러나 올바른 때에 올바른 방식으로 말하면 사람들의 생명을 구할 수 있고, 이웃의 유익을 증대시킬 수 있다.

몇 달 전에 한 부부가 할 말이 있다면서 무작정 집무실로 나를 찾아왔다. 부인이 "일 년 전에 목사님이 모든 인간의 생명이 지닌 가치에 대해 말씀했어요. 목사님은 선택적인 낙태의 해악을 강하게 비판했습니다. 그날 목사님의 설교를 들은 사람들 가운데 오후에 '가족계획 연맹'에 면담 신청을 해 놓은 여성이 한 명 있었습니다. 그녀는 목사님의 설교를 듣고 나서 생명을 선택하기로 결정했지요. 그녀는 자기의 딸을 입양아로 내주었습니다. 우리가 그 아이를 입양한 가족입니다. 우리는 목사님의 용기 있는 말 때문에 목숨을 구했던 그 어린 소녀를 목사님이 만나 보고 싶어 하실 것 같아서 이렇게 오게 되었습니다."라고 말했다.

나는 성경적인 원리를 정치적인 문제에 적용함으로써 목숨을 구할 수 있었던 그 어린아이를 내 품에 꼭 안았다.

그때의 일에 대해서는 지금도 아무런 후회가 없다.

통념 4. "우리는 모든 것을 분명하게 알고 있다."

훌륭한 그리스도인들도 틀릴 수 있다. 젊었을 때는 이 말을 인정하기가 어려웠다. 내가 존경했던 영국의 신학적 영웅들 가운데 일부가 성경을 근거로 제국주의를 옹호했다는 사실이나, 미국 목회자들이 인종차별에 침묵하거나 심지어 인종 간의 위계질서와 노예제도를 성경을 이용해 지지했다는 사실이나, 마르틴 루터가 말년에 유대인들을 강하게 비난했다는 사실을 글로 읽게 되면 당혹스러울 수 있다. 그러나 놀랄 필요가 없다. 우리는 우리가 생각하는 것보다 더 많이 주변 문화에 깊이 영향을 받는다. 주제에서 약간 벗어났지만 이것이 폭넓게 책을 읽고, 다양한 문화와 관점과 시대에 관한 이해의 폭을 넓혀 나가야 하는 이유 중 하나다. 모든 문화는 나름의 특이한 맹점과 결함을 지니고 있다. 책을 폭넓게 읽으면 다른 문화권의 사상가들을 통해 우리가 스스로 의식하지 못하는 사이에 우리의 문화가 제공하는 것에 한껏 도취된 상태라는 것을 깨달을 수 있다.

> **과거의 영웅들로부터 배울 수 있는 가장 중요한 교훈은 겸손한 자세로 현재를 살아가야 한다는 것이다.**

과거의 영웅들로부터 배울 수 있는 가장 중요한 교훈은 겸손한 자세로 현재를 살아가야 한다는 것이다. 자기 의를 내세워 고개를 흔들며 실망감을 토로하기보다는("그들은 어떻게 그토록 퇴행적일 수 있을까? 우리는 그런 사실을 알아차릴 수 있을 만큼 현명해서 정말 다행이야.") "그런 위대한 믿음의 영웅들도 그런 실수를 저질렀는데 내가 모든 것을 옳게 해 왔다고 생각하는 것은 참으로 어리석은 일이야."라고 말해야 한다.

그들이 매우 진지했는데도 잘못을 저질렀다면 우리도 얼마든지 그럴 수 있다고 생각해야 옳지 않겠는가?

우리의 후손들이 우리를 평가하며 우리의 생각이 참으로 뛰어났고, 모든 것을 올바로 처리했노라고 우러러볼 것이라고 생각하는가?

내가 보기엔 절대로 그럴 리가 없다. 오히려 우리가 어떤 문제에 대해 어쩌면 그토록 무지했는지 의아하게 생각할 공산이 크다. 그러나 우리는 우리의 견해가 참으로 옳고, 사실인 것이 틀림없다고 생각하기를 좋아한다. 따라서 우리 자신을 미리 겸손히 낮춰 그런 부끄러움을 당할 순간에 대비하는 것이 좋다.

물론 복음의 지혜를 정치에 적용하는 일을 중단하거나 확고한 신념을 확립하는 일을 삼가야 한다는 말은 아니다.

우리에게는 성경을 부지런히 배우고, 지혜를 구하며, 그것을 우리가 가장 좋다고 생각하는 방식으로 적용해야 할 책임이 있다. 우리의 옹호와 지지가 정의를 보존하고 삶을 향상시키는 일에 큰 차이를 만들어 낼 수 있다.

그러나 복음의 지혜를 추구하는 동안 우리는 항상 자제력을 발휘해야 하고, 우리의 입장이 틀렸다면 언제라도 기꺼이 고치고 방향을 수정할 준비가 되어 있어야 한다.

정치적 우파에 속하는 사람들은 좌파에게 배워야 할 것이 있다. 이 점은 정치적 좌파에 속하는 사람들도 마찬가지다. 여기에서 "배우라"는 말은 상대방이 얼마나 어리석은지 알아내서 '정말 다행이야. 하나님의 은혜가 없었다면 나도 저들처럼 되었을 거야.'라고 생각하라는 의미가 아니다. 내 말은 복음을 정치에 적용하는 방법에 대해 더 많은 것을 배울 수 있다는 뜻이다.

우파든 좌파든 모든 것을 분명하게 볼 수는 없다. 이 말은 양측 다 똑같이 옳다는 뜻이 아니라 서로에게 배우면서 함께 성경을 연구함으로써 복음을 더 잘 적용할 수 있다는 의미다.

빈민 보호, 인종적 화해, 생명에 대한 존중, 시민적 자유, 종교적 자유, 인간의 존엄성과 같은 문제를 다룰 때 마치 빈민 구제가 정치적 진영의 한쪽 편에 속한 사람들만의 관심사인 것처럼 교회가 좌파와 우파로 나뉘면 안 된다.

교회는 가난한 자들의 권리가 회복되는 것을 보기 원하며 그런 결과를 끌어내기 위해 애쓰는 사람들과 그렇지 않은 사람들로 나뉘어야 마땅하다.

분열된 세상에서 하나로 연합한 교회

그리스도인의 일차적인 사명은 정치적인 구조를 변화시키는 것이 아니다. 모든 민족을 제자로 삼는 것이다. 우리는 성경적인 가치를 선포하고, 만민을 위한 정의를 옹호해야 한다. 우리는 가난한 자들을 보살펴야 한다. 그러나 우리는 예수님과 사도들처럼 대다수 문제에 대해서는 우리의 입장을 지나치게 구체적으로 밝히지 않도록 신중해야 한다. 우리의 복음 사명은 매우 중요하다. 그 어떤 것보다 중요시되어야 한다. 따라서 성경이 어떤 정책을 직접적으로 지지하지 않는 한, 우리도 그러한 지지를 삼가고, 조심해야 한다.

사람들을 복음의 생명에 참여하도록 이끄는 일은 오직 그리스도인에게만 주어진 사명이다. 예수님께서 우리에게 명령하신 것은 로마나 워싱턴을 향해 진군하라는 것이 아니라 예루살렘과 유대와 사마리아와 땅끝까지 복음을 전하라는 것이다. 만일 우리의 정치적인 열정이 이 가장 중요한 사명을 방해한다면 하나님께서 우리를 도와주시기 바란다. 정치의 매력에 이끌려 하나님께서 부여하신 사명을 포기하지 않을 사람들, 곧 찰스 스펄전처럼 영국 왕에게 몸을 굽히는 것은 설교자의 소명을 저버리는 것이라고 믿는 기독교 지도자들이 필요하다. 말해야 할 때 용기 있게 말할 수 있고, 다양한 정치적 문제를 다른 각도에서 바라보는 동료 신자들의 말에 겸손히 귀를 기울일 줄 아는 지도자들이 절실히 필요하다.

목회 소명을 받아들인 직후에 나와 나의 가족이 늘 정치적인 영웅으로 존경해 온 한 유명한 상원의원을 마주 대할 기회가 있었다. 당시 그는 80대 후반이었고, 수십 년 동안 정치에 몸담았던 사람이었다. 나는 그에게 정치 활동을 하고픈 마음이 강했지만 하나님께서 나를 목회자로 부르셨다고 말했다. 그러자 그는 "젊은이, 올바른 선택을 하셨소. 다음 세대에 복음을 전하는 것이 내가 의회에서 해 온 그 어떤 일보다 훨씬 더 중요하오."라고 말했다.

하나님은 어떤 사람들을 정치인으로 부르셨다. 우리는 그런 사람들에 대해 하나님께 감사한다. 우리는 그들을 위해 기도해야 한다. 그들이 정의와 사랑과 지혜로 나라를 이끌기를 바라야 한다. 그러나 우리의 일차적인 사명(복음 전도)을 한시도 잊어서는 안 된다. 복음을 정치보다 더 중요하게 생각한다면 우리 사회가 절실히 보고 싶어 하는 것(정치적인 견해가 다름에도 불구하고 서로 하나가 된 사람들의 공동체)을 보여 줄 수 있다.

우리를 나누는 그 무엇보다 더 중요하고, 더 위대하고, 더 크고, 더 나은 것이 우리를 하나로 연합하고 있다는 사실을 깨달아야만 그런 결과가 나타날 수 있다. 이 시대의 교회가 복음 안의 일치를 통해 정치적 분열을 극복한다면 주위의 모든 사람을 매료시킬 수 있는 빛을 비출 수 있을 것이다.

10

복음은 반드시 승리한다

슬픔과 손실과 고통에도 불구하고 우리는 여전히 앞으로 나아가야 한다. 우리는 버마의 황량한 들판에 씨를 뿌리고, 시온의 언덕에서 거둬들인다.

—아도니람 저드슨

'페이크블록'(Fake block)이라는 온라인 소셜미디어가 새로 생겨 전국을 강타할 무렵, 가입 프로필을 작성하는데 '자신에게 가장 중요한 것은 무엇인가?'라는 질문이 불쑥 나타났다고 가정해 보자.

이 질문을 보는 순간 머릿속에 처음 떠오른 것은 무엇인가? 지금의 당신을 만드는 데 가장 중요한 영향을 미친 것이나 당신의 미래에 가장 큰 영향을 미치게 될 것은 무엇인가? 사람들이 당신에 대해 어떤 사실을 알게 된다면 무엇이 삶에 대한 당신의 태도를 가장 잘 설명해 줄 수 있을 것 같은가?

졸업한 학교일까?

자녀들의 숫자일까?

소유한 재산의 규모일까?

잘생긴 외모일까?

운동에 대한 열정일까?

아마도 우리가 제시하는 상위 열 가지 항목 안에는 신학자 토저(A. W. Tozer)가 우리에게 가장 중요하다고 말한 것이 포함되지 않을 가능성이 높을 것이다. 그는 "하나님에 관해 생각할 때 머릿속에 떠오른 것이 우리에게 가장 중요한 것이다."라고 말했다.[1]

그것이 아마도 예수님께서 사역 말기에 제자들에게 자기를 누구라고 생각하느냐고 물으신 이유일 것이다. 그 물음에 베드로는 "주는 그리스도시요 살아 계신 하나님의 아들이시니이다."라고 대답했다. 그러자 예수님은 "바요나 시몬아 네가 복이 있도다. 이를 네게 알게 한 이는 혈육이 아니요 하늘에 계신 내 아버지시니라. 또 내가 네게 이르노니 너는 베드로라. 내가 이 반석 위에 내 교회를 세우리니 음부의 권세가 이기지 못하리라"(마 16:16-18)라고 말씀하셨다.

이 말씀은 우리가 마음 깊은 곳에서 예수님의 신분을 옳게 알고 있으면 지옥의 권세조차도 우리를 막을 수 없다는 의미를 지닌다.

우리가 행하는 사역의 질은 예수님을 바라보는 우리의 관점이 얼마나 정확한지에 달려 있다. 때로 우리는 "음부의 권세가 이기지 못하리라"는 말씀을 예수님께서 우리를 사탄의 사악한 공격으로부터 지켜 주실 것이라는 의미로 이해한다. 그러나 이 구절은 사탄이 우리의 왕국을 약탈할 능력이 없다는 의미가 아니라 우리가 그의 왕국을 약탈하지 못하게 막을 능력이 없다는 의미다.

"권세"로 번역된 말은 본래 "문"을 가리킨다.

문이 공격용 무기인가? 문으로 다른 사람을 공격해 본 적이 있는가? 그런 공격이 어떻게 가능한가? 문으로 상대방의 머리를 내리치는 것인가?

문은 침입자를 막기 위한 방어용 무기다. **우리가 믿음을 충실하게 고백하면 주님은 교회인 우리를 보호하실 뿐 아니라 하나님의 나라로 사탄의 가장 견고한 요새를 무너뜨리신다.**

복음을 충실하게 고백하면 우리는 아무도 막을 수 없는 존재가 된다. 지금도 우리의 자녀와 이웃과 국가와 세계를 위한 싸움이 계속되고 있다. 전선으로부터 승리와 패배, 진격과 후퇴에 관한 소식이 계속 날아든다.

어떤 교회에서는 올해 3천 명에게 세례를 베풀었다. 그러나 어떤 국가에서는 5백 교회가 문을 닫았다. 인플레이션을 감안하더라도 지난해에는 그 어느 해보다 더 많은 기금이 선교 사역에 투입되었다. 상당한 규모의 복음주의 교단 가운데 어느 교단도 인구 증가의 속도를 따라잡지 못한 채 대부분 규모가 줄어들고 있다. 지도를 훑어보아도 싸움의 판도가 어떤 방향으로 흘러가고 있는지 감을 잡기가 어렵다.

그러나 싸움의 승리가 이미 결정되었다는 사실을 기억해야 한다. 예수님은 그리스도인들이 천천히 어둠 속으로 퇴각할 때 후미를 보호하겠다고 약속하지 않으셨다. 그분은 "하나님, 우리 사회가 혼란으로 치달을 때 가족들을 보호해 주소서."라고 기도하라고 말씀하지 않으셨다. 오히려 그분은 믿음의 고백에 충실하면 우리를 적지로 점점 더 깊이 인도할 것이라고 약속하셨다. 우리를 겨눈 그 어떤 무기도 성공하지 못할 것이다. 우리를 대항해 일어난 자들은 모두 넘어질 것이다. 우리의 눈에는 승리가 불확실해 보일지 몰라도 사탄의 요새는 갈보리에서 이미 영원히 파괴되었다.

우리는 지금 승리하기 위해서 싸우지 않는다. 우리는 이미 승리를 거둔 상태에서 싸운다. 이런 사실은 에이브러햄 링컨에 관한 이야기가 생각나게 한다.

북군이 남군을 리치먼드(Richmond)까지 밀어붙였을 때 북군의 장군 한 사람이 각료 회의장에 뛰어 들어와 "대통령님, 참으로 기쁘게도 마침내 적군을 우리 영토에서 그들의 영토로 몰아냈습니다."라고 말했다. 그러자 링컨은 회의장에 있는 다른 장군들에게 "나의 장군들이 온 나라가 우리의 영토라는 사실을 언제쯤 알게 될까요?"라고 말했다.

예수님은 교회의 주님만으로 만족하지 않으신다.

그분은 온 세상의 주님이 되기 위해 죽으셨다.

복음을 충실하게 고백하면 그 무엇도 우리를 막을 수 없다.

복음을 듣지 못한 종족이 아직도 4,000개나 존재한다.

세상에는 난민 공동체도 많다.

복음을 들어야 할 죄수도 많다.

가정이 필요한 수양 자녀도 많다.

공동체의 도움이 필요한 미혼모도 많다.

주거지가 필요한 노숙자도 많다.

우리의 친구들 중에는 예수님이 필요한 사람이 많다.

과연 우리 힘으로 이 모든 일을 할 수 있을까? 마른 뼈가 가득한 골짜기 앞에서 무력함을 느꼈던 에스겔처럼 우리도 우리의 전적인 무능을 고백하지 않을 수 없다. 그러나 하나님의 성령께서 우리를 통해 그분이 결정하신 일을 모두 이루실 것이다. 하나님께서 우리의 사역에 생명을 불어넣으실 것이다. 우리는 반드시 영적 부활을 보게 될 것이다.

하나님은 죽은 영혼들을 살리겠다고 약속하셨다. 그분의 말씀이 헛되이 돌아오지 않을 것이라고 약속하셨다.

그러나 주의하라. 하나님은 두려워하며 뒷걸음치는 사람들이 아니라 담대하게 앞으로 나가는 사람들을 축복하신다. 교회는 "뒤로 물러가 멸망할 자가 아니요 오직 영혼을 구원함에 이르는 믿음을 가진 자"들로 구성되어야 한다(히 10:39). 여호수아 당시에도 뒤로 물러났던 사람들은 멸망했다. 이 시대에도 뒤로 물러나는 자들은 그렇게 될 것이다.

교회가 성공할 수 있는 길은 단 하나, 앞으로 공격해 나가는 것이다. 겁을 집어먹고 방어적인 태도를 취하며, 우리가 가진 것만을 움켜쥐고, 그것을 적으로부터 보호하려고 애쓰는 것이 아니라 공격적인 태도로 힘써 전진해야 한다. 이제는 결사 항전의 각오로 지옥의 문을 공략해야 할 때다.

복음의 능력이 없으면 지옥의 문은 꿈쩍도 하지 않을 것이다. 그러나 복음의 능력이 있으면 그 문은 휴지 조각처럼 찢어질 것이다. 우리 모두 다음과 같이 우리의 믿음을 고백하자.

예수님은 온 세상의 주님이요, 만왕의 왕이며 만주의 주이십니다.
예수님은 메시아, 그리스도, 살아 계신 하나님의 아들이십니다.
그분은 천하 사람 중에 구원을 받을 만한 유일한 이름이요,
만민을 위한 유일한 구원의 길이십니다.
누구든지 주님의 이름을 부르는 자는 구원을 받을 것입니다.
유대인이나 헬라인이나 흑인이나 백인이나 부자나 빈자나
민주당이나 공화당이나 아무런 차이가 없습니다.
역사가 시작된 이후로 인종은 오직 하나, 죄인들뿐이고,
구원자는 오직 한 분, 예수님뿐입니다.
만유의 주님은 항상 동일하십니다.
그분은 자신의 이름을 부르는 모든 사람에게 부요하십니다.
그분은 아무도 멸망하지 않고 다 회개에 이르기를 원하십니다.

내가 이렇게 고백하는 이유는 이것이 예수님께서 권위를 인정하신 성경의 가르침이기 때문이다. 나는 모든 성경이 하나님의 영감으로 기록되었다고 믿는다. 복음의 고백이 인기가 있든 없든, 그것은 하나님의 능력이다. 나는 이 능력을 절대로 잃고 싶지 않다.

복음을 충실하게 고백하면 그 무엇도 우리를 막을 수 없다. 이 고백에 예수님의 약속이 주어졌다. 따라서 우리는 이 세상과 우리의 공동체 안에 잃어버린 자들이 존재하는 한 결코 안일하게 안주하지 않을 것이다. 온 나라가 주님의 영토다.

사람들은 내게 "이미 교회가 충분히 존재하지 않나요? 도대체 언제까지 계속 교회를 개척할 셈인가요?"라고 묻는다.

"예수님이 다시 오실 때까지, 지구상에 있는 마지막 한 사람이 구원받을 때까지요."

이것이 나의 대답이다.

지옥은 쉬지 않는다.

나도 쉬지 않을 것이다.

예수님의 사역은 끝나지 않았다.

우리의 사역도 마찬가지다.

주

1. 복음이 가장 중요하다

1) 팀 켈러, 윤종석(역), 『탕부 하나님』(*The Prodigal God*) 두란노, 2016.

2. 복음 안에 변화시키는 능력이 있다

1) https://www.christianitytoday.com/news/2018/september/china-bans-zion-beijing-house-church-surveillance-ezra-jin.html.

2) Nathan Cole, "Spiritual Travels", *William and Mary Quarterly 7* (1950): 591.

3) Iain Murray, ed., C. H. Spurgeon Autobiography: *The Early Years 1834-1859* (London: Banner of Truth, 1962), 87-90.

3. 복음 전도는 모든 교회의 최우선 사역이다

1) 로버트 콜먼, 홍성철(역), 『주님의 전도 계획』(*The Master Plan of Evangelism*), 생명의말씀사, 2008.

2) "Study: Churchgoers Believe in Sharing Faith, Most Never Do", LifeWay Research, January 2, 2014, (2019년 2월 18일 검색) https://lifewayresearch.com/2014/01/02/study-churchgoers-believe-in-sharing-faith-most-never-do.

3) Rosaria Butterfield, *The Gospel Comes with a House Key: Practicing Radically Ordinary Hospitality in Our Post-Christian World* (Wheaton: Crossway, 2018), 63.

4) 팀 켈러, 최종훈(역), 『정의란 무엇인가』(*Generous Justice*), 두란노, 2012.

5) Alan Noble, *Disruptive Witness: Speaking Truth in a Distracted Age* (Downers Grove, IL.: InterVarsity Press, 2018), 2.

6) Ben asse, *Them: Why We Hate Each Other-and How to Heal* (New York: St. Martin's Press, 2018), 185.

7) Noble, *Disruptive Witness*, 2.

8) Justin Taylor, "How Much Do You Have to Hate Somebody to Not Proselytize?", The Gospel Coalition, November 18, 2009. (2019년 2월 18일 검

색) https://www.thegospelcoalition.org/blogs/justin-taylor/how-much-do-ypu-have-to-hate-somebody-to-not-proselytize.

9) *NIV Zondervan Study Bible*, eBook: *Built on the Truth of Scripture and Centered on the Gospel Message* (Grand Rapids: Zondervan, 2015), Kindle Edition, 269835-269838).

4. 복음의 증식은 평범한 성도들을 통해 이루어진다

1) Stephen Neill, *A History of Christian Missions* (Harmondsworth, UK: Penguin, 1986), 22.
2) Leonard Lyons, *Washington Post, Loose-Leaf Notebook*, January 30, 1947, Washington, DC, 9.
3) Rodney Stark, *The Rise of Christianity: How the Obscure, Marginal Jesus Movement Became the Dominant Religious Force in the Western World in a Few Centuries* (San Francisco: Harper Collins, 1997), 3.

5. 복음의 희망은 하나님의 약속이다

1) Sean T. Collins, "Carrie Fisher's 10 Greatest 'Star Wars' Moments", *Rolling Stone*, December 27, 2016, (2019년 2월 18일 검색), https://www.rollingstone.com.
2) 마틴 로이드존스, 서문강(역), 『청교도 신앙 그 기원과 계승자들』(*The Puritans: Their Origins and Successors; Addresses Delivered at the Puritan and Westminster Conferences 1959-1978*), 생명의말씀사, 2019.
3) 위의 책.
4) 위의 책.
5) Jonathan Edwards, Edwards on Revivals: Containing a Faithful Narrative of the Surprising Work of God (New York: Dunning & Spalding, 1832), 48.
6) Tim Keller, "Revival: The Need for Gospel Renewal" December 19, 2014, https://www.faithgateway.com/need-gospel-renewal/#.XIQyGFNKjfY.
7) The Daily Wire, "John MacArthur/The Ben Shapiro Show Sunday Special Ep. 29", YouTube video, 1:09, December 2, 2008, https://www.youtube.

com/watch?v=F-ofKxfYqGw.

8) Ben Sasse, *Them: Why We Hate Each Other-and How to Heal* (New York: St. Martin's Press, 2018), 93.

6. 복음의 은혜만이 세상을 치유한다

1) 레이몬드 오틀런드, 김태곤(역), 『복음』(*The Gospel: How the Church Portrays the Beauty of Christ*), 부흥과개혁사, 2016.
2) 위의 책.
3) 마크 데버, 김태곤(역), 『더 처치』(*The Church: The Gospel Made Visible*), 아가페북스, 2016.
4) "Big Drift." 앤디 스탠리가 2011년에 "노스 포인트 커뮤니티 교회"에서 전한 설교. https://open.life.church/items/164645-message-mp3.
5) 민디 캘링, 김민희(역), 『민디 프로젝트』(*Is Everyone Hanging Out without Me?*), 책덕, 2019.
6) www.goodreads.com/quotes/163531-no-man-who-is-resolved-to-make-the-most-of.
7) Martin Luther King Jr., "Letter from a Birmingham Jail". 다음 자료에서 인용했다. Paul Murray, *Milestone Documents in African American History* (Amenia, NY: Salem Press, 2017).

7. 복음이 문화보다 더 중요하다

1) 심지어 내가 이 글을 쓰고 있는 동안에도 아이오와주 출신의 하원 의원 한 사람이 "백인 민족주의"와 "백인 우월주의" 같은 문구가 뭐가 그렇게 잘못이냐는 취지의 발언을 한 것이 뉴스에 보도되었다.
2) Joe Helm, "Recounting a Day of Rage, Hate, Violence and Death", *Washington Post*, August 14, 2017, (2019년 2월 19일 검색), htttps://www.washingtonpost.com/graphics/2017/local/charlottesville-timeline?utm_terms=.7edftc904a16.
3) www.nytimes.com/2018/03/09/us/blacks-evangelical-churchs.html.
4) M. Scott Peck, *The Road Less Traveled: A New Psychology of Love, Traditional*

Values, and Spiritual Growth (New York: Touchstone, 2002), 120-30.

5) Albert R. Mohler Jr., "Conceived in Sin, Called by the Gospel: The Root Cause of the Stain of Racism in the Southern Baptist Convention", 다음 자료에서 인용했다. Kevin M. Jones and Jarvis J. Williams, *Removing the Stain of Racism from the Southern Baptist Convention: Diverse African American and White Perspectives* (Nashville, TN: B&H Academic, 2017).

6) Martin Luther King Jr., "Letter from a Birmingham Jail."

7) 저자는 이 말을 얀시 박사로부터 직접 들었다.

8) Alan Cross, "Vance Pitman Podcast Interview: Church for the City and the Nations among Us", *SBC Voices* (audio blog), February 14, 2017, (2019년 2월 19일 검색), https://sbcvoices.com/vance-pitman-podcast-church-for-the-city-and-the-nations-among-us.

8. 복음이 개인의 취향보다 더 중요하다

1) G. K. Chesterton, *The Thing* (London: Sheed & Ward, 1957).

9. 복음이 정치보다 더 중요하다

1) *Abraham Kuyper: A Centennial Reader*, ed. James D. Bratt (Grand Rapids: Eerdmans, 1998), 488.

2) Thomas Sowell, *A Conflict of Visions* (New Delhi: Affiliated East-West Press, 1988).

3) C. J. H. Wright, *The Mission of God* (Downers Grove, IL: IVP Academic, 2006).

4) 매트 챈들러가 2018년에 필라델피아 "에피파니교회"에서 열린 "스라이브 콘퍼런스"에서 한 말이다.

10. 복음은 반드시 승리한다

1) A. W. Tozer, *The Knowledge of the Holy: The Attributes of God: Their Meaning in the Christian Life* (New York: Walker, 1996), 5.

사명선언문

너희가 흠이 없고 순전하여……세상에서 그들 가운데 빛들로
나타내며 생명의 말씀을 밝혀 _ 빌 2:15-16

1. 생명을 담겠습니다
만드는 책에 주님 주신 생명을 담겠습니다.
그 책으로 복음을 선포하겠습니다.

2. 말씀을 밝히겠습니다
생명의 근본은 말씀입니다.
말씀을 밝혀 성도와 교회의 성장을 돕겠습니다.

3. 빛이 되겠습니다
시대와 영혼의 어두움을 밝혀 주님 앞으로 이끄는
빛이 되는 책을 만들겠습니다.

4. 순전히 행하겠습니다
책을 만들고 전하는 일과 경영하는 일에 부끄러움이 없는
정직함으로 행하겠습니다.

5. 끝까지 전파하겠습니다
모든 사람에게, 땅 끝까지, 주님 오시는 그날까지
복음을 전하는 사명을 다하겠습니다.

서점 안내

광화문점 서울시 종로구 새문안로 69 구세군회관 1층
02)737-2288 / 02)737-4623(F)

강남점 서울시 서초구 신반포로 177 반포쇼핑타운 3동 2층
02)595-1211 / 02)595-3549(F)

구로점 서울시 동작구 시흥대로 602, 3층 302호
02)858-8744 / 02)838-0653(F)

노원점 서울시 노원구 동일로 1366 삼봉빌딩 지하 1층
02)938-7979 / 02)3391-6169(F)

분당점 경기도 성남시 분당구 황새울로 315 대현빌딩 3층
031)707-5566 / 031)707-4999(F)

일산점 경기도 고양시 일산서구 중앙로 1391 레이크타운 지하 1층
031)916-8787 / 031)916-8788(F)

의정부점 경기도 의정부시 청사로47번길 12 성산타워 3층
031)845-0600 / 031)852-6930(F)

인터넷서점 www.lifebook.co.kr